Risques psychosociaux au travail

5-7, rue de l'Ecole polytechnique, 75005 Paris

http://www.librairieharmattan.com
diffusion.harmattan@wanadoo.fr
harmattan1@wanadoo.fr

ISBN : 978-2-296-10365-8
EAN : 9782296103658

Sous la direction de
Loïc Lerouge

Risques psychosociaux au travail

Etude comparée Espagne, France, Grèce, Italie, Portugal

L'Harmattan

Risques psychosociaux au travail
Étude comparée Espagne, France, Grèce, Italie, Portugal

Sous la direction de Loïc LEROUGE
Chargé de recherche CNRS, COMPTRASEC UMR 5114, CNRS-Université Montesquieu-Bordeaux IV

Avec les contributions de :

ADAM **Patrice**, Maître de conférences, CERIT-CRDP, Université Nancy II

BADEL **Maryse**, Maître de conférences, COMPTRASEC UMR 5114, CNRS-Université Montesquieu-Bordeaux IV

ESCUDERO RODRÍGUEZ **Ricardo**, Professeur, Université d'Alcalá

GIL Y GIL **José-Luis**, Maître de conférences, Université d'Alcalá

LÓPEZ AHUMADA **José Eduardo**, Maître de conférences, Université d'Alcalá

LORIOL **Marc**, Chargé de recherche CNRS, Laboratoire Georges Friedmann, UMR 8593, CNRS-Université Panthéon Sorbonne-Paris I

LOY **Gianni**, Professeur, Université de Cagliari

MOLINIER **Pascale**, Maître de conférences, Conservatoire national des arts et métiers, Chaire psychanalyse, santé, travail

MONTEIRO FERNANDES **Antonio**, Professeur, ISCTE, Université de Lisbonne

PAPADIMITRIOU **Costas**, Professeur associé, Faculté de droit, Université d'Athènes

PETIT **Johann,** DUGUÉ **Bernard,** COUTAREL **Fabien**, Maîtres de conférences, Département d'ergonomie, Institut de Cognitique, Université Victor Segalen-Bordeaux II

SOMMAIRE

Introduction

Chapitre I – Le préalable de l'approche pluridisciplinaire

Chapitre II – La reconnaissance progressive des droits du travail

Chapitre III – Les approches inégales des droits de la sécurité sociale

Les risques psychosociaux au travail reconnus par le droit : le couple « dignité-santé »

Loïc LEROUGE
COMPTRASEC UMR CNRS 5114
Université Montesquieu - Bordeaux IV

Les notions de « risques au travail » et de « risques psychosociaux » renvoient à celle de la santé et de la sécurité. La définition traditionnellement retenue est celle de l'OMS selon laquelle la santé est « un état de complet bien-être physique, mental et social, et ne consiste pas seulement en une absence de maladie ou d'infirmité ». La santé comprend donc un aspect physique, corporel et un aspect mental, psychique. Si le mot « risque » est facile à définir comme un « danger éventuel plus ou moins prévisible » selon le dictionnaire Robert, en revanche l'adjectif « psychosocial » associé au travail est plus délicat à décrire. Les « risques psychosociaux au travail » décrivent l'association des risques professionnels et de la psychologie dans la vie sociale d'entreprise. Ce néologisme désigne une nouvelle catégorie de risques associés aux phénomènes de transformation du travail liés à l'intensification, à la précarisation, aux nouvelles organisations d'entreprise et à l'introduction de nouvelles technologies. Comme le souligne l'ANACT, la santé au travail et le bien-être des travailleurs se construit au niveau psychologique et, en écho, dans l'intégration au sein du collectif social de l'entreprise (Sahler et al., 2007).

Les risques psychosociaux sont aussi une catégorie de risques relatifs aux conditions de travail regroupant le stress, le harcèlement, la dépression, la souffrance, l'épuisement professionnel (« *burn out* ») voire les discriminations et le suicide. Cette expression de « risques psychosociaux » est très peu utilisée en droit, seuls quelques juristes l'emploient dans le cadre particulier d'un droit à la protection de la santé mentale au travail. Il n'existe donc pas de définition juridique des « risques psychosociaux » en tant que tels, mais seulement des définitions relatives au harcèlement moral, aux discriminations et au niveau conventionnel au stress. En revanche, la souffrance ou le mal-être au travail et la dépression ne font l'objet d'aucune définition juridique ; cela ne signifie pas pour autant qu'il n'existe pas de dispositifs juridiques susceptibles de les encadrer.

Le réseau ANACT donne un cadre à la définition des « risques psychosociaux » en passant par la notion de « troubles psychosociaux », c'est-à-dire un ou plusieurs déséquilibres constatés chez les salariés qui se traduisent par un stress, un mal-être, une inquiétude ou par des manifestations aggravées telles qu'une angoisse, une souffrance, une dépression ; ces troubles pouvant engendrer de l'agressivité ou de l'addiction. Aussi, selon l'ARACT Aquitaine, « la notion de risque psychosocial doit s'entendre comme la probabilité d'apparition de troubles tant individuels que collectifs ayant pour origine l'environnement professionnel » (Brun, 2005). Toutefois, l'Institut national de recherche et de sécurité (INRS) souligne justement que nous sommes en présence de toute une gamme terminologique dont les concepts se recouvrent parfois et qui, en outre, désignent tantôt des risques professionnels et tantôt des effets sur la santé (Chouanière, 2006). L'ANACT semble ainsi davantage se concentrer sur la notion de « risque », c'est-à-dire sur les facteurs de cause, plutôt que sur les troubles qui seraient de la compétence des médecins et des thérapeutes (Sahler et al., 2007).

Le concept de « risques psychosociaux » est appréhendé et développé par différentes disciplines scientifiques (psychologie, médecine, sociologie, ergonomie), mais peu directement par le droit. Cela interroge en conséquence la capacité du droit à se saisir de ce concept. Les difficultés à définir précisément les risques psychosociaux amènent à poser la question de la nécessité d'avancer ou non une définition juridique qui ne pourrait être que la fixation d'un cadre général susceptible d'accueillir un certain nombre de risques liés notamment à la santé mentale des travailleurs. Cela induit également la remise en cause de la notion de « risques psychosociaux » soit dans un sens favorable, soit dans un sens qui n'adhère pas à la conception des autres disciplines et qui ne suscite pas l'intérêt de la nécessité d'une définition juridique. En revanche, le droit serait en mesure de fournir des réponses juridiques aux problématiques associées aux risques psychosociaux et à leurs troubles, notamment à partir de l'arsenal juridique déjà existant. Autrement dit, les risques psychosociaux peuvent-ils être reconnus comme des risques en tant que tels ou comme un terme générique englobant un certain nombre de risques qui sont déjà définis ou qui restent à définir en droit ? Il s'agit de tenter d'appréhender juridiquement les risques psychosociaux, d'essayer de déterminer les fondements de leur prise en compte par le droit. D'autres difficultés viennent s'ajouter à celle de la définition qui sont celles de la subjectivité et des problèmes d'authentification et de mesures que représentent les risques psychosociaux. Il faut également pouvoir isoler les facteurs personnels des facteurs professionnels (Chouanière, 2006).

Aussi, en l'état du système juridique actuel, il paraît présomptueux de rechercher ou d'avancer déjà une définition juridique des risques psychosociaux. Il est en effet très difficile d'appréhender juridiquement une notion comportant ce degré de subjectivité car le droit a besoin d'objectiver les faits. Il s'agit presque d'un défi, non seulement au regard de l'actualité sociale, mais aussi de la transformation du travail que nous connaissons actuellement. Il est également question de s'interroger sur le point de savoir si le droit social est suffisant à lui seul ou s'il faut le compléter d'autres champs juridiques. Il faudra dans le même temps échapper à un « effet de mode » autour de la notion de « risques psychosociaux » et contourner l'écueil formé par la « société du risque » où « tout devient risque » (Beck, 2003).

Certains nouveaux risques – associés à la transformation du travail et à son intensification, aux nouvelles technologies, aux organisations d'entreprise voire également à la précarité du travail et de l'emploi – sont des contraintes influant sur la santé mentale des travailleurs. Aussi, les risques psychosociaux, à travers la souffrance qu'ils engendrent, viennent perturber le fragile équilibre entre le travail et l'état psychologique de la personne voire même le rompre. Sauf à étudier certains phénomènes particuliers comme le harcèlement moral, ces souffrances associées aux conditions de travail ne disposent pas d'une législation spécifique. Il faut alors se tourner vers des concepts plus larges issus des droits fondamentaux s'appliquant en droit national. En effet, l'hypothèse est qu'un certain nombre de normes fondamentales de référence en matière de droit de la personne ont un champ d'application qui peut comprendre ou s'étendre aux risques psychosociaux, notamment si l'on observe que ces principes fondamentaux renvoient principalement vers celui du « droit à la dignité ».

Le premier travail est d'envisager si ces risques liés au travail sont d'une manière ou d'une autre reconnus par le droit. Il convient ainsi d'abord d'envisager la place des risques psychosociaux au sein de principes juridiques internationaux, européens et communautaires (I), puis ensuite d'explorer comment les risques psychosociaux peuvent être associés au « droit à la dignité » (II).

I. Confrontation des risques psychosociaux au droit international et communautaire

Le terme de « risques psychosociaux » n'est pas cité expressément dans les textes internationaux, européens et communautaires. Sauf à se fonder sur les notions de « dignité » ou de « santé », les risques psychosociaux au travail ne sont pas pris expressément en compte par le droit international et européen (A) et par le droit communautaire (B).

A. La non prise en compte des risques psychosociaux par le droit international et européen

Même s'ils sont évoqués dans un certain nombre de rencontres ou de manifestations internationales, en réalité le droit international et le droit européen ne reconnaissent pas expressément les « risques psychosociaux ». À l'image de la Déclaration universelle des droits de l'homme (DUDH) du 10 décembre 1948, le droit international renvoie quasi-systématiquement à la notion de dignité qui est reconnue à la personne humaine. Les seuls fondements sur lesquels s'appuyer pour évoquer cette notion sont ainsi ceux du respect de la dignité de la personne et de sa santé (entendue un sens global physique et mental) (1), mais aussi plus distinctement celui de la protection de la « santé physique et mentale » (2).

1. Des textes renvoyant aux notions de « dignité » et de « santé »

En droit international, sauf à intégrer la protection de la santé au travail dans la protection de la dignité, il existe peu de textes internationaux qui portent expressément sur le droit à la santé au travail. Outre les textes de l'OMS, qui portent toutefois sur la « santé physique et mentale », le droit à la santé au travail, entendue dans un sens global, est abordé par la Charte d'Ottawa pour la promotion de la santé des 17 et 21 novembre 1986[1]. Celle-ci définit la santé comme « la mesure dans laquelle un groupe ou un individu peut d'une part, réaliser ses ambitions et satisfaire ses besoins et, d'autre part, évoluer avec le milieu ou s'adapter à celui-ci. La santé est donc perçue comme une source de vie quotidienne, et non comme le but de la vie (…) ». La « vie quotidienne » comprend la vie personnelle et familiale, mais aussi

[1] Charte d'Ottawa pour la promotion de la santé des 17 et 21 novembre 1986, http://www.who.int/idhl-rils/idhl/Aii05003.pdf

la vie professionnelle. La santé – et *a fortiori* la santé au travail – est entendue par la Charte d'Ottawa comme un indicateur du bien-être de la personne. La Charte d'Ottawa promeut ainsi la bonne santé au quotidien que ce soit dans la vie personnelle que professionnelle : « La promotion de la santé engendre des conditions de vie et de travail sûres, stimulantes, plaisantes et agréables ». Le « potentiel de santé optimal » s'exprime quand tous les éléments qui déterminent l'état de santé sont pris en charge et sont équilibrés, la relation au travail et ses conditions d'exercice font partie de cet équilibre.

Enfin, il ne faut pas oublier d'évoquer concernant le droit international le concept de « travail décent » élaboré par le Bureau International du Travail en 1999 au sein du rapport du Directeur général. Selon ce rapport, le but fondamental de l'OIT aujourd'hui est que « chaque femme et chaque homme puissent accéder à un travail décent et productif dans des conditions de liberté, d'équité, de sécurité et de dignité » (BIT, 1999).

En droit européen, la Convention Européenne de Sauvegarde des Droits de l'Homme et des Libertés Fondamentales (CEDH)[2] du 4 novembre 1950 ne cite nulle part le mot « dignité ». Il en est pourtant question. Dans une décision rendue le 22 novembre 1995[3], la Cour Européenne des Droits de l'Homme affirme en effet que l'essence même de la CEDH[4] est le « respect de la dignité et de la liberté humaine ». En vertu de l'article 3 de la Convention, « nul ne peut être soumis à la torture ni à des peines ou traitements inhumains ou dégradants ». La convention prohibe ainsi la « négation de la dignité inhérente à la personne humaine ». L'article 14 de la Convention[5] s'inscrit aussi dans cette ligne en ce qu'il interdit toute forme de discrimination, tout avilissement de la personne ou situation dégradante née d'une discrimination portant atteinte à la dignité humaine.

---

[2] Convention Européenne de Sauvegarde des Droits de l'Homme et des Libertés Fondamentales du 4 novembre 1950, http://www.echr.coe.int/NR/rdonlyres/086519A8-B57A-40F4-9E22-3E27564DBE86/0/FrenchFrançais.pdf.

[3] CEDH, 22 novembre 1995, SW c/ Royaume-Uni, Série A 335 B.

[4] Abréviation employée au sens de la « Convention Européenne de Sauvegarde des Droits de l'Homme et des Libertés Fondamentales ».

[5] Art. 14 de la CEDH : « La jouissance des droits et libertés reconnus dans la présente Convention doit être assurée, sans distinction aucune, fondée notamment sur le sexe, la race, la couleur, la langue, la religion, les opinions politiques ou toutes autres opinions, l'origine nationale ou sociale, l'appartenance à des minorités nationales, la fortune, la naissance ou toute autre situation ».

Le 18 octobre 1961 fut adoptée à Turin la Charte sociale européenne[6]. Dans la première partie, les États signataires reconnaissent comme objectif la réalisation de conditions propres à assurer l'exercice d'un droit pour tous les travailleurs à la sécurité et à l'hygiène dans le travail. Selon la Charte, « toute personne a le droit de bénéficier de toutes les mesures lui permettant de jouir du meilleur état de santé qu'elle puisse atteindre ». Ces résolutions sont ensuite reprises et complétées dans une deuxième partie dont l'article 11 qui est intitulé « Droit à la protection de la santé ». Les parties contractantes s'engagent notamment dans le premier point à « éliminer, dans la mesure du possible, les causes d'une santé déficiente ». Depuis 1961, la Charte sociale européenne à été révisée plusieurs fois. La version adoptée à Strasbourg le 3 mai 1996[7] contient un article 26 intitulé « Droit à la dignité au travail ». Cette disposition vise notamment les situations de discrimination, de harcèlement sexuel et de harcèlement moral dans le but de protéger la dignité des travailleurs et participe par là-même à les protéger contre une partie des risques psychosociaux.

Même si la notion de dignité peut s'étendre à l'altération de la santé mentale du fait de conditions de travail dégradantes, il serait plus aisé de combiner l'atteinte à la dignité avec des textes qui portent expressément sur la protection de la « santé physique et mentale » au travail. Le droit international contient en effet quelques textes pouvant s'appliquer en la matière, notamment à travers ceux de l'OIT.

2. Des textes renvoyant à la « santé physique et mentale »

Après avoir défini la « santé » comme « un état de complet de bien-être physique, mental et social », l'OMS a précisé dans sa recommandation numéro 112 que l'objet des services médicaux du travail est d'« assurer la protection des travailleurs contre toute atteinte à la santé résultant du travail ou des conditions de celui-ci, contribuer à l'adaptation physique et mentale des travailleurs, au maintien de leur bien-être physique et mental au plus haut degré » (Chaumette, 1981). Indéniablement, l'Organisation Mondiale de la Santé confirme sa conception dichotomique de la santé – un versant physique et un versant mental – mais, cette fois-ci, appliquée au travail. L'ONU va relayer cette conception de la santé au sein du Pacte international

[6] http://conventions.coe.int/Treaty/FR/Treaties/Html/035.htm.
[7] http://conventions.coe.int/treaty/fr/Treaties/Html/163.htm.

relatif aux droits économiques, sociaux et culturels du 16 décembre 1966[8], mais en des termes plus généraux pas spécifiquement appliqués au travail bien que l'article 7 reconnaisse le droit qu'à toute personne « de jouir de conditions de travail justes et favorables, qui assurent notamment (...) la sécurité et l'hygiène du travail ». L'article 12 premier paragraphe alinéa 1er reconnaît en effet « le droit qu'a toute personne de jouir du meilleur état de santé physique et mentale qu'elle soit capable d'atteindre (...) ».

Si le concept de risques psychosociaux évoque certes celui de dignité, il faut plutôt étudier les textes internationaux visant spécifiquement la santé et la santé mentale ou bien les conventions de l'Organisation International du Travail (OIT) pour identifier des principes fondamentaux pouvant s'appliquer plus particulièrement – sans pour autant les citer – aux risques psychosociaux. Bien qu'insistant dans son Préambule sur la nécessité d'améliorer les conditions de travail et de rendre le travail plus humain, la déclaration constitutive de Philadelphie du 10 mai 1944[9] ne reconnaît pas explicitement la protection de la santé des travailleurs. La Communauté internationale n'était peut-être pas encore prête car il faudra attendre le traumatisme de la découverte des camps de concentration et d'extermination pour qu'elle prenne véritablement toute la mesure de la nécessaire protection de la dignité et de la santé. L'OIT a ainsi pour objectif de mettre en œuvre des programmes destinés à réaliser « une protection adéquate de la vie et de la santé des travailleurs dans toutes les occupations » et de collaborer avec d'autres organismes internationaux en termes d'« amélioration de la santé ».

Toutefois, c'est la convention n° 155 du 22 juin 1981, sur la sécurité et la santé des travailleurs[10], que l'OIT va davantage s'approcher du sujet des risques psychosociaux. L'article 3 définit « la santé en relation avec le travail » comme une absence de maladie ou qui inclut « les éléments physiques et mentaux affectant la santé directement liés à la sécurité et à l'hygiène du travail ». L'OIT reconnaît ainsi juridiquement à travers cette convention les affections mentales que peuvent entraîner de mauvaises conditions de travail. L'article 4 de la précise également que les membres de l'Organisation devront définir et réexaminer ponctuellement une politique nationale en matière de sécurité, de santé et de milieu de travail de manière à

[8] http://www.admin.ch/ch/f/rs/i1/0.103.1.fr.pdf.
[9] http://www.droitshumains.org/Biblio/Text_fondat/OIT_01.htm.
[10] Convention OIT n° 155 sur la sécurité et la santé des travailleurs du 26 juin 1981, http://ilolex.ilo.ch:1567/cgi-lex/convdf.pl?query=C155&query0=155&submit=afficher.

prévenir les accidents et les atteintes à la santé liés au travail. En relation avec cette disposition, l'article 5 ajoute que ces politiques devront tenir compte notamment des « capacités physiques et mentales des travailleurs ».

L'OIT va confirmer les objectifs et le positionnement pris par la convention n° 155 en adoptant une nouvelle convention en date du 25 juin 1985, la convention n° 161 sur les services de santé au travail[11]. Le service de santé au travail selon l'OIT est un service « investi de fonctions essentiellement préventives » notamment afin de « favoriser une santé physique et mentale optimale » et d'adapter le travail « aux capacités des travailleurs compte tenu de leur état de santé physique et mentale ».

Comme les textes internationaux en matière de protection de la dignité et de la santé au travail, le droit communautaire a tout autant une valeur de référence sinon une valeur impérative. Les États membres de l'Union européenne doivent normalement s'y soumettre.

B. La prise en compte des risques psychosociaux par le droit communautaire

S'il ne vise pas directement les risques psychosociaux au travail, le droit communautaire imprime une dynamique très intéressante de protection de la santé au travail. Il a d'abord assoupli la règle d'adoption des normes communautaire pour adopter plus simplement les dispositions relatives à la protection de la santé au travail (1). Cet assouplissement a permis à la Communauté Européenne d'adopter une législation favorable à l'amélioration de la sécurité et de la santé des travailleurs au travail au sein de laquelle la protection contre les risques psychosociaux pourrait trouver une place (2).

1. Le rôle de l'article 137 du Traité de Rome

Le droit communautaire compte en effet parmi ses ambitions de promouvoir l'amélioration de la sécurité et de la santé au travail. Pour y parvenir, l'article 136 du Traité de Rome rappelle les principes fondamentaux énoncés dans la Charte sociale européenne notamment celui

[11] Convention OIT n° 161 sur les services de santé au travail du 25 juin 1985, http://ilolex.ilo.ch:1567/cgi-lex/convdf.pl?query=C161&query0=161&submit=afficher.

d'améliorer le milieu du travail. L'article 137 est destiné à réaliser les objectifs fixés par l'article 136 et décline les moyens pour y parvenir. Mais le véritable effort de cet article est d'assouplir la règle d'adoption des dispositions communautaires en substituant la règle de la majorité qualifiée à la règle de l'unanimité. Par ailleurs, l'arrêt de la CJCE du 12 novembre 1996[12] confère à l'article 137 un champ d'application plus large que celui d'assurer la sécurité et de protéger la santé physique des travailleurs.

La CJCE vise en effet plus largement la vie au sein de l'entreprise. Cet arrêt porte sur la directive du 23 novembre 1993 relative à l'aménagement du temps de travail[13] et inclut dans le champ d'application de l'article 137 la réglementation du temps de travail, les notions de milieu de travail, de sécurité et de santé, qui doivent être interprétées comme englobant « tous les facteurs, physiques *ou autres*, capables d'affecter la santé et la sécurité du travailleur dans son environnement de travail » (Rodière, 2002) et ne peuvent se limiter aux dispositions ayant pour objet spécifique la sécurité et la santé physique des travailleurs.

Or, sur le fondement de l'article 137, le Conseil a adopté la très importante directive-cadre du 12 juin 1989[14] qui constitue le pivot de la mise en œuvre de mesures visant à promouvoir l'amélioration de la sécurité et de la santé des travailleurs au travail. Ce texte sera ensuite transposé dans les législations internes des États membres de la communauté européenne, mais il n'est pas le seul.

2. Les autres textes communautaires

S'il ne définit pas la notion de santé, le droit communautaire consacre la « protection de la santé et de la sécurité au travail » parmi les droits sociaux fondamentaux des travailleurs en vertu de la Charte communautaire des droits sociaux fondamentaux des travailleurs des 8 et 9 décembre 1989[15]. Dans la droite ligne des perspectives tracées par l'OMS et suivant la

[12] CJCE aff. C-84/94, 12 novembre 1996, RU c./ Conseil, *Recueil des arrêts de la CJCE*, tome IV, I-5758 à I-5818.
[13] Directive n° 93/104/CE du 23 novembre 1993 relative à certains aspects de l'aménagement du temps de travail, *JOCE* L. 307 du 13 décembre 1993, p. 18.
[14] Directive n° 89/391/CEE du 12 juin 1989 concernant la mise en œuvre de mesures visant à promouvoir l'amélioration de la sécurité et de la santé des travailleurs au travail, *JOCE* L. 183 du 29 juin 1989, p. 1.
[15] http://www.social-law.net/IMG/pdf/CharteComDroitsSociauxFondamentaux.pdf.

directive du 12 juin 1989[16], la Charte a parmi ses objectifs d'assurer la sécurité et la santé des travailleurs dans une acceptation très large, c'est-à-dire la mise en œuvre de mesures visant à promouvoir l'amélioration de la sécurité et de la santé au travail. La protection contre les risques psychosociaux peut s'inclure dans ces objectifs car au sein d'un titre intitulé « Protection de la santé et de la sécurité dans le milieu de travail », elle dispose que « tout travailleur doit bénéficier dans son milieu de travail de conditions satisfaisantes de protection de sa santé et de sa sécurité ».

La directive-cadre du 12 juin 1989 concernant la mise en œuvre de mesures visant à promouvoir l'amélioration de la sécurité et de la santé des travailleurs au travail est incontournable dans la politique de l'Union européenne de protection de la santé au travail. Elle établit en effet des principes généraux concernant tous les travaux subordonnés, privés et publics. Cette directive s'est inspirée de la convention n° 155 du 22 juin 1981 de l'OIT sur la sécurité et la santé des travailleurs. Elle a pour objet de mettre en place des actions contre les risques, mais elle concerne aussi la conduite et la responsabilité des personnes (Rodière 2002). Ces principes généraux visent à tendre vers « l'adaptation du travail à l'homme ».

La directive du 12 juin 1989 a été complétée par la directive du 23 novembre 1993 relative à l'aménagement du temps de travail. En termes de risques psychosociaux, on peut également invoquer les directives relatives aux discriminations du 29 juin 2000[17] et du 27 novembre 2000[18] ; cette dernière considère le harcèlement comme une forme de discrimination lorsqu'un comportement « a pour objet ou pour effet de porter atteinte à la dignité d'une personne et de créer un environnement intimidant, hostile, dégradant, humiliant ou offensant ». Enfin, il ne faut pas oublier les accords-

[16] Directive n° 89/391/CEE du 12 juin 1989, *JOCE* L. 183 du 29 juin 1989, p. 1.

[17] Directive du 29 juin 2000 n° 2000/43/CE relative à la mise en œuvre du principe de l'égalité de traitement entre les personnes sans distinction de race ou d'origine ethnique, *JOCE* n° L. 180 du 19 juillet 2000, p. 22.

[18] Directive 2000/78/CE du Conseil du 27 novembre 2000 portant création d'un cadre général en faveur de l'égalité de traitement en matière d'emploi et de travail *Journal officiel n° L. 303 du 02/12/2000 p. 16.*

cadres communautaires, notamment celui relatifs au stress[19] et celui portant sur la violence et le harcèlement au travail[20].

Concernant le droit à la dignité au travail, la Charte des droits fondamentaux de l'Union Européenne du 7 décembre 2000[21] tient une place très importante. Le chapitre I du texte porte sur la « Dignité » auquel est rattaché un article 3 intitulé « Droit à l'intégrité de la personne ». Or le premier point proclame le droit pour toute personne « à son intégrité physique et mentale ». Le champ de l'intégrité physique comme un des éléments essentiels de la notion de dignité est dépassé. Désormais, le droit communautaire reconnaît expressément une dimension mentale à l'intégrité de la personne comme élément de la dignité. Son caractère universel implique une nécessaire protection de l'intégrité mentale sur le lieu de travail au même titre que l'intégrité physique. Ce point de vue se fonde sur le premier point de l'article 31 de la Charte qui proclame que « tout travailleur a droit à des conditions de travail qui respectent sa santé, sa sécurité et sa dignité ». La protection contre les risques psychosociaux au travail y trouve également sa place.

La protection de la santé au travail, et *a fortiori* contre les risques psychosociaux, en droit international et communautaire passe inévitablement par la notion de la dignité. Ce concept aux contours mal définis doit être expliqué au regard du droit.

II. Confrontation des risques psychosociaux au « droit à la dignité »

Le droit à la dignité est présent dans la plupart des branches du droit. Aussi, il ne s'agit pas d'étudier comment branche après branche la notion de dignité est reconnue par le droit, mais plutôt de rapporter la reconnaissance de la dignité à la protection contre les risques psychosociaux en se fondant sur le couple « dignité-santé » (A). Observer comment à travers les risques psychosociaux, la protection de la dignité et de la santé appliquée aux

---

[19] Accord européen sur stress européen du 8 octobre 2004, http://hesa.etui-rehs.org/uk/newsevents/files/Accord-cadres%20STRESS.pdf (en anglais).

[20] Accord européen sur la violence et le harcèlement au travail du 26 novembre 2007, http://ec.europa.eu/employment_social/news/2007/apr/harassment_violence_at_work_en.pdf (en anglais).

[21] *JOCE* C. 364 du 18 décembre 2000, p. 1.

risques psychosociaux au travail devient un enjeu de santé publique est également essentiel (B).

A. Droit à la dignité et droit à la santé au travail

Générant des conditions de travail jugées suffisamment dégradées pour altérer la santé physique et mentale de la victime, les risques psychosociaux portent atteintes dans le même temps à la dignité du travailleur. On pense notamment aux actes de harcèlement moral, à la discrimination, au stress ou à des organisations du travail jugées dégradantes. L'atteinte à la dignité et à la santé peut ainsi être associée dans la survenance de troubles liés aux risques psychosociaux dans l'entreprise (1). Toutefois, se pose la question de savoir si le concept de dignité est adapté à la reconnaissance des risques psychosociaux par le droit car il possède en effet des limites (2).

1. Le couple « dignité-santé » au travail

Comme le souligne M. Antoine Mazeaud en citant M. Jean-Claude Javilier, le droit du travail s'insère dans le « droit commun des libertés et droits fondamentaux » (Mazeaud, 2008). Ce n'est en effet plus le travailleur qu'il faut protéger, mais bien sa personne notamment à travers sa dignité et sa santé au travail auxquelles portent atteintes la réalisation des risques psychosociaux. La dignité au travail est finalement ambivalente car le travail participe à la dignité de la personne, mais il peut également lui porter atteinte à travers l'altération de la santé notamment causée par des conditions de travail dégradantes.

Une définition expresse des « risques psychosociaux » est absente du droit, ce qui n'aide pas à les qualifier juridiquement et à leur appliquer un régime juridique approprié. Ces difficultés liées à l'absence de définition sont tempérées par un arsenal juridique qui permet de qualifier certains phénomènes liés à la santé mentale des travailleurs faisant partie de la catégorie des risques psychosociaux, mais qui est aussi élaboré pour protéger la dignité et la santé des travailleurs.

Cependant, tout le champ des risques psychosociaux n'est pas couvert. En effet, si le harcèlement moral, les discriminations, quelquefois le suicide, disposent dans la plupart des législations de l'Union européenne d'un véritable régime juridique, en revanche, le stress, la dépression, l'épuisement professionnel ne disposent pas de cet avantage. Ces derniers risques peuvent toutefois bénéficier du régime juridique du droit de la responsabilité, de l'obligation de sécurité de l'employeur, du respect de la dignité et de l'intimité au travail voire même de certains aspects du droit de la santé publique. Il faut ainsi distinguer les risques reconnus par le droit entrant dans la catégorie des risques psychosociaux bénéficiant d'un régime juridique existant et ceux non reconnus par la loi, mais entrant dans le champ d'un régime juridique de « droit commun des libertés fondamentales » et entrant également dans le champ de la protection de la dignité et de la santé au travail.

La dignité est inhérente à la personne humaine et sa protection doit dès lors être assurée en toute circonstance, y compris au travail (Licari, 2000) et doit donc protéger la santé « physique et mentale ». La virtualité du concept de dignité permet d'en faire un instrument adapté pour renforcer les droits des travailleurs et renforcer leur statut au sein de l'entreprise (Girard, Hennette-Vauchez, 2005). Ainsi, le Code civil français évoque la dignité au sein d'un article 16 selon lequel « la loi assure la primauté de la personne, interdit toute atteinte à la dignité de celle-ci et garantit le respect de l'être humain dès le commencement de sa vie ». Le Code civil consacre ainsi formellement la notion de respect de la dignité de la personne humaine en réponse notamment à sa mise en danger face aux évolutions et aux excès de la société (Molfessis, 1999). Même en étant placée en tête du chapitre consacré au respect du corps humain, la notion de dignité concerne la personne en son entier, c'est-à-dire, comme le souligne Gérard Cornu, son corps et son esprit (Cornu, 2005) et pourrait donc se voir appliquée aux risques psychosociaux.

La notion de dignité est déjà très présente et l'est encore davantage en-dehors du champ du couple « dignité-santé ». Cependant, les fréquents recours à la notion de dignité en sont aussi ses points faibles.

2. Les limites du droit à la dignité appliqué aux risques psychosociaux

Outre le sens lié à la fonction et au rang tenu dans la société, le mot « dignité » vient du latin « *dignitas-atis* » signifiant « mérite, estime, considération, honorabilité ». Aussi, à travers l'approche des risques psychosociaux par la notion de dignité, il est question pour la personne qui en est victime de retrouver sa dignité, c'est-à-dire de retrouver la place qu'elle occupait avant dans la société, notamment grâce à son travail.

La notion de dignité associe en effet tout ce qui peut la réduire ou l'anéantir. Les situations contraires à la dignité renvoient ainsi au mot « dégrader » qui amène à s'interroger sur l'idée d'humiliation, de déshonneur, de méprise et d'avilissement. Dans sa décision en date du 27 juillet 1994, le Conseil constitutionnel français a pris ce parti de la définition de la dignité en déclarant que « la sauvegarde de la dignité de la personne humaine contre toute forme d'asservissement, de dégradation est un principe à valeur constitutionnel » (Pédrot, 1999).

La dignité est cependant un concept très répandu et constamment invoqué aujourd'hui pour l'appliquer à la reconnaissance de droits inaliénables dont le respect est considéré comme essentiel à la personne humaine (logement, maladie, emprisonnement, travail, etc.). Toutefois, les contours de la notion de « dignité » restent flous, ils sont mal définis. Le risque est d'en faire un concept « fourre-tout » tellement la dignité est utilisée alors même qu'elle ne connaît pas de définition juridique, le risque est peut-être parfois d'y recourir abusivement.

Si la notion de dignité n'est pas définie en droit, les risques psychosociaux ne le sont pas non plus. Aussi, associer les deux ne paraît pas évidemment pertinent et ce d'autant plus que les risques psychosociaux désignent de manière générique un certain nombre de risques portant atteinte à la santé mentale des travailleurs. La réalisation de ces risques n'atteint toutefois pas forcément le droit à la dignité. L'apport de la notion de dignité vis-à-vis des risques psychosociaux permet néanmoins de contribuer à résister aux différentes formes de dégradation de la personne humaine et s'avère sur ce point nécessaire.

Le recours à la notion de dignité est en effet révélateur d'un manque. Quand il n'existe pas de définition juridique d'un phénomène souvent apparu récemment, il est courant de recourir à la notion de dignité pour tenter de le qualifier et de lui appliquer un régime juridique sans que celui-ci ne soit vraiment adapté. Or, s'il manque une définition juridique concernant les risques psychosociaux, faut-il pour autant recourir à la notion de dignité ?

En effet, jusqu'à la décision du 22 janvier 1990 du Conseil constitutionnel[22], la notion de dignité est restée pendant longtemps extérieure au système juridique en s'apparentant à des propositions doctrinales destinées à restituer et à nommer certaines orientations du droit positif (Meyrat, 2005 ; Meyrat, 2004). À partir de cette décision un recours par défaut à la notion de dignité devient possible pour des phénomènes sociaux, souvent nouveaux, qui ne sont pas encore l'objet d'un régime juridique.

Le travail, notamment subordonné, peut à travers ses systèmes d'organisation limiter les droits fondamentaux : liberté d'aller et venir, liberté d'expression, contrôle, discipline, etc. dès lors que ces restrictions sont justifiées par la nature de la tâche à accomplir et proportionnées au but recherché[23]. Or, les risques psychosociaux peuvent parfois se confondre avec les pratiques du milieu professionnel qui provoquent du stress, certaines tensions sans pour autant être qualifiés de harcèlement moral ou de discrimination. Tout le problème ici est de savoir si l'on peut qualifier juridiquement tout ce que certains nomment « risques psychosociaux » afin de pouvoir leur appliquer un régime approprié. La dignité et la santé sont des droits fondamentaux qui doivent être défendus. Le droit communautaire ainsi que le droit interne de chaque État membre de l'Union européenne s'accordent sur ce point. Pour autant, et de manière un peu provocatrice, le travail n'est-il pas un terrain qui limite le couple « dignité-santé » ? Pour certains, l'encadrement juridique du contrat de travail relativise la défense de la dignité en raison de la « réification de la force de travail » (Revet, 1999). Pour d'autres néanmoins, c'est la personne du travailleur qu'il faut protéger au travail. MM. Jean Rivero et Jean Savatier soulignaient à ce sujet que le contrat de travail « touche au droit des personnes car il ne porte pas simplement sur une marchandise, une chose, mais comporte un engagement sur la personne du travailleur » (Rivero, Savatier, 1993). Celui-ci doit conserver les droits propres à la personne humaine au sein du contrat de travail. M. Alain Supiot ajoute que cette analyse extra-patrimoniale de la relation de travail accorde une place prépondérante aux droits de la personnalité inhérents à la personne humaine (Supiot, 1979).

Le travail tient une place considérable dans la vie de la personne et dans sa dignité. La protection des travailleurs contre les risques psychosociaux

[22] CC n° 89-269 DC du 22 janvier 1990 Égalité entre Français et étrangers, *JORF* du 24 janvier 1990, p. 972.
[23] Art. L. 1121-1 du Code du travail.

participe au bien-être au travail, mais aussi au bien-être général relevant de la population toute entière, ce qui interroge nécessairement le droit de la santé publique.

B. L'articulation du couple « dignité-santé » avec le droit de la santé publique

La santé publique couvre un champ plus vaste que celui de la santé au travail. Pendant longtemps le droit de la santé publique est resté relativement fermé à la santé au travail. Pour autant, depuis les « affaires amiantes » et depuis l'émergence des risques psychosociaux au travail, les frontières semblent s'estomper notamment à travers la protection du couple « dignité-santé » (1). Fort de ce constat, la reconnaissance juridique de la santé mentale comme étant partie des politiques de prévention au travail fait des risques psychosociaux un objet de santé publique (2).

1. « Dignité-santé » et droit de la santé publique

La protection de la personne humaine en matière de santé tend à faire de la santé au travail une composante de la santé publique (Lerouge, 2005 ; Verkindt, 2005). Le travail est en effet au centre de l'activité humaine et de la société. Il peut ainsi influencer directement la santé lorsque ses conditions d'exercice sont à l'origine de maladies ou d'accidents. Il en résulte, qu'outre l'employeur, la protection des travailleurs est l'affaire de la société. La frontière entre le droit de la santé au travail et le droit de la santé publique devient ainsi perméable car le travail joue un rôle primordial dans la construction ou la déconstruction de la santé « physique et mentale ».

Le concept de santé publique permet notamment une prévention collective qui tend à réduire les facteurs de risques liés à l'environnement, y compris professionnel. L'exemple le plus spectaculaire de la mouvance des frontières entre santé publique et santé au travail est celui des « affaires de l'amiante ». La reconnaissance par le droit du travail de la santé mentale et l'assimilation à des accidents du travail de certains troubles psychologiques ou suicides constitue un nouveau point de convergence entre santé publique et santé au travail (Lerouge, 2007). La prévention des risques professionnels doit en effet tenir compte des contraintes mentales au même titre que les contraintes physiques, les risques psychosociaux y tiennent désormais une place importante.

2. Risques psychosociaux au travail et droit de la santé publique

L'émergence de la notion de « risques psychosociaux » et de leurs conséquences sur la personne des travailleurs est un enjeu qui dépasse l'entreprise. Il s'agit d'un problème de société dont les conséquences peuvent notamment se répercuter sur la vie familiale et personnelle. Autrement dit, les conséquences d'ordre mental de l'évolution du travail peuvent être considérées comme un enjeu de santé publique.

Le champ de la santé publique s'étend ainsi au-delà de l'aspect curatif et de l'accès aux soins et à la Sécurité sociale. L'attention doit se porter de plus en plus sur la dimension globale et préventive de la médecine. La santé mentale au travail, notamment à travers les risques psychosociaux, s'inscrit dans cette logique de prévention des risques. Les salariés victimes de harcèlement, dépressifs ou qui sont menacés de perdre leur emploi entrent en effet dans la catégorie de la population dite « à risque » visée par les actions de la politique de prévention de santé publique (Vignat, 1999). La lutte contre les risques psychosociaux au travail doit également s'effectuer dans champ de la santé publique si l'on tient compte de l'importance des coûts sociaux associés aux problèmes liés à l'environnement psychosocial (Vézina, 2008).

BIBLIOGRAPHIE

BECK U., (2003), *La société du risque. Sur la voie d'une autre modernité*, Flammarion, Coll. Champs, 2003

BIT (1999), *Un travail décent*, Rapport du Directeur général, conférence internationale du travail, 87e session

BRUN C., (2005), *Risques psychosociaux, stress, mal-être souffrance. Un enjeu collectif de la santé et de la qualité de vie au travail*, ARACT Aquitaine

CHAUMETTE P., (1981) « Les services médicaux et sociaux du travail, l'essor de l'humain dans l'entreprise », thèse droit, Rennes

CHOUANIÈRE D., (2006), « Stress et risques psychosociaux : concepts et prévention », *Documents pour le médecin du travail*, INRS, n° 106, 2e trimestre 2006, p. 169-186

CORNU G., (2005), *Droit civil. Introduction, les personnes, les biens*, Montchrestien, 12e édition

GIRARD C., HENNETTE-VAUCHEZ S. (dir.), (2005), *La dignité de la personne humaine. Recherche sur un processus de juridiciarisation*, PUF, Coll. Droit et justice

LEROUGE L., (2006), « La question des rapports entre le droit de la santé au travail et le droit de la santé publique : la nouvelle donne de la reconnaissance de la protection de la santé mentale au travail », *Revue générale de droit médical*, n° 18, mars, p. 199-21

LEROUGE L., (2005) *La reconnaissance d'un droit à la protection de la santé mentale au travail*, LGDJ, Coll. Bibliothèque de droit social

LICARI S., (2000), « De la nécessité d'une législation spécifique au harcèlement moral dans l'entreprise », *Droit Social*, p. 292-506

MAZEAUD A., (2008), *Droit du travail*, Montchrestien, Coll. Domat, 6e édition

MEYRAT I., (2005), « La contribution des droits fondamentaux à l'évolution du système français des relations de travail. Pour une approche critique » *in* Lyon-Caen A., Lokiec P., *Droit fondamentaux et droit social*, Dalloz, Coll. Thèmes et commentaires, 2005, p. 41-59

MEYRAT I., (2004), « Droit fondamentaux et droit du travail », thèse droit, Paris X - Nanterre, ANRT, 2004

MOLFESSIS N., (1999), « La dignité de la personne humaine en droit civil » *in* Pavia M.-L., Revet T. (dir.), *La dignité de la personne humaine*, Economica, p. 107-136

PÉDROT P., (1999), « La dignité de la personne : principe consensuel ou incantatoire ? » *in* P. Pédrot (dir.), *Éthique, droit et dignité de la personne. Mélanges Christian Bolze*, Economica, p. XI-XVII.

REVET T., (1999), « La dignité de la personne humaine en droit du travail » *in* Pavia M.-L., Revet T. (dir.), *La dignité de la personne humaine*, Economica, p. 137-157

RIVERO J., SAVATIER J., (1993), *Droit du travail*, PUF, Coll. Thémis, 13e édition

RODIÈRE P., (2002), *Droit Social de l'Union Européenne*, LGDJ, 2008

SAHLER B., BERTHET M., DOUILLET P., MARY-CHERAY I., (2007), *Prévenir le stress et les risques psychosociaux au travail*, Éditions du réseau ANACT

SUPIOT A., « Le juge et le droit du travail », thèse droit, Bordeaux, 1979

VERKINDT P.-Y., (2005), « De la loi du 9 avril 1898 au Plan "Santé au travail" », *Semaine Sociale Lamy*, supplément n° 1232, p. 6-9

VEZINA M., (2008), « La prévention des problèmes de santé psychologique liés au travail : nouveau défi pour la santé publique », *Santé Publique*, mai-juin, suppl. n° 3, p. 122-128

VIGNAT J.-P., (1999), « La santé mentale en France : état des lieux », *Santé publique*, n° 2, p. 127-135

CHAPITRE I

Le préalable de l'approche pluridisciplinaire

Le concept de « risques psychosociaux au travail » n'est pas encore tout à fait familier à la discipline juridique. Cela met en lumière une certaine lacune du droit, et surtout du droit social, au regard de la manière dont ce phénomène concernant le milieu de travail est traité par d'autres disciplines.

Pour une approche juridique appropriée en matière de risques psychosociaux et leur confrontation aux droits des pays de l'Europe du Sud, une étude préalable de ce concept dans des disciplines autres que le droit est une étape essentielle. Il était important de comprendre le phénomène des risques psychosociaux au travail et les éléments qui le composent afin de dégager de cette approche disciplinaire des questionnements en termes juridiques. Autrement dit, la science a avancé sur la question des risques psychosociaux au travail, notamment concernant leur existence, leur importance et leurs effets sur la santé des travailleurs. Le rôle du droit est de traduire ces acquisitions en langage juridique.

La santé mentale est en première ligne des troubles psychologiques résultant de la survenance des risques psychosociaux. Pour saisir les modes de fonctionnement de ce phénomène pour ensuite tenter de le saisir juridiquement, la psychologie du travail, l'ergonomie et la sociologie apporteront l'éclairage nécessaire.

Risques psychosociaux : le point de vue psychologique

Pascale MOLINIER
Conservatoire National des Arts et métiers
Chaire Psychanalyse, santé, travail

La loi de modernisation sociale contient une conception élargie de la santé : physique et mentale. Aujourd'hui, le code du travail impose aux chefs d'établissement de prendre toutes les mesures nécessaires pour assurer la sécurité et protéger la santé physique et mentale des travailleurs. Dans ce contexte, la notion de risque psychosocial en vient à occuper de plus en plus le devant de la scène avec une acuité particulière en France, du fait de la médiatisation de la vague de suicides parmi les cadres salariés de grandes entreprises (DF, Renault, Peugeot, Sodexho, EDF...)[1]. La notion de risque psychosocial s'inscrit dans un mouvement de légitimation où les enjeux en termes de santé deviennent aussi des enjeux économiques pour les entreprises (absentéisme, inaptitude, niveau de qualité défaillant, accidents du travail, etc.), des enjeux de santé publique et des enjeux de société.

L'ANACT[2] s'est récemment positionnée comme l'un des acteurs de la concertation paritaire autour du risque psychosocial. Parmi les risques psychosociaux, les auteurs de « Prévenir le stress et les risques psychosociaux » classent le stress, les violences, les harcèlements, les addictions au travail et la souffrance dans le travail (Sahler et al., 2007). Formulée en termes de « risque », explicitement une notion juridique et assurantielle, la notion de risque psychosocial recouvre donc des concepts de la psychologie : stress, souffrance, harcèlement. Et au moins l'un d'entre eux, le concept de souffrance, appartient à un courant, celui de la psychodynamique du travail, plus français qu'européen. Il y a donc dans la définition de l'ANACT un parti-pris local *vs* international. Ceci suggère que cette notion est plutôt pragmatique que scientifique. Il s'agit de « rassembler », dans tous les sens du terme, des acteurs, des préoccupations, des courants théoriques. Cette volonté de rassemblement est très clairement manifestée par les auteurs de « Prévenir le stress et les risques psychosociaux », lorsqu'ils justifient la place de la souffrance dans leur liste

---

[1] V. « Le travail en accusation », dossier de la Revue *Santé Travail*, n° 50, octobre 2007.
[2] Agence Nationale pour l'Amélioration des Conditions de Travail.

car on ne pourrait ignorer « la demande sociale qui s'exprime en ces termes et en référence aux travaux de Dejours ». Il apparaît aussi qu'un certain nombre de connaissances construites dans le champ de la psychodynamique du travail sont passées dans le domaine de l'expertise (les praticiens s'en servent) : en particulier l'importance accordée au collectif dans la construction de la santé et le rôle de la reconnaissance du travail.

Aujourd'hui, il semble que ce qui fait consensus, dans la définition du risque psychosocial, est qu'on ne peut l'appréhender dans une logique de type cause-effet, mais qu'il faille mettre en œuvre une logique systémique en termes de facteur. Différents facteurs de risque psychosocial interagissent et la présence des facteurs en cause n'entraîne pas de facto la survenue de l'effet. Pour aborder la complexité des processus, l'ANACT parle aussi de « tensions mal régulées », « impossibles à supprimer (…) mais qu'on cherchera à mieux réguler pour préserver, à la fois, la santé des salariés et la performance des entreprises ». La pluridisciplinarité est donc convoquée, associant approches qualitative et quantitative. La liste de l'ANACT intègre explicitement la différence théorique entre stress et souffrance dans le travail, c'est-à-dire entre deux approches dont on tend à penser qu'elles sont en toutes circonstances antinomiques. Nous voudrions préciser dans ces lignes, outre une rapide présentation des concepts de stress et de souffrance, où passe la ligne de partage théorique et praxique entre les deux, mais aussi dans quelle mesure il est possible de faire dialoguer certaines approches du stress (pas toutes) avec la psychodynamique du travail. Nous verrons aussi que ces deux approches ne couvrent pas l'ensemble des problèmes soulevés par les risques psychosociaux dans le champ de la psychologie, ou plus exactement, dans celui de la psychopathologie.

I. Une politique des risques psychosociaux

Les concepts sont le terrain d'une bataille qui n'est pas seulement scientifique, mais également idéologique et politique. C'est évidemment le cas en ce qui concerne les concepts qui permettent de penser les relations entre santé mentale et travail, dans la mesure où les connaissances qui sont construites dans ce champ sont supposées avoir des traductions en termes de prévention des risques, reconnaissance des préjudices causés par le travail et réparation, c'est-à-dire un coût économique et social pour les entreprises ou pour l'État.

Si l'on s'en tient aux textes susceptibles d'avoir un impact politique, et en admettant que c'est bien sur ce terrain que se développe la notion de risque psychosocial, deux textes récents contiennent la notion de « risques psychosociaux » dans leur titre. Il s'agit du livre de l'ANACT, déjà cité, « Prévenir le stress et les risques psychosociaux au travail », de Benjamin Sahler en collaboration avec Michel Berthet, Philippe Douillet, Isabelle Mary-Cheray et du « Rapport sur la détermination, la mesure et le suivi des risques psychosociaux au travail » de Philippe Nasse et Patrick Légeron, remis à Xavier Bertrand, alors Ministre du travail, des relations sociales et de la solidarité, le 12 mars 2008.

On notera que le premier additionne le stress aux facteurs psychosociaux. Quand on sait que le stress est pourtant censé être l'un d'entre eux, cette mise en exergue suggère que le stress occupe au sein des risques psychosociaux une « place particulière ». C'est précisément le point de vue défendu par le rapport de Nasse et Légeron qui, sous couvert de parler de risques psychociaux, ne parlent que du stress, qu'ils qualifient de « premier risque psychosocial ». Les addictions sont jugées hors sujet. Les harcèlements et les violences (les secondes ne figurant d'ailleurs que dans l'inter-titre) feraient déjà l'objet d'un « consensus d'approche » et, à ce titre, n'auraient pas lieu d'être abordés dans leur rapport. Le rapport ne fait aucune mention à la souffrance, mais précise en annexe que C. Dejours n'a pas répondu à la demande d'audition.

Au-delà de ces points communs apparents, la démarche de l'ANACT est très différente de celle du rapport Nasse et Légeron. S'ils sont tous adeptes de la recherche du consensus social et de la convergence santé-performance, les moyens pour y parvenir sont différents. Même s'ils accordent un privilège de surface au stress, les auteurs du livre de l'ANACT, comme nous l'avons déjà mentionné, tendent à ne pas réduire la complexité du débat en prenant en compte l'ensemble des positions qui existent en France. On est libre de penser que cela ressemble à une auberge espagnole. Mais du moins chacun s'y trouve-t-il représenté. Il a été reproché au rapport Nasse et Légeron de chercher à liquider la complexité en faisant table rase des recherches déjà existantes en France, jugées « riches » mais comprenant « trop d'indicateurs spécifiques » et de ce fait quasiment inutilisables, le lecteur étant prié de croire les experts sur parole puisque aucun résultat des recherches existantes n'est cité dans le rapport (qui mentionne néanmoins une bonne dizaine d'enquêtes quantitatives). Les auteurs s'en justifient :

« Du fait même de sa grande richesse, l'information ainsi rassemblée n'est pas réductible à quelques données simples qui constitueraient la poignée des indicateurs recherchés. Aussi, s'informer sur l'état des risques et la situation des troubles psychosociaux implique, dans la réalité, de prendre une connaissance critique d'un vaste volume d'informations, ce qui relève plus d'une activité de recherche que de la simple démarche relevant de « l'identification, la quantification et le suivi » qui nous était demandée. En effet, l'information disponible a été, le plus souvent, collectée à l'initiative de chercheurs engagés dans une démarche de vérification empirique d'un schéma théorique postulé. Par rapport au schéma positiviste du « d'abord observer, ensuite expliquer, et enfin agir », nous sommes face à un rassemblement d'information où l'explication a plus souvent guidé l'observation que l'inverse. Ainsi, ces enquêtes sont fréquemment ciblées sur une population particulière ou sur un questionnement spécifique ; les questionnaires s'inspirent souvent des questionnaires internationalement validés mais sans leur coïncider complètement, ce qui ne permet pas toujours de leur appliquer les méthodes éprouvées de cotation. Enfin, parce que les recherches portant sur les aspects médicaux de la santé mentale et les aspects sociaux de la santé mentale au travail sont rarement menées par les mêmes personnes, c'est dans des enquêtes distinctes que sont approchés ces deux aspects. Dès lors, le rapprochement entre la mesure de l'état de santé psychique de la personne enquêtée et celle de son « risque psychosocial » n'est pas possible faute d'avoir rassemblé dans une même enquête les questions visant à mesurer ces deux composantes »"

Les auteurs préconisent de construire des indicateurs synthétiques (dont tout le monde, même eux, reconnaît qu'ils ne servent à rien pour l'action). Ce ne serait pas la première fois que des décideurs politiques et leurs conseillers seraient à la recherche d'un indicateur unique, d'un indicateur magique ! Toutefois, il n'est pas sans intérêt d'envisager des enquêtes qui permettraient de rapprocher les aspects médicaux et sociaux de la santé mentale, comme le préconise aussi le rapport, et tout laisse à penser – du principe de plaisir au principe de réalité – que c'est bien dans ce sens que vont s'orienter les recherches en épidémiologie de la santé dans les années qui viennent.

II. Le stress : une notion fourre-tout ou un concept scientifique ?

Le stress est reconnu au niveau européen comme un facteur de risque d'accident du travail et de maladie professionnelle (cf. l'accord européen du 8 octobre 2004). C'est le concept qui a atteint le plus haut niveau de légitimité à un niveau international. Or le stress recouvre des contenus divers. Le stress est un mot qui est passé dans le sens commun pour désigner un état de tension, de nervosité, d'angoisse lié à des causes actuelles et exogènes (vs des causes liés à l'histoire du sujet – endogènes)[3]. On est stressé par un déménagement, par une situation professionnelle ou par sa belle mère. Le stress, c'est donc pour le sens commun quelque chose qui est éprouvé, de l'ordre d'un vécu, et qui peut faire l'objet d'une auto-déclaration, d'une auto-perception : « je me sens stressé ». En tant que vocable, le terme de stress est beaucoup moins chargé émotionnellement que le terme de souffrance, nous y reviendrons. Comme le souligne Philippe Davezies :

« Du côté du personnel ou de ses représentants, le terme est suffisamment englobant pour permettre de poser un problème, voire de porter une accusation, sans s'avancer sur son contenu. En disant « stress », on dit tout, depuis la mondialisation jusqu'aux troubles du sommeil. Une expression d'une telle généralité est difficile à contredire.

Mais le « stress » présente aussi, du point de vue de la direction, un double avantage. Tout d'abord en disant trop, le terme s'expose à ne dire à peu près rien. Son potentiel de déstabilisation est donc très limité. D'autre part, dans la mesure où il est associé à des contenus scientifiques dont aucun des interlocuteurs dans l'entreprise, ne possède la maîtrise, il permet d'orienter l'action du côté de l'élucidation savante et surtout de l'évaluation quantitative. » (Davezies, 2001).

Sur le plan scientifique, le stress, initialement, désigne avant tout un état physiologique, un mécanisme d'adaptation biologique (Hans Selye dès 1936). Cependant, la définition la plus consensuelle actuellement est la

[3] L'extériorité de la cause se joue à la manière du concept de traumatisme, qui pour être prouvé, doit commencer par prouver que la personne était normale avant sa « réaction normale à un événement anormal » (Cf. Rechtman, dossier « Victimes », *Evolution Psychiatrique*, Vol. 67, N°4, 2002).

définition psychosociale de l'Agence Européenne pour la Sécurité et la Santé au travail selon laquelle un état de stress "survient lorsqu'il y a déséquilibre entre la perception qu'une personne a des contraintes que lui impose son environnement et la perception qu'elle a de ses propres ressources pour y faire face. Bien que le processus d'évaluation des contraintes et des ressources soit d'ordre psychologique, les effets du stress ne sont pas uniquement de nature psychologique. Il affecte également la santé physique, le bien-être et la productivité de la personne qui y est soumis.[4].

Selon la commission européenne, « on peut définir le stress lié au travail comme un état fait de réactions émotionnelles, cognitives, comportementale et physiologiques aux aspects négatifs et nocifs de la nature du travail, de son organisation et de son environnement. Cet état est caractérisé par des degrés élevés d'éveil et de souffrance et, souvent, par le sentiment de ne pas s'en sortir[5]. Notons que le « Manuel d'orientation sur le stress au travail » de la comission a pour sous-titre : « Piment de la vie… ou coup fatal ? » « Piment de la vie » fait référence au « stress positif ». Dans cette perspective, le « bon stress » permet à l'invidu de réagir rapidement soit par la confrontation, soit par la fuite. Le « bon stress » participe à la performance de l'individu au service de l'entreprise. C'est le paradigme du « *fight or flight* ». On est en droit d'être dubitatif devant le « bon stress ». Il y a tout lieu de l'être quand on prétend que cette réaction serait la même pour l'homme des cavernes face au grizzli et pour l'employé lambda confronté aux contraintes de l'organisation du travail. Cette continuité entre une pré-histoire fantasmée et un présent bien réel, ou entre la situation du sportif de haut niveau et celle du travailleur ordinaire, est en effet souvent invoquée comme une véritable arme idéologique pour exalter les vertus du bon stress et minimiser le stress (au sens trivial) ou la souffrance dans les organisations. Il n'est pas toujours aisé de distinguer les usages idéologiques du stress de ses usages scientifiques.

Lorsqu'on a le sentiment de maîtriser la situation, « le stress devient le piment de la vie, un défi et non une menace ». En revanche, quand on n'a pas ce sentiment crucial de maîtrise, le stress peut être synonyme de crise.

---

[4] http://europe.osha.eu.int/good_practice/risks/stress

[5] Commission européenne (direction générale de l'Emploi et des Affaires sociales) - « Coût du stress lié au travail: manuel d'orientation sur le stress lié au travail - "Piment de la vie... ou coup fatal ?" ». Office for official publication of the European community, Luxembourg, 1999.

L'état de stress potentiellement pathogène naît ainsi d'un déséquilibre. Au final, les individus sont en proie au stress lorsqu'ils éprouvent une inadéquation entre les contraintes qui leur sont imposées et les ressources personnelles et environnementales dont ils disposent pour faire face à ces contraintes. Le stress en soi n'est pas une maladie mais peut déclencher ou favoriser le déclenchement de certaines maladies dont les plus documentées sont l'hypertension, l'accident vasculaire cérébral et la dépression. Le stress participe aussi d'une certaine usure de l'organisme, une personne stressée a une certaine propension à mourir plus tôt qu'une autre. L'effet du stress est augmenté par le fait de vivre et travailler dans des conditions socio-économiques défavorisées, il est atténué par la présence d'un soutien social important, dans et hors travail.

L'un des modèles les plus éprouvés concernant les effets sur la santé du stress au travail est le modèle de Karasek (1979). Les études épidémiologiques montrent que ce sont les ouvriers qui ont le score le plus élevé en termes de *job strain*, c'est-à-dire qu'ils cumulent une faible latitude décisionnelle avec une forte demande psychologique, ce qui est considéré comme une situation à risques pour la santé. La latitude décisionnelle comprend la prise de décision, la liberté d'organisation, les marges de manœuvre, la diversité des tâches, l'utilisation des compétences, le développement des connaissances et compétences, la créativité. La demande psychologique comprend la rapidité, l'intensité, le manque de temps, la quantité d'ordres contradictoires, la concentration, le morcellement des tâches, l'imprévisibilité, la dépendance vis-à-vis des autres. On mesure donc un facteur de risque : le job strain et on le met en corrélation avec l'état de santé des gens. La mesure devient probante quand on peut mettre en évidence des corrélations statistiques sur des cohortes, c'est-à-dire sur des grands échantillons de personnes. La méthode, qui a une validité épidémiologique certaine, ne peut permettre d'intervenir sur de petits échantillons de personnes.

La clinique en médecine du travail confirme que le stress affecte la santé. Cependant, la nature des manifestations qui en découlent dépend aussi en partie de facteurs génétiques et en partie d'autres influences de l'environnement. Ou en d'autres termes, nous ne tombons pas tous malades de la même façon : certains feront une poussée de tension, d'autres un ulcère, d'autres une crise cardiaque, d'autres une dépression, d'autres rien du tout…

Le stress ne peut donc être une cause directe et immédiate, établie de manière claire et inconditionnelle, la cause ne peut être que favorisante ou « précipitante ». Un arrêt de la Cour de cassation a d'ailleurs admis que la loi de 1993 n'exigeait pas que le travail soit la cause unique ou essentielle de la maladie pour que son rôle soit néanmoins reconnu (Maggi-Germain, 2002). Il est relativement admis que le stress au travail est un facteur de risque dans des maladies multifactorielles, dès lors que le travail a été une cause nécessaire, quand bien même elle ne serait pas l'unique cause (ceci est très important dans le débat sur les suicides liés au travail). Le problème est qu'il existe beaucoup de situations où, devant une pathologie (par exemple cardiaque) pré-existente à la situation de travail, il est très difficile de montrer que la dégradation des conditions de travail a pu jouer un rôle aggravant.

Dans une batterie d'indicateurs sur les risques psychosociaux, on prendra en considération certaines dimensions de l'activité dont la nocivité est déjà prouvée, par exemple les horaires postés, l'intensification du travail (ou la sous charge de travail, cf. la placardisation). Mais on sait par ailleurs que certaines dimensions, bien qu'elles soient reconnues comme source de stress, « l'investissement affectif » dans l'enseignement, les soins, le travail social, par exemple, ne se mesurent pas facilement. Tout comme il est difficile de mesurer l'effet du cumul des contraintes : par exemple : devoir répondre à la demande du client tout en respectant des délais serrés, subir des contrôles fréquents de la hiérarchie, devoir abandonner sa tâche pour une autre, dépendre du rythme de travail des collègues, ce qui est ordinaire dans le travail de service. Il est bien sûr possible d'approcher quantitativement ce type de contraintes, mais les approches qualitatives plus fines demeurent néanmoins nécessaires, non seulement pour atteindre ce qui du sens du travail résiste aux approches par questionnaire fermé, mais aussi pour orienter ceux-ci dans l'avenir. Les approches épidémiologiques ne permettent tout simplement pas d'imaginer les transformations dans les contraintes imposées par les nouvelles organisations du travail et sont plus largement tributaires des avancées réalisées par d'autres disciplines. Par exemple, envisager pour l'avenir de croiser des données sur la conciliation travail/vie personnelle, le genre et la santé mentale, est une idée qui provient des études sur le genre et sur l'inégalité homme/femme vis-à-vis de la double tâche. Si, comme nous le verrons plus loin, les dispositifs de gestion du stress et ceux de la psychodynamique du travail sont foncièrement divergents, en revanche, en ce qui concerne la production de connaissances sur les relation entre la santé mentale et le travail, les approches épidémiologiques du stress et les approches psychodynamiques de la souffrance ne s'excluent pas l'une l'autre, mais elles se complètent ou s'informent mutuellement (Deriennic, Vezina, 2001).

III. La souffrance, un concept critique

Le concept de souffrance appartient au corpus théorique de la psychodynamique du travail. Celle-ci, soulignons-le, n'est pas d'un maniement facile sur le plan stratégico-politique. D'abord parce qu'elle n'est pas européenne, mais française, il en résulte que « la souffrance » ne fait pas partie des critères qui autorisent les comparaisons internationales. Ensuite, la psychodynamique du travail ne mesure rien de quantitatif. Or, le politique et l'économique aiment les ordres de grandeur. Enfin, la psychodynamique du travail n'a pas vocation à être « consensuelle » mais s'inscrit dans les sciences critiques de la société. Dans cette perspective, elle ne préconise pas des solutions en dehors des individus, mais essaie plutôt de mettre en place des recherche-action pour permettre aux acteurs d'agir par eux-mêmes en faveur de la préservation de leur santé (Dessors, 2009). Le niveau d'analyse de la psychodynamique du travail n'est pas celui des grandes cohortes, mais des collectifs de travail.

Se référant à l'anthropologie freudienne, la psychodynamique du travail organise sa théorie autour d'un terme qui n'euphémise pas la place des affects dans le travail : la souffrance. Dire qu'on souffre, c'est trahir une faiblesse, une vulnérabilité. Toutefois cette vulnérabilité n'est pas le fait de personnes fragiles, qui seraient par exemple les femmes, les enfants, les vieillards ou les malades mentaux. Il s'agit d'une vulnérabilité générique qui concerne l'ensemble des êtres humains, y compris ceux qui sont réputés « forts ». La souffrance, dans cette perspective, fait partie de la normalité. Le modèle de l'être humain de la psychodynamique du travail s'écarte ainsi des modèles classiques qui donnent la primauté à l'individu, la cognition et l'autonomie, pour privilégier la relation, l'affectivité et la dépendance à autrui. Toutefois, les individus, dans cette perspective dynamique, ne se contentent pas de subir ce qui leur arrive, ils sont actifs et construisent des défenses en vue de préserver leur santé mentale. Ce point est tout à fait fondamental pour établir une ligne de partage entre une vision victimologique des risques psychosociaux (une vision en termes de harcèlement par exemple) et une vision psychodynamique. Ainsi le concept de souffrance est au centre d'un dispositif théorique qui récuse les oppositions binaires fort-faible, bourreau-victime, et s'efforce de saisir les processus à l'oeuvre dans une approche qui n'en abrase pas les ambiguïtés ou l'instabilité à travers le temps (les positions peuvent évoluer et aussi bien s'inverser) en les resituant dans un contexte où le travail n'est pas la trame d'un décor mais l'objet même des drames qui s'y nouent.

La souffrance est un vécu. La souffrance ne s'objective pas, elle ne se voit pas. Le concept de souffrance appartient au registre de l'expérience et son mode de connaissance est indissociable de l'expérience. Il faut avoir fait soi-même l'expérience de la souffrance pour avoir une idée de ce que souffrir veut dire. Mais cette expérience est aisément accessible, puisqu'elle concerne chacun. On pourrait prendre comme parallèle le rêve : nous croyons que l'autre rêve parce que nous avons fait nous-mêmes l'expérience du rêve, pourtant les rêves sont invisibles. La souffrance appartient donc à un paradigme qui n'est pas celui des sciences empirico-déductives, des sciences expérimentales, mais celui des sciences dites compréhensives ou encore « herméneutiques » : les sciences de l'interprétation.

Dire de la souffrance qu'elle est un vécu, c'est dire aussi qu'elle n'est pas une pensée, encore moins une idée, même si cette expérience peut secondairement se mettre en mots. La souffrance est d'abord éprouvée par un corps, sentie, ressentie. Le corps dont il est question n'est pas le corps physiologique (le corps neuro-hormonal du stress), mais le corps au sens phénoménologique du terme, on dira selon les courants théoriques : le corps vécu, le corps sensible, le corps érotique ou encore la corporéité. C'est-à-dire le corps qui éprouve, qui sent, qui s'excite, qui se glace de d'effroi, le corps de la terreur et de la pitié, le corps du dégoût, de la répulsion ou du désir.

Le corps dans la théorie du stress est strictement physiologique (l'idée de corps vécu est étrangère aux théories du stress). Pourquoi cela fait-il une différence ? Parce que la corporéité est le produit de notre histoire singulière (Dejours, Molinier, 1994). Pour le comprendre, il convient d'esquisser ce que sont les destins de la souffrance. Celle-ci est héritière des impasses de la relation avec nos parents et/ou ceux-celles qui ont pris soin de nous quand nous étions enfants : des adultes que nous avons diversement ressenti comme indifférents, froids, « ailleurs », ou trop aimants, voire dévorants. Autant d'expériences différentes que d'existences différentes, chacun avec sa singularité… Nous n'avons pas tous la même sensibilité aux évènements, certains supportent mieux certaines situations que d'autres, mais toutes ces modalités de la sensibilité au monde sont héritées pour partie de notre histoire infantile. Parfois nous arrivons à comprendre ce qui nous arrive, mais pas toujours ou pas tout de suite et jamais complètement… Et pourtant, nous ne cessons de chercher à comprendre ce qui nous fait souffrir. Nous ne nous en rendons pas forcément compte, d'autant que pour ce faire, nous utilisons plus souvent des médiations concrètes que l'introspection. Cela commence dès l'enfance, où le jeu est la première forme sous laquelle l'être humain tente de comprendre ce qui ne va pas, de l'élaborer, de le transformer, de lui donner du sens (cf. le fameux jeu de la bobine chez Freud). Puis à l'âge adulte, c'est le travail[6] qui donne sens à la souffrance, qui va permettre de rejouer des questions personnelles, souvent inconscientes, sur une autre scène et avec d'autres partenaires que les parents ou les êtres chers. Quand le travail permet ce processus de transformation de la souffrance, on dit qu'il y a résonance symbolique entre le travail et l'histoire personnelle du sujet, celui-ci « n'est pas obligé de la laisser au vestiaire ». Mais il y a plus : c'est cette histoire qui est mise au travail, qui travaille. Ce qui permet d'affirmer que la souffrance est créatrice et signifie tout autre chose que le « bon stress » comme réponse (secondaire) adaptative à une stimulation, un défi. La souffrance est plutôt comme une énigme, l'énigme que je suis pour moi-même, et que je vais essayer de dépasser, déplacer. Comment ? En faisant des choses qui ont un impact sur le monde. En transformant le monde, c'est moi aussi que je transforme.

Prenons l'exemple d'un petit garçon qui aurait passé ses dimanches dans le garage avec son père à réparer la voiture. Il a grandi, son père a vieilli. Oui, mais il est devenu mécanicien. Alors, dans l'exercice de son métier, il retrouve le plaisir perdu (la souffrance, c'est aussi la perte, le manque de ce qui a été). Mais qu'on transforme ses conditions de travail, qu'on remplace par exemple certaines pièces des véhicules par des pièces qui, en cas de panne, ne se réparent pas mais se changent, et c'est toute l'économie psychique qui risque d'être mise en péril (Molinier, 2003). Il est probable que quelqu'un dont l'histoire singulière ne “résonne” pas avec la mécanique, s'adaptera mieux à la standardisation des pièces. Mais on voit bien comment celui qui avait été bien recruté (sur sa passion de la mécanique) il y a vingt

[6] Travail est défini ici au sens élargi du terme et ne recouvre donc pas seulement le travail rémunéré, mais aussi les activités domestiques, militantes, etc., ainsi que le travail d'apprentissage réalisé à l'école (ce qui fait aussi qu'on travaille bien avant d'être un adulte).

ans, se trouve en grande difficulté psychologique dans une situation marquée par la déqualification de son travail. Nous l'avons dit la tendance actuelle est à la recherche du concensus entre santé et performance. Cet exemple montre cependant que la convergence entre les critères de performance et de santé n'est franchement pas évidente.

La souffrance issue de l'histoire singulière est donc aussi ce qui donne la motivation et l'inspiration dans le travail. Il en résulte que la subjectivité dans le travail ne doit pas seulement être considérée comme meurtrie, ce que tend à faire le raisonnement en facteur psychosociaux. La mobilisation de la subjectivité dans le travail n'est pas seulement un « risque », c'est aussi une chance, une opportunité pour éprouver du plaisir, s'estimer soi-même. Une chance dont sont privés ceux qui exercent des activités où l'initiative est sans cesse bridée. Aussi longtemps que le travail fait sens pour les gens, quand bien même il y aurait des désagréments, et il y en a toujours, la souffrance n'est pas pathogène. Les gens la tolèrent, ils s'en défendent comme ils peuvent mais de façon suffisamment efficace pour ne pas tomber malades. Le travail n'est jamais neutre vis-à-vis de la santé mentale : soit il contribue à la construire, soit il contribue à la déstabiliser.

Depuis 1946, l'OMS définit la santé comme un état de complet bien être physique, mental, social, et qui ne consiste pas seulement en une absence de maladie ou d'infirmité. La psychodynamique du travail propose une autre définition des rapports entre la santé et la maladie. La santé, comme l'a bien montré Canguilhem, n'est jamais parfaite (Canguilhem, 1966). Mais dans la santé concrète, les douleurs, les maladies, les défaillances, bien qu'elles ne soient pas totalement absentes, sont palliées grâce à des médiations externes. La plus importante d'entre elles, dirons-nous, c'est le *care*, c'est-à-dire le souci et le soin que nous portent d'autres personnes (Laugier, Paperman, 2005). Le nourrisson ne peut tout simplement pas se maintenir en vie sans l'aide d'autrui, mais c'est le cas aussi des adultes dit « compétents », soi-disant « indépendants », en réalité rarement auto-suffisant pour tout. Notre santé dépend aussi de prothèses, de médications diverses. Et dans le travail, notre santé dépend en premier lieu de la qualité de la coopération défensive entre les membres d'un même collectif. Lutter contre la souffrance dans le travail, en effet, consiste aussi à trouver les moyens pour ne pas l'éprouver. Comment faire pour n'avoir pas peur de tomber ou de se blesser sur un échafaudage ? Comment faire pour endurer de devoir délivrer des prestations qu'on juge de qualité médiocre ? Dans les situations où les gens ne peuvent agir directement sur leur sécurité ou la qualité de leur travail, ils vont chercher à se convaincre qu'il n'y a pas de risques, et faire les fanfarons dans des situations périlleuses, ou se convaincre que les usagers de la prestation ne méritent pas mieux… Bien sûr, si le petit nouveau se met à prétendre le contraire, la perception de la réalité qui fait souffrir ne pourra plus être écartée. Aussi, les formes de défenses contre la souffrance dans le travail ne sont-elles efficaces qu'à partir du moment où elles font l'objet d'une construction collective entre les membres de l'équipe. Quitte, pour cela, à faire taire les nouveaux, à les traiter très durement par le ricanement ou la mise au ban. Disons, pour aller vite, que certaines défenses dans le travail sont indispensables à la préservation de la santé mentale mais souvent néfastes à la délibération sur les risques du travail (puisque de ce qui fait souffrir, il ne faudrait pas en parler – y penser). Les stratégies collectives de défense agissent dans le registre d'une maîtrise symbolique des risques du métier. Différentes conduites s'agencent entre elles en un système dont la fonction est d'opposer un déni de perception aux dimensions potentiellement pathogènes de l'activité. Dans les activités masculines, la référence au courage viril permet d'entretenir collectivement un rapport subjectif de bravade vis-à-vis du danger, tout en interdisant l'expression de la peur (celui qui dit qu'il a peur n'est pas reconnu comme un homme par les autres hommes). La virilité permet également de « sublimer » le caractère indigne ou dégradant de certaines activités, par exemple l'usure prématurée des corps par l'effort physique, ou de transformer l'insensibilité en force d'âme[7]. Dans tous les cas, la virilité s'oppose à l'expression de la vulnérabilité. Dans les métiers féminisés du care, à l'inverse, l'expression de la vulnérabilité n'est pas proscrite, mais elle est médiatisée défensivement par l'humour et l'auto-dérision, de sorte que son expérience est difficilement audible et respectable en dehors du collectif de métier, en particulier par les décideurs virils. On voit que ces défenses impliquent, pour être analysées et déplacées, d'en passer par une approche compréhensive qui ne porte ses fruits qu'à la condition d'offrir des garanties en termes de transformation de l'organisation du travail (Dessors, 2009). Dans cette perspective, l'analyse ne porte pas sur les individus, mais sur leur vécu commun des contraintes de l'organisation du travail. Au niveau des entreprises ou des institutions, la prévention ou l'analyse des risques psychosociaux implique des méthodologies qui s'adressent au collectifs de travail et non aux individus. Une écoute du

[7] Soulignons que les contenus de la virilité varient sensiblement en fonction du risque dont il s'agit de se prémunir défensivement. Par exemple, la virilité des cadres supérieurs dans le secteur de la banque ou du commerce n'est pas celle des travailleurs du bâtiment.

collectif est mieux à même de distinguer ce qui fait sens, souffrance et défenses pour tous. Et parce que ce sens a été socialisé, construit en commun durant l'investigation, il est déjà orienté vers l'action de transformation des situations, donc vers l'allègement de la souffrance et l'assouplissement des défenses. Cette perspective centrée sur le collectif est d'autant plus importante que l'on constate actuellement un affaiblissement des collectifs donnant lieu à "des pathologies de l'isolement" ou à des formes de violences entre clans, petits groupes ou individus (Dejours et coll, 2008).

IV. De la gestion du stress à l'étiologie mixte des décompensations

Ce que l'on appelle les dispositifs de « gestion du stress » sont censés apprendre aux travailleurs à se relaxer, à avoir une meilleure hygiène de vie, à changer leur représentation du monde (PNL). Selon Patrick Légeron, « les actions individuelles peuvent prendre la forme de programmes d'apprentissage à la gestion du stress. Les approches cognitivo-comportementales sont à cet égard très intéressantes. Elles offrent aux individus la possibilité de développer de véritables compétences à mieux contrôler leurs réponses de stress, dans les dimensions physiques (techniques de relaxation), psychologiques (réévaluation «cognitive»), émotionnelles (intelligence émotionnelle) et comportementales (affirmation de soi). Il est aussi important d'aider les individus à mettre en place des facteurs de protection (hygiène de vie, loisirs, support social) pour augmenter leur propre résistance au stress» (Légeron, 2004).

Imaginons le cas suivant, qui m'a été relaté par un médecin du travail. Une personne qui travaille dans la grande distribution vient le voir pour prolonger un arrêt de travail, car elle ne « tient » plus au travail et ne veux pas y retourner. Pourquoi ? Parce qu'on lui demande de mentir en connaissance de cause aux clients. Comme le commentait ce médecin : vous pouvez toujours essayer de dire à cette personne de « gérer son stress », elle a un problème de « souffrance éthique »[8]. Sans modification du contenu du travail, cette personne ne peut continuer à travailler, car elle se trouve en contradiction avec ses valeurs et cela la rend malade. Peu importe alors de

[8] La souffrance éthique désigne des situations où le zèle répond à une prescription qui implique *de façon* explicite ou indirecte d'effectuer des tâches dont les conséquences sont clairement nocives pour autrui. La souffrance éthique intervient lorsque le sujet en arrive à exécuter des ordres que pourtant il réprouve (Dejours, 1998).

savoir si ces valeurs lui viennent de son histoire individuelle, transmises par ses parents, sa culture d'origine, ou si elles se sont forgées dans l'exercice du travail, une anamnèse fouillée montrerait d'ailleurs sans doute les deux. Et l'on voit aussi le cynisme qu'il y aurait à penser recruter quelqu'un qui soit « adapté » au poste : un menteur !

Un autre dispositif qui a le vent en poupe est celui des « cellules d'écoute » où des écoutants souvent psychologues sont à disposition des travailleurs en souffrance. Nous avons vu plus haut que la subjectivité est infrangible. Ou pour le dire autrement, il n'est guère possible de dissocier, au sein de la souffrance, ce qui vient de l'histoire personnelle et ce qui vient du rapport spécifique au travail. Une écoute individuelle laissera forcément affleurer des pensées ou des sentiments qui ont à voir avec l'histoire singulière de la personne. Or la psyché est du domaine privé, l'entreprise ne doit pas y avoir accès. La sphère du travail et celle de l'écoute de la psyché doivent être étanches. La vrai difficulté, c'est que les psychothérapeutes en ville, souvent, ne savent pas écouter la centralité du travail, tout simplement parce qu'on ne leur apprend pas à reconnaître la part de structuration psychique qui revient au travail, ni son rôle dans « l'étiologie mixte » de *toutes* les décompensations psychiatriques. Que voulons-nous dire par « étiologie mixte » ? Dans *Phénoménologie du travail*, un texte publié en 1957, Claude Veil présentait *le cas Paul* :

« Ce bel homme de 28 ans vient confier son inquiétude car depuis quelques semaines il est obsédé par l'idée de tuer sa femme. C'est au retour de vacances, et il avoue avoir nourri une flamme platonique pour une jeune fille rencontrée à l'hôtel. C'est aussi un polisseur en automobiles, qui gagne 88 000 francs par mois et force la cadence pour s'acheter une Aronde. Il reçoit trois prescriptions : vitamines, neuroleptiques, travailler moins. Deux mois après nous le revoyons, guéri, et nanti d'une simple 4cv d'occasion » (page 30).

Le travail joue un rôle dans la décompensation de Paul, et par exception ce rôle est reconnu dans son intrication avec la problématique amoureuse. Tous les polisseurs en état de surcharge ne sont pas obsédés par l'idée de tuer leur femme. On comprend que le psychiatre n'ait pas jugé les neuroleptiques superflus. Le *cas Paul* ouvre cependant sur une critique des cadences d'un point de vue psychopathologique. Il est donc possible, sous certaines conditions, de prendre en compte la subjectivité sans dissocier l'histoire singulière de la souffrance dans le travail. Mais cela pose la question du « cadre » thérapeutique pour élaborer la souffrance individuelle.

Or, ce cadre n'est pas facile à constituer, comme en témoignent les « consultations pluridisciplinaires », telles qu'elles se sont mises en place pour accueillir les « harcelés » du travail. L'individu peut s'y adresser à la fois à des juristes, des médecins du travail et des psychologues. Le risque, dans ce contexte, c'est que la personne construise le récit de ce qui lui est arrivé, non pas pour le comprendre, mais pour se constituer en victime et donner à ce récit la forme adéquate censée lui permettre d'obtenir une réparation juridique. La personne devra alors fournir les preuves qu'elle a été harcelée ou qu'elle a subi un « management pathogène ». Or, sur le plan thérapeutique, il semble qu'il soit plus important, pour les personnes, de réfléchir à ce qu'elles font plutôt qu'à ce qu'on leur fait. Lise Gaignard donne l'exemple d'une secrétaire qui se plaint d'être depuis peu harcelée par son patron (Gaignard, 2009). En l'interrogeant sur son propre travail, il apparaît qu'une nouvelle procédure implique désormais qu'elle codifie les activités de ce dernier dans un programme informatique à visée gestionnaire. Ce qui a changé donc, c'est qu'elle est devenue l'outil du contrôle de son travail à lui. On comprend mieux que la mauvaise humeur de ce monsieur, réputée de tout temps « caractériel », mais jusqu'alors seulement avec les autres, se reverse désormais copieusement sur elle. « Ah, ce n'est que ça… », dit-elle. Elle peut retourner travailler maintenant qu'elle a compris ce qui se passe, étant actrice de la situation et participant à la construire, elle peut également penser et agir d'une autre façon, percevoir les transformations de la relation avec son patron dans un registre moins émotionnel et plus organisationnel. Ce qui importe est la restauration de son agentivité (ou pouvoir d'agir). À l'inverse, se constituer en tant que victime, c'est prendre le risque d'une perte de puissance palliée par l'action des autres, les juristes, les psychologues, les médecins du travail. Or, ces derniers n'ont souvent pas d'autres marges de manoeuvre que la mise en inaptitude, et l'expérience montre que c'est alors eux qui, bien souvent, finissent par avoir aussi "un problème de souffrance éthique" ! À moins qu'ils ne s'en défendent en constituant une nosographie de combat avant tout orientée par le souci qu'elle soit aisément traductible en droit. Ainsi la « dépression professionnelle réactionnelle » fait-elle totalement l'impasse sur la dimension endogène des dépressions[9], ce qui tend à simplifier outre mesure les problématiques psychopathologiques soulevées par l'étiologie mixte des dépressions et des suicides. Dire que le travail ne peut être envisagé comme facteur direct et essentiel d'une dépression ou d'un suicide, mais qu'il faut plutôt se demander pourquoi – sachant que le travail peut s'avérer un formidable allié de la santé mentale – celui-ci n'a pas permis de conjurer la maladie, rend sans doute les choses beaucoup plus compliquées du point de vue de l'action. C'est un fait : de même que l'épidémiologie bien faite ne peut se réduire à une poignée d'indicateurs, la clinique complique tout.

Prenons un dernier exemple, celui de la reconnaissance du travail. Le modèle épidémiologique de Siegrist identifie les conditions pathogènes comme étant celles qui associent des efforts élevés à une faible récompense (le sujet a le sentiment de ne pas voir ses efforts payés en retour) (Siegrist, 1996). Un film[10] et un livre ont récemment été consacrés à Séraphine de Senlis, une employée domestique qui produisit une oeuvre picturale impressionante, des années durant dans la solitude et sans avoir jamais appris ni la peinture, ni l'histoire de l'art. Séraphine fait des ménages le jour et peint la nuit. « Au moment où Séraphine produit sans relâche, sa vie psychique se maintient, écrit Françoise Cloarec. Dans un premier temps, elle peint en dehors de toute reconnaissance, puis vient la reconnaissance par Uhde [un collectionneur d'art dont, par pur hasard, Séraphine fut la femme de ménage]. (...) Du jour où elle gagne de l'argent, où elle sait qu'elle a du succès, elle devient de plus en plus étrange » (Cloarec, 2008). Délirante, elle est interné à l'hospice de Clermont où elle finira sa vie en 1942 partageant le sort poignant de 40 000 victimes de carence dans les hôpitaux psychiatriques durant la Seconde Guerre mondiale. « Pour Séraphine qui a toujours imaginé qu'elle serait le plus grand peintre, la consécration est insupportable. (...). Sans doute la reconnaissance d'elle en tant que peintre a-t-elle amplifié un délire existant déjà. Néanmoins le soutien de Uhde a permis que Séraphine tienne. Elle est au mieux de sa vie psychique lorsqu'elle est dans une place – servante – puis dans une autre – peintre reconnu par Uhde. Il lui confirme son identité de peintre (...). Lorsque en 1929, il n'y a plus d'acheteurs de tableaux, Séraphine ne peut plus redevenir femme de ménage, "sa place n'est plus assurée dans un circuit social. Tout se défait. » (Cloarec, 2008). Ainsi

[9] Dominique Huez, « que peuvent faire les acteurs de prévention ? », p. 36 et 37 du dossier *Santé Travail.*
[10] *Séraphine*, film de Martin Provost, 2008 avec Yolande Moreau dans le rôle-titre.

au-delà ou en-deçà de la régularité statistique du rapport entre la reconnaissance et le stress, une histoire bien singulière suggère que les relations entre santé mentale, sublimation et reconnaissance sont plus tortueuses, ambigües et périlleuses que ne le permettrait de penser un modèle strictement causaliste.

Il serait bon de s'en souvenir à propos des dépressions et des suicides liés au travail. Il ne s'agit pas de dire, comme le prétend le patronat, que les suicides sont toujours et uniquement une affaire personnelle. Bien au contraire. Mais il s'agit de donner une interprétation psychopathologique mixte qui, comme nous y invitent le cas Paul et l'histoire de Séraphine, parvienne à tisser ensemble les fils de la biographie personnelle et ceux de la biographie professionnelle. S'il est un domaine où un effort considérable est encore à produire, ce n'est ni celui de l'épidémiologie du stress, ni celui des enquêtes en psychodynamique du travail, dont les méthodologies ont fait leurs preuves et les résultats sont accessibles, c'est plutôt le domaine de la psychopathologie qui peine encore à intégrer la centralité du travail.

BIBLIOGRAPHIE

CANGUILHEM G., *Le normal et le pathologique*, Paris, PUF, 1966, 226 p.

CLOAREC F., (2008), *Séraphine, la vie rêvée de Séraphine de Senlis*, Paris, Phébus, 172 p.

DAVEZIES P., (2001), « Le stress au travail : entre savoirs scientifiques et débat social », *Performances. Stratégies et facteur humain*, 1, p. 4-7

DERRIENIC F., VEZINA M. (coord.), (2001), dossier « Organisation du travail et santé mentale. Les approches épidémiologiques », *Travailler*, 5

DEJOURS C., MOLINIER P., (1994), « Le travail comme énigme », *Sociologie du travail*, HS/94, p. 35-44

DESSORS D., (2009), De l'ergonomie à la psychodynamique du travail.Méthodologie de l'action, Toulouse, Érès, 264 p.

GAIGNARD L., (2008), « l'entretien clinique dans le contexte de la psychodynamique du travail » in *L'entretien en psychologie clinique*, O. Douville éd, à paraître Dunod

KARASEK R. A., « Job Demand, Job Decision Latitude, and Mental Strain : Implications for Job Redesign », *Administrative Science Quartely*, 1979, 24, p. 285-308

LÉGERON P., (2004), « Le stress au travail: de la performance à la souffrance », *Droit Social*, Décembre, p. 1086-1090

MAGGI-GERMAIN N., (2003), « Le stress au travail », *RJS*, 3, p. 191-200

MOLINIER P., (2003), « Et maintenance… que vais-je faire ? Incidences du progrès technique sur le travail des mécaniciens d'autobus », *Travailler, Revue Internationale de psychopathologie et psychodynamique du travail*, 10, p. 129-151

NASSE P., LÉGERON P., (2008), « Rapport sur la détermination, la mesure et le suivi des risques psychosociaux au travail », 12 mars 2008, http://www.travail.gouv.fr/IMG/pdf/RAPPORT_FINAL_12_mars_2008.pdf

SAHLER B., (2007), *Prévenir le stress et les risques psychosociaux au travail*, ANACT, 268 p.

SIEGRIST J., (1996), « Adverse health effects of high-effort/low-reward conditions », *J. Occup. Health Psychol.*, 1, p. 27-41

REVUE SANTÉ TRAVAIL, « Le travail en accusation », *dossier de la Revue Santé Travail*, n° 50, octobre

Approche des risques psychosociaux du point de vue de l'ergonomie

Johann PETIT, Bernard DUGUÉ, Fabien COUTAREL
Département d'Ergonomie, Institut de Cognitique
Université Victor Segalen - Bordeaux 2

Pourquoi l'ergonomie s'intéresse-t-elle aux risques psychosociaux ? Dérivée du grec *ergon* (travail) et *nomos* (règles) pour signifier la science du travail, l'ergonomie est une discipline de l'action orientée vers la conception ou la transformation de systèmes (situations de travail, outils, objets). De façon plus générale, l'ergonomie vise donc la conception de situations de travail ou d'objets qui soient compatibles avec les caractéristiques physiques, psychologiques et sociales des hommes et des femmes, avec des critères de santé et d'efficacité économique (Coutarel, Daniellou, 2008 ; Falzon, 2004).

Au plan international, il existe deux approches :

- L'une, que l'on retrouve dans la littérature sous le terme de *Human Factors*, part d'études des propriétés de l'homme en laboratoire pour appliquer leurs résultats dans des situations réelles,
- L'autre, appelée *ergonomie de l'activité*, part d'une analyse de l'activité des utilisateurs en situation réelle pour accompagner la conception.

L'ergonomie de l'activité est l'approche dominante dans les pays francophones. Elle met au centre de sa pratique l'activité réelle des personnes qui travaillent. Le concept d'activité, ici emprunté au courant de la psychologie soviétique (Léontiev, 1984 ; Vygotski, 1997), est envisagé comme une structure à trois niveaux. Le premier renvoie à la poursuite d'un but, ce qui correspondrait en ergonomie à la tâche telle qu'elle est comprise par l'opérateur. Le but permet de cerner ce qui est à faire. Le travail est souvent réduit à cette seule dimension. Le second niveau correspond à celui des motifs, souvent inconscients, qui permet d'appréhender la question de l'engagement dans le travail et ses enjeux. Enfin, le dernier niveau abandonne encore plus les strates de la conscience pour s'intéresser aux savoir-faire incorporés. Le but du travail est donc son aspect le plus manifeste mais il est pris entre deux niveaux qui ne sont pas clairement conscients, celui des motifs et celui des savoir-faire incorporés (Davezies, 2006).

Généralement, les composantes du travail, pouvant être éprouvées par les sens, sont prises en considération sous différents aspects : contraintes physiques et risques pour la santé (efforts physiques), guidage dans le travail (prise d'informations acoustiques, visuelles et tactiles), qualification professionnelle (savoir-faire sensori-moteurs), etc. Pour autant, les caractéristiques humaines ne se limitent pas aux dimensions physiologiques et cognitives. Les aspects psychiques et sociaux viennent enrichir et complexifier l'action humaine. Lorsque l'on s'intéresse aux risques psychosociaux, on s'intéresse quasi-simultanément au stress, au mal-être, à la souffrance au travail ou encore à l'épuisement professionnel[1]. Dans ce cadre, on peut considérer qu'il y a troubles psychosociaux lorsque des manifestations comme le stress, le mal-être ou encore l'inquiétude sont constatés chez des opérateurs. Ensuite, ces manifestations peuvent se développer sous des formes aggravées comme l'angoisse, la souffrance, la dépression, ce qui peut donner lieu à des comportements violents, des comportements d'addiction, de l'agressivité ou encore favoriser la survenue de pathologies comme les troubles musculosquelettiques (TMS). Par conséquent, la compréhension des mécanismes d'apparition des pathologies liées aux risques psychosociaux nécessite de porter un regard sur l'homme qui dépasse celui proposé par la physiologie pour intégrer les dimensions psychiques, cognitives et sociales de l'homme au travail.

Pour prolonger cette idée, l'activité humaine au sens large et l'activité de travail, en particulier, s'apparente à l' « axe de l'impossible » (Schwartz, 2007) c'est-à-dire, une activité qui ne peut pas être anticipée et standardisée de façon satisfaisante. Le travail devient alors « l'affrontement à ce que l'organisation du travail laisse de côté » (Davezies, 1995), c'est-à-dire tout ce que l'opérateur se doit de mettre en œuvre au-delà de ce qui lui est prescrit, pour atteindre les objectifs. Ce point de vue sur le travail donne une place importante à l'*intelligence* de l'opérateur. Sa place dans le système de travail est alors prépondérante pour produire de la valeur par des moyens non nécessairement prescrit, c'est-à-dire en mobilisant les ressources nécessaires pour atteindre les objectifs face à l'inattendu. C'est cette

[1] Voir à ce propos le document coordonné par C. Brun de l'Aract Aquitaine : *Risques psychosociaux, stress, mal-être, souffrance. Guide pour une démarche de prévention pluridisciplinaire.* http://www.aquitaine.aract.fr/pdf/RiskPsycho_guide.pdf

mobilisation, pas seulement physique mais aussi psychique et sociale, des hommes et des femmes, face à ce qui n'est pas déjà donné par l'organisation, qui constitue le travail. Le travail n'est plus seulement considéré comme une *traduction* cognitive et physiologique d'un cadre prescriptif, il est aussi et surtout une source de *création*, par la complexité du fonctionnement humain en situation.

Ce regard porté sur le travail laisse une place à la compréhension des mécanismes de survenue des risques psychosociaux. En effet, la compréhension de l'engagement de l'homme au travail, au-delà des seuls aspects physiques et cognitifs, peut permettre non seulement de comprendre les mécanismes complexes liés aux troubles psychiques mais aussi permettre des possibilités de prévention. C'est en cela que l'ergonomie peut et doit s'intéresser aux risques psychosociaux.

I. Mieux comprendre le problème des risques psychosociaux au travail

A. Le rapport sensible au travail

Dans toutes situations de travail, la prescription d'une tâche à un individu se fait généralement en fixant des objectifs et en fournissant les moyens nécessaires pour les atteindre (des outils, des procédures, des formations...). Dans ce cas, si l'homme n'était que processus physiologiques et cognitifs, il exécuterait *intellectuellement* et *mécaniquement* ce qui lui est demandé, comme le ferait un ordinateur ou un bras mécanique articulé sur une chaîne. Or, l'homme est aussi un être social et psychique et chaque situation comporte une part d'inattendu, ce qui peut le conduire à apporter une *part complémentaire* au travail qu'il doit accomplir pour atteindre les objectifs souhaités. Par exemple à l'hôpital, fournir un soin de qualité peut être interprété de façon différente selon les infirmières ou selon les cas : passer plus de temps auprès du patient car il n'a pas le moral, céder à certaines volontés du patient car il est en fin de vie, mettre en jeu une part d'affect car le patient est un enfant, etc. Pour partie, cela a des effets négatifs du point de vue du prescripteur pour qui cette part imprévue du travail, souvent subjective et inconsciente, est synonyme d'un manque de maîtrise sur les résultats produits. Pour autre partie, cette part du travail peut être une source de création de valeur productive et une source de développement au plan individuel.

Ces interprétations et adaptations aux contingences des situations font apparaître des écarts entre ce qui avait été prescrit, par l'organisation, par la hiérarchie, et ce qui se passe réellement (Daniellou, Laville, Teiger, 1982 ; Wisner, 1993). Ce regard sur le travail rappelle que le monde n'existe pas indépendamment du sujet (Merleau-Ponty, 1990). En effet, l'opérateur n'interagit pas avec une situation de travail, à laquelle il serait extérieur, mais il compose lui aussi la situation. Le travail n'existe pas indépendamment des opérateurs, au contraire, il existe par les opérateurs : le travail est humain. De ce fait, il convient de considérer que le résultat du travail est en partie produit par la *créativité* de l'opérateur. Cet aspect n'est pas aussi anecdotique qu'il pourrait y paraître et il est même fondamental pour traiter le sujet qui nous préoccupe. Écraser cette créativité participerait à favoriser les risques psychosociaux. Ceci nous conduit à considérer que l'homme développe un rapport sensible au travail (Böhle, Milkau, 1998 ; Davezies, 1995). L'homme perçoit globalement (en intégrant les informations provenant des différents registres sensoriels) et sensiblement en fonction de ce qu'il connait déjà, c'est-à-dire en fonction de son expérience. À ce propos, Varéla (1988) explique que l'analyse du processus de perception visuelle révèle que 80 % de l'information permettant de percevoir une image proviendrait du cerveau lui-même alors que 20 % viendrait de l'environnement extérieur. Ainsi, « même à la périphérie du système visuel, l'influx que le cerveau reçoit de l'œil donne lieu à une activité émanant du cortex encore plus importante » (p.75). Les neurosciences nous éclairent ici sur point essentiel : des éléments déjà ancrés dans notre mémoire guident notre perception de façon plus importante que les éléments captés de l'extérieur. Dans le travail, la sensibilité de l'opérateur, marquée par ce qu'il a déjà vécu au travail ou ailleurs, va le conduire à percevoir, sentir et agir de façon singulière et sensible afin de donner du sens à son action. Ce point de vue porté par Böhle et Milkau (1998) met l'accent sur la continuité entre la perception sensible et l'action : « la connaissance fondée sur le sentir ne s'appuie pas seulement sur un savoir théorique – ou plutôt cognitif – acquis, elle s'élabore dans l'interactivité active avec l'environnement. ». Dans ce sens, Berthoz (1999) pousse l'analyse plus loin en considérant que « l'action influence la perception à sa source ». Cette perception sensible serait en quelque sorte à l'origine de la compréhension du fonctionnement humain et par conséquent, à l'origine de la compréhension des mécanismes liés aux risques psychosociaux sur la santé.

En ergonomie, le rapport sensible au travail doit être considéré comme une donnée du fonctionnement humain qu'il faut intégrer à l'analyse visant à comprendre le travail, et ce pour différentes raisons :

- Il peut être une source d'incertitude pour le prescripteur (encadrement). Comme nous l'avons dit plus haut, les aléas des situations de travail et la perception sensible qui en est faite par les opérateurs peut conduire à des résultats non attendus par la hiérarchie. Par conséquent, ceci peut entraîner des écarts entre ce qui est attendu et ce qui est produit et conduire à un sentiment de non-maîtrise de la situation par l'encadrement. Du point de vue du travail des cadres, cet aspect est essentiel.
- Paradoxalement, le rapport sensible au travail peut aussi être une source de fiabilité, de qualité et de production de valeur. Dans l'industrie par exemple, des ouvriers expliquent comment ils peuvent éviter la « rupture », qui provient généralement de modifications des pièces ou des caractéristiques des outils (un foret émoussé ou une fraise saturée), en sachant entendre, car l'outil siffle et il faut donc modifier les paramètres de coupe (Böhle, Milkau, 1998). Avant que l'outil ne casse ou que la pièce ne soit abimée ou détruite, l'opérateur expérimenté et sensible peut agir. De la même façon, pour certains agents de situations de service il est nécessaire de percevoir l'imperceptible chez le patient pour agir : « Parfois il y a cinq minutes où il faut que tu sois là, il faut que tu arrêtes parce que tu sens que quelque chose se passe chez la personne pendant ces cinq minutes-là, il faut que tu le sentes. » (Teiger, Cloutier, David, 2005, p.196). Ce « sentir » évoqué dans le cas de soins à domicile pourra permettre à l'opérateur de détecter que la personne va faire un malaise par exemple et donc anticiper sa chute.
- Ensuite, le rapport sensible au travail peut être à l'origine d'un développement de l'activité des individus. La *perception sensible* et le *sentir* peuvent venir contredire ce qui est prescrit et conduire l'opérateur à gérer des injonctions paradoxales, au sens décrit par Watzalwick, Weakland, Fisch (1975). Dans le cas où les conditions de travail permettent la gestion de ces injonctions paradoxales, elles sont alors un appel à la créativité, source d'apprentissage et de développement (Bateson, 1979).
- Par contre, lorsque le cadre de travail empêche l'adaptation en fonction du *sentir*, il risque se produire l'effet inverse, c'est-à-dire une situation contraignante conduisant à la pathologie (Davezies, 2001).

B. Quand l'organisation empêche le développement du rapport sensible au travail

De façon générale, toute activité humaine est génératrice de remises en cause, de débats sur les normes existantes dans son environnement. Cette conception du développement de l'homme au sein de son environnement fait écho à l'idée que vivre n'est jamais subir le milieu (Canguilhem, 1947). En effet, selon cet auteur, les normes antécédentes, celles qui définissent le milieu et celles de la personne, ne suffisent jamais pour adapter un comportement. Dans ce cadre, lors du déploiement d'une activité, il devient nécessaire à l'homme d'arbitrer.

Lorsque cet environnement est le cadre de travail, l'ensemble des normes déterminant la situation sera, à chaque fois qu'une activité humaine est déployée, insuffisant. Pour atteindre les objectifs visés par son action, l'homme devra se construire une norme de comportement. Ce travail, qui consiste en fait à extraire et confronter ce qui semble pertinent dans les différentes normes antécédentes afin de se munir de normes plus accommodées à l'action, peut être nommé « re-normalisation » (Schwartz, 2000). Dans ce cas, agir en bon professionnel nécessite de prendre compte la situation dans ce qu'elle a de particulier. Plus la singularité de la situation de travail sera accrue, plus ses normes antécédentes seront en écart avec celles de l'individu et plus ce travail de re-normalisation dans l'action sera nécessaire pour construire des normes d'agir, c'est-à-dire pour laisser place au développement du rapport sensible au travail.

Ceci illustre ce que Schwartz dénomme les « dramatiques d'usage de soi ». Comme tout environnement, celui relatif au monde du travail est constitué d'un ensemble de déterminants allant des normes économiques et productives jusqu'aux consignes opératoires. Dans l'entreprise, ces déterminants, qui guident l'activité d'une partie de ses acteurs, sont définis par d'autres acteurs. L'activité de l'opérateur est sans cesse déployée à la rencontre de normes existantes et d'éléments singuliers, propre à la situation. L'activité réelle de l'opérateur, matérialisant l'usage de soi par soi, crée en permanence un écart avec ce que l'on pourrait dénommer l'« anticipable » déterminé par d'autres et appelés l'usage de soi par les autres (Schwartz, 1995). Lorsque les déterminants du travail deviennent contraignants pour l'activité des opérateurs, l'usage de soi par les autres constitue alors une source d'empêchement du développement du rapport sensible au travail.

Comme nous l'avons vu plus haut, le rapport sensible au travail permet à l'opérateur de donner du sens à son action, du sens au résultat de son travail. Perdre ce sens revient à mettre l'individu dans une situation de lutte permanente avec ce qui est donné par son propre corps. Se retrouver dans une situation de travail dans laquelle sa propre action n'a plus de sens (prodiguer le minimum de soins au patient sachant que c'est largement insuffisamment avec ce que l'on considère être le bien-être du patient, élaborer des repas qui ne correspondent pas aux besoins des enfants qui les mangent, vendre des cartes de crédits internationales à des personnes âgées qui ne voyagent pas à l'étranger etc.) revient donc à lutter contre soi-même. Cette perte de sens et donc cette lutte contre son propre corps ne doivent pas être considérées comme une vue d'esprit, un aspect secondaire ou encore artificiel du travail. En effet, lorsque cette situation est récurrente pour l'individu elle va générer des phénomènes de stress qui peuvent rester longtemps invisibles mais avoir des conséquences négatives sur la santé des opérateurs à moyen ou long terme (Davezies, 2001). Généralement, la difficulté à développer un rapport sensible au travail est liée à l'impossibilité de construire du sens dans un environnement qui ne laisse pas la place à sa remise en cause. L'usage de soi par les autres ne peut donc pas être considéré comme un invariant mais plutôt comme un phénomène dynamique qui laisse place au débat sur le travail et donc à sa re-normalisation. Comme travailler suppose d'en passer par des chemins qui s'écartent des prescriptions, pour laisser place à la personnalisation du travail ou pour traiter les variabilités et, comme ces prescriptions ont généralement un caractère normatif, bien travailler, c'est donc toujours faire des infractions (Dejours, 2003). Par conséquent, une organisation du travail conçue à partir de repères essentiellement basés sur les résultats du travail, et non le travail lui-même, conduit généralement à empêcher les opérateurs de s'écarter des prescriptions et finalement d'empêcher le travail, celui qui laisse place au développement d'un rapport sensible ; ce qui ne signifie pas d'exclure la norme et la prescription du travail, pour ne laisser que la place à des formes de créativité individuelle.

Enfin, la possibilité et l'issue de la re-normalisation seront inévitablement influencées par la mise en jeu de valeurs par l'opérateur vis-à-vis de la situation. Évidemment, si des enjeux forts de santé et de solidarité sont présents, nous pouvons imaginer qu'il y ait un contournement important des règles existantes. Quoi qu'il en soit, l'opérateur sera confronté à des dramatiques d'usage de soi plus accrus si les valeurs en jeu dans le travail sont importantes. Pour se protéger et pallier les coûts engendrés par des répétitions de ces « dramatiques », l'individu peut se retourner vers les collègues et l'encadrement. En effet, comme le précise Sainsaulieu (1993) les chefs peuvent « couvrir » les pratiques de contournement de la règle des opérateurs, proposant ainsi une gestion collective de l'activité de régulation et par conséquent du développement du rapport sensible au travail. Ceci nous conduit à interroger la notion de valeurs et de règles partagées entre les opérateurs. En effet, « couvrir leurs pratiques » met directement l'accent sur le fait que des règles formelles existent et qu'il est parfois nécessaire de les contourner. Pour Schwartz (2000), les transgressions sont « susceptibles de toutes sortes de clarté dans la conscience des "transgresseurs", d'explicitation, de collectivisation ». En d'autres termes, le fait de partager un ensemble de règles informelles, *qui permettent la transgression*, permet au collectif de prendre conscience que son travail est guidé par des valeurs communes. Par exemple, dans certaines situations de service comme la banque, on demande aux opérateurs de personnaliser la relation avec le client tout en essayant de faire correspondre chaque demande à un standard déjà établi. Ces situations conduisent les opérateurs à devoir gérer des injonctions paradoxales et mettent en évidence combien l'action de *contournement* de la règle est, en quelque sorte, imposée par l'organisation du travail. Dit autrement, « si un sujet essaye d'éprouver une couleur déterminée, par exemple le bleu, tout en cherchant à donner à son corps l'attitude qui convient au rouge, il en résulte une lutte intérieure, une sorte de spasme qui cesse aussitôt qu'il adopte l'attitude corporelle qui correspond au bleu ». (Werner, cité par Merleau-Ponty, 1990). Partager collectivement des règles qui favorisent le contournement d'autres règles, non adaptées au contexte, permet de lutter contre les injonctions paradoxales évoquées mettant en jeu :

- d'un côté, le développement du métier, c'est-à-dire la capacité à percevoir, à anticiper, à adapter la réponse, à prendre soin (référence au rapport sensible au travail) ;
- et de l'autre, l'intensification, la pression à l'accélération et à la standardisation, matérialisée par des discours managériaux du type : *Ne pas s'appesantir sur les détails* ou encore *L'excellence, c'est le juste nécessaire.*

II. Quelques pistes d'action

Dans ce contexte, l'action la plus pertinente pour agir sur les risques psychosociaux consisterait soit à diminuer, voire réduire l'intensification (ce qui paraît illusoire compte tenu des exigences économiques mondiales qui contraignent le monde du travail), soit à permettre aux individus concernés de gérer l'écart entre les conséquences de l'intensification et le développement du métier.

A. Agir sur l'organisation

L'étude sociologique de l'exécution réelle du travail, montre, depuis cinquante ans, qu'il existe un écart entre le schéma théorique et le fonctionnement réel de l'organisation (Terssac, Reynaud, 1992), de la même façon que l'ergonomie montre qu'il y a un écart entre le travail prescrit et le travail réel (Daniellou, Laville, Teiger, 1982 ; Wisner, 1993). De plus, elle s'appuie sur le postulat que cet écart est largement alimenté par des éléments autres que la défaillance, la faiblesse du « facteur humain » ou encore la « tricherie » (Reynaud, 2003). En effet, cet écart peut surtout être envisagé comme le moyen de pallier les lacunes de la structure organisationnelle. Il est généré par une dynamique collective localisée, qui n'est autre qu'une opposition aux règles imposées d'en haut sans être réduite à des « réflexes affectifs de défense » (Ibid., p. 104). Cette idée s'articule autour des notions de régulation de contrôle et de régulation autonome. Ainsi, est considérée comme règle de contrôle, celle qui permet de structurer l'organisation, c'est-à-dire la règle qui est définie par le concepteur de l'organisation. La règle autonome s'apparente à la règle non officielle qui est mise en œuvre pour l'exécution réelle du travail, par les opérateurs. La règle, par elle-même, n'est pas de contrôle ou autonome. Elle le devient par la place qui lui est conférée par celui ou celle qui l'émet. Dit autrement, les qualificatifs « autonome » et « de contrôle » désignent un usage de la règle et non sa nature. En fait, au-delà de la seule rationalité stratégique (Crozier, Friedberg, 1977), les régulations autonomes sont souvent clandestines mais tolérées et reconnues par l'encadrement, voire même construites et mises en œuvre avec sa collaboration, accordant ainsi aux pratiques informelles un rôle dans la création de *marges de productivité*. Lorsque ces pratiques ne sont plus tolérées, voire réprimées par ce même encadrement, l'espace pour un développement du rapport sensible au travail est réduit, voire détruit.

Cette approche de l'organisation du travail trouve une seconde application en ergonomie, au cœur même de la notion d'activité[2]. En effet, la notion d'écart entre les règles de contrôle et les règles autonomes, permettrait, d'une part, de trouver une origine au coût que cet écart serait susceptible d'engendrer pour les opérateurs, et d'autre part, d'envisager un coût pour l'entreprise. Autrement dit, l'existence ou l'absence de règles autonomes et de règles de contrôle aurait des effets sur la situation, et serait pour l'ergonome un élément de compréhension et d'action. La figure 1

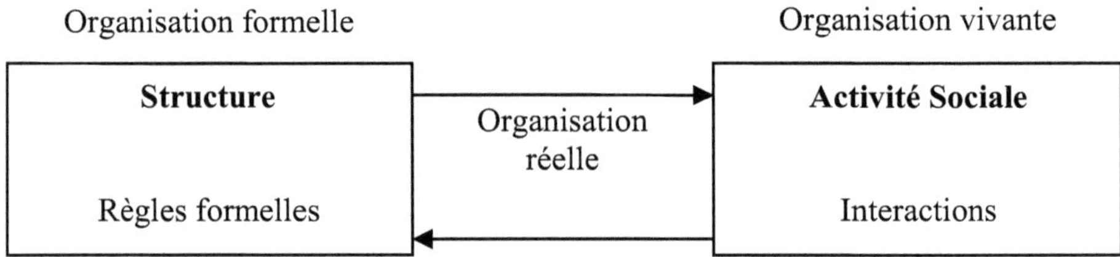

Figure 1 : Organisation du travail (d'après Daniellou, 1999)

(Daniellou, 1999) schématise ce fonctionnement organisationnel, dans la situation de travail.

Ce modèle, dans lequel la place de l'activité des acteurs est centrale, met aussi l'accent sur la singularité de chaque situation. En fait, la structure organisationnelle ne représente que la « cristallisation passagère de cette activité sociale, tout autant que la structure d'un moment détermine partiellement cette activité sociale » (Daniellou, 1999).

Au cœur de cette activité sociale, se jouent des actions individuelles marquées par des rapports sensibles au travail, par des intelligences de l'action. Pour Davezies (2006), cette intelligence au travail est étroitement liée à l'engagement du corps, des sens, de l'affectivité. Perturber, dégrader ou empêcher cette activité sociale revient à oublier cette intelligence au travail et par conséquent, revient à inhiber le développement d'un rapport sensible au travail. Dit autrement, les atteintes à la santé mentale et les

[2] L'activité se rapporte ici au concept utilisé en ergonomie et non l'activité au sens économique du terme.

atteintes somatiques, liées à l'engagement physique et psychique dans le travail et caractérisées par les risques psychosociaux, ont pour principale origine des lacunes, des défaillances organisationnelles. Ceci nous conduit à considérer l'organisation comme un levier d'action essentiel face aux risques psychosociaux.

Au regard de la figure 1, la structure organisationnelle doit entretenir des *échanges permanents* avec les activités sociales et ce, pour conserver un équilibre organisationnel, synonyme d'un compromis efficace entre les objectifs de production et la préservation, le développement de la santé des individus. Ces échanges prennent forme dans le « travail d'organisation » (Terssac, Lompré, 1996), qui consiste à transformer en permanence la structure organisationnelle, ce qui, sur le plan théorique, nécessite de ne pas considérer l'organisation comme système stable mais comme un milieu « auto-éco-organisé » (Morin, 1990). Et même si ce travail d'organisation témoigne des lacunes de l'organisation du travail, il ne remet pas nécessairement en cause la qualité de l'organisation et sa conception mais témoigne simplement du fait que l'organisation ne se définit pas une fois pour toute aussi bien adaptée soit-elle. L'organisation vit et doit se modifier, s'auto-modifier, pour conserver un niveau suffisant de fiabilité et de développement de la santé. Dans cette mesure, l'opérateur a vocation à contribuer à la transformation de l'organisation. Or, ce caractère du travail est très généralement occulté.

B. Agir sur l'organisation à partir du travail réel

En effet, le *quelque chose* en plus qu'apportent les salariés est en général peu visible, et le risque est donc toujours présent de voir une transformation organisationnelle écraser cet aspect de la mobilisation individuelle. Si l'organisation ne tient pas compte des variabilités des cas, si elle ne permet pas aux individus d'apporter leur touche personnelle, alors, ces mêmes individus peuvent se trouver dans l'impossibilité d'assurer ce qu'ils considèrent comme un bon travail. Dans ce sens, une étude de Paganon-Badinier et Deschamps (2002) montre que les caractéristiques de l'organisation pouvant être perçues comme facteurs de stress pour des fonctionnaires de police sont :

- Absence de travail planifié ;
- Manque de communication entre les différents niveaux hiérarchiques ;

- Perte de soutien de la hiérarchie ;
- Incompréhension des difficultés du travail de terrain ;
- Perte du dialogue avec les pairs ;
- Horaires de travail longs et décalés…

On y retrouve les symptômes organisationnels classiques liés aux phénomènes de stress comme le manque de soutien, le manque de prescription[3] ou encore la non prise en compte du travail réel par les pairs, par la hiérarchie. Dans ces cas, les fonctionnaires de police perdent la possibilité de faire modifier l'organisation du travail par la hiérarchie en fonction de leurs contraintes réelles liées au travail.

Dans un autre cas, dans une cantine scolaire, deux femmes avec des manifestations dépressives évoquent des difficultés relationnelles importantes avec la hiérarchie. Après des échanges avec ces personnes sur leur travail, l'une explique qu'elle était en position exceptionnelle de chef depuis quinze jours quand elle a demandé du renfort. La réponse qui lui a été fournie par la hiérarchie fut la suivante : « J'ai demandé aux deux autres responsables : ils disent que, pour le menu d'aujourd'hui, vous pouvez parfaitement assumer seule la purée et les œufs mimosa ». Elle nous explique alors que cette réponse l'a totalement « découragé ». Puis en creusant un peu plus le contenu de son travail, on comprend mieux le problème : « J'ai préparé les trente kilos de pommes de terre pour la purée. Bien sûr, il y a la machine à peler les pommes de terre mais, il faut les passer en six fois pour les éplucher à la machine, puis les reprendre une par une, enlever le reste d'épluchures (elles ne sont pas belles, et pas calibrées), les découper en quatre et les mettre à cuire ». On comprend alors que les nombreux éléments de variabilité, les perturbations, la butée temporelle du service, la charge, l'absentéisme, les remplacements, ne sont absolument pas considérés pour traiter le problème posé. On lui fournit une réponse essentiellement technique comme une forme de désaveu de son propre travail, sans tenir compte ni des variabilités de la situation ni de la personnalisation qu'elle apporte à son travail : « Pour les œufs mimosa, on peut se contenter de couper les œufs durs en deux et de mettre sur chaque moitié une cuillerée de mayonnaise. Mais, moi, j'enlève les jaunes, je les

---

[3] V. à ce propos les phénomènes de *burn-out* chez les travailleurs sociaux (Pezet, Villatte, Logeay, 1992)

mélange avec de la mayonnaise et un peu de thon, puis je regarnis les œufs ! »…

Les aspects de variabilités et de personnalisation, évoqués dans l'exemple précédent, apparaissent souvent comme éléments secondaires du travail et donc de son organisation. Or, ce n'est pas la quantité de travail qui fait le stress ou la souffrance psychique, mais l'écart perçu entre les objectifs que l'on voudrait atteindre et les ressources disponibles. En effet, les objectifs ne sont pas seulement ceux fixés par la hiérarchie. Il existe des liens avec la perception du travail bien fait et avec les « destinataires » de l'activité (soi-même, sa hiérarchie, ses collègues, ses « clients », ses proches). Par conséquent, pour comprendre le travail et donc les causes des risques psychosociaux, il s'agit donc, à chaque fois, d'analyser la nature de l'écart entre les objectifs (pas seulement ceux de la hiérarchie) et les moyens. Pour cela, il est tout d'abord inévitable de comprendre les caractéristiques de la situation et les conséquences réelles qu'elles peuvent avoir sur les individus. Seule une approche clinique de l'activité (Clot, 2006 ; Davezies, Deveaux, Torres, 2006 ; Daniellou, Teiger, Dessors, 1988) peut permettre cette finesse d'analyse, nécessaire à la compréhension de ces difficultés. Il faut donc pouvoir analyser le travail en observant les opérateurs en action et ayant des entretiens avec eux, sans se contenter de questionnaires comme cela est souvent le cas concernant les risques psychosociaux. À ce propos, et plus particulièrement concernant les problèmes de santé mentale au travail, certains auteurs soulèvent des biais majeurs à propos des questionnaires d'évaluation (Fanello, Ripault, Heuze, Roquelaure, Verrier, 2003).

C. Agir sur l'organisation avec les opérateurs

Compte tenu de ce que nous venons d'annoncer, travailler consiste donc à pallier ce qui fait défaut dans l'organisation du travail pour atteindre les objectifs (contourner les gammes dans une centrale nucléaire, ne pas appliquer les règles de remboursement dans une mutuelle de santé, ne pas respecter les temps de traitement des appels avec les clients en difficulté dans un centre d'appels téléphoniques, etc.). De ce point de vue, pour structurer une prévention efficace contre les risques psychosociaux, les opérateurs doivent disposer d'espaces d'exploration de formes d'agir qui ne soient pas condamnées à l'impuissance. Dans ce cas, « la prévention ne peut être mise en place sans les travailleurs » (Davezies, 2006). Et par conséquent, il convient de remettre le travail, pas seulement les résultats du travail, au cœur des discussions et décisions sur l'organisation et le travail d'organisation doit être alimenté par le travail réel et donc se faire avec la participation des opérateurs.

Il semble que les évolutions communes des organisations du travail sont très générales et qu'elles ne suffiraient pas à expliquer les conséquences qu'elles pourraient avoir sur la santé des opérateurs. Ceci conduit les ergonomes à s'intéresser plus précisément aux difficultés rencontrées par les acteurs concernés : comprendre, d'une part, l'écart entre l'activité réelle et les déterminants de la structure organisationnelle et, d'autre part, mettre en place un processus visant la réduction de cet écart (*la disparition* de l'écart serait, par définition de l'activité de travail, un terme inapproprié). Pour Daniellou (1999), le lien entre l'activité réelle des opérateurs et la structure organisationnelle peut se traduire par l'impossibilité dans laquelle peuvent se retrouver les opérateurs qui n'ont pas ou plus la possibilité de conserver une certaine dynamique, représentée par la figure 2.

En fait, cette schématisation de la réalité du travail constitue une « application » de la théorie de la régulation sociale (Reynaud, 2003) sous l'angle de l'activité individuelle qui se joue à l'articulation de trois espaces : « pouvoir penser », « pouvoir débattre » et « pouvoir agir ». Les liens tissés entre eux sont, pour l'ergonome, révélateurs des conditions dans lesquelles cette activité prend vie. Ainsi, la compréhension du fonctionnement de l'organisation passe par l'explicitation de la tension existante entre ces dimensions. L'écart entre les règles de contrôle et les règles autonomes pourra être assimilé à la « valeur » de cette tension entre les pôles, si on s'intéresse à l'activité d'un individu.

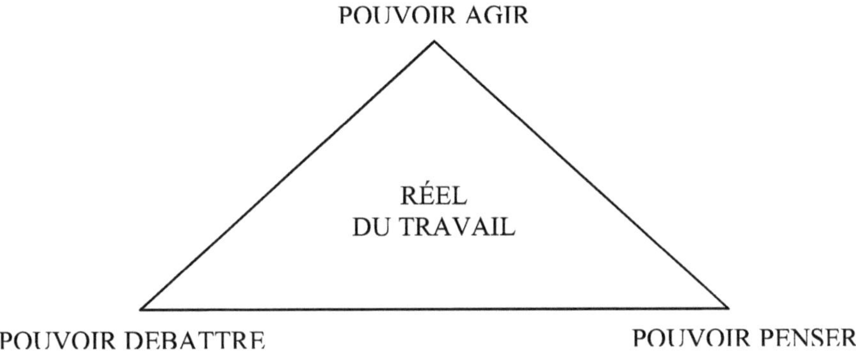

Figure 2 : Pouvoir penser, pouvoir agir, pouvoir débattre (d'après Daniellou, 1998)

Nous retiendrons ici qu'un quelconque blocage de la dynamique entre les trois composantes peut générer, selon son auteur, une diversité d'effets :

- L'empêchement de penser la réalité locale, à cause de l'emprise des discours économiques globaux,
- L'impossibilité de la mise en débat de la diversité de logiques de l'entreprise, en lien avec les pressions exercées sur les cadres et leurs opérateurs, empêchant la prise en compte des contradictions existant à tous les niveaux,
- Enfin, l'atteinte du pouvoir agir se traduit par l'impossibilité, pour l'opérateur, d'influencer sa propre situation de travail, tant au niveau micro (poste) que macro (décisions stratégiques).

Dans ce sens, si le travail d'organisation est structuré de telle façon qu'il permet aux opérateurs d'avoir une réflexion sur leur propre travail (pouvoir penser), de pouvoir en débattre avec les collègues et de pouvoir agir sur la manière d'exécuter ce travail, il devient alors un moyen pour l'organisation de pallier ses défaillances (faire face aux variabilités) et pour les opérateurs de construire leur propre santé : « [...] le travail implique toujours une activité de construction de règles, ce qui suppose l'existence d'espace de débat, de confrontation des opinions. Dans les entreprises, ces espaces ne sont généralement pas les espaces officiels de confrontation » (Davezies, 1993). Ainsi, si ce travail sur l'organisation est reconnu et structuré, il peut constituer une source de développement de l'activité et être une capacité organisationnelle pour traiter ce qui n'est pas prévu, pas prescrit. Dans ce cadre, concevoir une organisation qui permet ce travail, donne une dimension capacitante à l'organisation dans le sens d'être capable de faire face à la variabilité humaine et technique, quitte à remettre le cadre prescriptif en cause : « les effets des interventions ergonomiques peuvent aussi être pensés comme des façons de donner du pouvoir aux personnes et aux organisations, de leur donner des outils additionnels leur permettant de progresser. L'acquisition des compétences peut être vue comme le développement des capabilités, par exemple en accroissant le nombre d'options, le nombre de procédures opératoires dont chacun dispose. De même donner aux travailleurs des espaces de liberté quant aux buts des tâches ou quant aux critères, accroît leurs capabilités en accroissant l'ensemble des options possibles. Enfin, permettre aux équipes de définir leurs propres activités collectives accroît les capabilités des équipes. » (Falzon, 2005). Ce point de vue du développement se rapproche de celui de Sen (1999) à propos du développement social et économique, et prend tout son sens vis-à-vis du rapport sensible au travail et des marges organisationnelles nécessaires à son développement. De la même manière que l'on automatise un système technique, une organisation peut être structurée autour d'un ensemble de règles rendant son fonctionnement *rigidement automatique* : à telle situation s'applique telle règle. Or, laisser place au rapport sensible au travail tend à considérer l'organisation comme un moyen de modifier les règles de travail si cela est nécessaire ; ce qui nécessite une conception de l'organisation centrée sur l'homme, non pour des motifs purement humanistes mais au non de l'efficacité même (Ebel, 1991).

Donc, une organisation qui permet aux individus, d'une part, de penser qu'il est possible de mettre en débat, collectivement, les difficultés du travail et, d'autre part, d'agir sur les déterminants de cette organisation afin d'améliorer le résultat du travail et ses conditions d'exécution, favorisera la prévention des risques psychosociaux. En effet, une part importante de la prévention consiste à laisser aux opérateurs l'alternative de modifier leur environnement. Ce ne sont pas seulement les caractéristiques objectives de la situation qui vont servir de levier d'action mais la possibilité d'agir sur elle, car « la décision de l'action de changement procède du changement de point de vue, d'une ouverture conceptuelle et imaginaire sur un autre possible, et cette décision d'action de changement se déclenche le jour où l'on devient capable de concevoir un autre état de chose, et de décider alors qu'une situation est insupportable. » (Sartre, 1943). Dans ce sens, le collectif de travail joue un rôle majeur. Le sentiment de communauté constitue une défense très efficace vis-à-vis de l'extérieur. Le fait que l'orientation de l'individu soit légitimée par le collectif protège sa santé mentale. En effet, lorsqu'il y a une dimension collective de l'activité, ce qui est mis en cause, ce n'est pas l'individu personnellement mais une position commune. Le collectif défend donc la santé de ses membres. Par conséquent, l'isolement d'un individu vis-à-vis des autres membres d'un collectif de travail constitue un risque psychosocial. Le collectif permet que le débat social ne porte pas directement sur des questions au niveau individuel, mais sur des questions d'organisation du travail (Davezies, 2005). Extraire un individu de cet espace de discussion collective revient à sortir cet individu d'une *zone de protection*. Finalement, laisser des individus hors de ces zones de protection est un facteur de risques psychosociaux. De ce point de vue, l'action collective ne doit pas être considérée comme une entrave à la rationalisation mais plutôt comme un facteur d'efficience organisationnelle (Gollac, 2005) et de protection contre les facteurs psychosociaux. Pour reconstruire les capacités collectives qui permettent de faire face aux difficultés, il s'agit de reconquérir des temps et des espaces autonomes dans lesquels les opérateurs peuvent construire leurs propres points de vue, en préalable au nécessaire débat social sur le travail et son organisation (Davezies, 2005). Les opérateurs doivent donc être associés collectivement à ces débats sur le travail pour construire leurs propres défenses vis-à-vis des risques psychosociaux. Finalement, le siège de la souffrance est « l'amputation du pouvoir d'agir » (Ricœur, 1998).

Légiférer, peut-être, mais surtout pour prévenir. Ce point de vue d'ergonome sur la large et complexe question des risques psychosociaux reste un regard orienté vers l'action locale de transformation ou de conception de situations de travail, afin de diminuer et prévenir ce type de risques. Les objets de conception auxquels participe l'ergonome concernent essentiellement l'organisation du travail (répartition des tâches, les circuits de décision, le travail collectif...), les éléments techniques (les logiciels, les machines, les locaux...) ou encore la formation. A propos des risques psychosociaux, nous avons vu que l'action de l'ergonome devait surtout se centrer, selon nous, au niveau de l'organisation du travail et en particulier sur le mode de fonctionnement organisationnel. Que l'on aborde la question du travail par les troubles qu'il peut générer ou par la voie de sa conception en conduite de projet, la dimension législative est un niveau de règles auquel l'ergonome n'a généralement pas accès.

Néanmoins, la loi est un déterminant du travail qui peut être élaborée en favorisant le développement et la santé des individus. Par conséquent, du point de vue de l'ergonome, légiférer sur la question des risques psychosociaux aurait un intérêt majeur si cela permettait surtout la prévention de ces risques. Pour cela, il nous semble que la législation et la réglementation pourraient porter, au-delà de la reconnaissance même des pathologies liées à ces risques et à leurs réparations, sur les formes d'organisation nécessaires dans les entreprises. La place de l'homme et son rôle doivent y être reconsidérés. L'homme ne doit plus seulement être assimilé à un objet d'exécution, dépourvu de sensibilité vis-à-vis de l'action qu'il joue dans l'entreprise. Le rapport sensible au travail ne doit pas seulement être perçu comme une *erreur humaine* dans le processus de production mais plutôt comme une véritable source de production de valeur.

Dans ce sens, une entreprise qui laisserait suffisamment de marges de manœuvre individuelles et collectives, qui structurerait le travail d'organisation, entendu comme la remise en cause et l'action sur l'objet de prescription du travail, serait une entreprise dont le fonctionnement favoriserait la prévention des risques psychosociaux. Imaginer que des lois favorisent de tels modes de fonctionnement des entreprises peut ressembler à vœu pieux d'ergonome en quête d'organisations du travail aux équilibres parfaits mais ressemblerait surtout à une véritable reconnaissance de ces risques et une voie raisonnable de leur prévention.

BIBLIOGRAPHIE

BATESON G., (1984), *La nature et la pensée*, Paris, Editions du Seuil, 242 p.

BERTHOZ, A., (1999), *Leçons sur le corps, le cerveau et l'esprit*, Paris, Editions Odile Jacob, 510 p.

BÖHLE F., MILKAU B., (1998), *De la manivelle à l'écran. L'évolution de l'expérience sensible des ouvriers lors des changements technologiques*, Editions Eyrolles, Paris, 188 p.

CANGUILHEM G., (1947), « Milieux et normes de l'homme au travail » *Cahiers internationaux de sociologie*, 3, p. 120-136

CLOT Y., (2006), « Clinique de l'activité. Méthode d'action et concepts », *Performances - Santé et fiabilité humaine*, n° 27, p. 26-30

COUTAREL F., DANIELLOU F., (2008), Notice d'ergonomie. *Dictionnaire du corps en sciences humaines et sociales.* Editions CNRS

CROZIER M., FRIEDBERG E., (1977), *L'acteur et le système*, Seuil, Paris, 436 p.

DANIELLOU F., (1999), « Nouvelles formes d'organisation et santé mentale : le point de vue d'un ergonome », *Archives des maladies professionnelles et de médecine du travail*, 60, 6, p. 529-533.

DANIELLOU F., LAVILLE A., TEIGER C., (1982), « Fiction et réalité du travail ouvrier », *La Documentation française, les Cahiers français, 209, le travail ouvrier*, p. 39-45

DANIELLOU F., TEIGER C., DESSORS D., (1988), « Formation à l'analyse de l'activité et rapport au travail » *in* C. Dejours (s/d), *Plaisir et souffrance dans le travail, Tome 1*. Paris, Editions CNAM., p. 77-94

DAVEZIES P., (2006), « Une affaire personnelle ? » *in* L. Théry (s/d), *Le travail intenable*. Paris, Editions La Découverte, p. 138-168

DAVEZIES P., (2005), « La santé au travail, une construction collective », *Santé et Travail*, n° 52, p. 24-27

DAVEZIES P., (2001), « Le stress au travail : entre savoirs scientifiques et débat social », *Performances*, 1, p. 4-7

DAVEZIES P., (1995), « Position du médecin du travail face aux dimensions cognitive, psychiques et relationnelles du travail », *Archives des Maladies Professionnelles*, 56, 4, p. 294-306

DAVEZIES P., (1993), Mobilisation de la personnalité et santé au travail. Le travail d'exécution n'existe pas. *Le mensuel de l'Anact*, 187, p. 6-8

DAVEZIES P., DEVEAUX A., TORRES C., (2006), « Repères pour une clinique médicale du travail », *Performances - Santé et fiabilité humaine*, 27, p. 20-25

DEJOURS C., (2003), *L'évaluation du travail à l'épreuve du réel. Critique des fondements de l'évaluation*, Paris, INRA Éditions, 82 p.

EBEL K.-H., (1989), « Manning the Unmanned Factory », *International Labour Review*, 128, 5, p. 535-551

FALZON P., (2005), « Ergonomie, conception et développement », *Conférence introductive, 40è Congrès de la SELF*, Saint-Denis, La Réunion

FALZON P., (2004), « Nature, objectifs et connaissances de l'ergonomie. Eléments d'une analyse cognitive de la pratique », *in* P. Falzon (s/d), *Ergonomie*. Paris, PUF, p. 17-35

FANELLO S., RIPAULT B., HEUZE V., ROQUELAURE Y., VERRIER S., KANDOUCI B.A., PENNEAU-FONTBONNE D., (2003), « Souffrance psychique liée au travail : étude réalisée chez 456 soignants d'un centre hospitalier universitaire », *Archives des maladies professionnelles et de médecine du travail*, 64, 2, p. 70-76.

GOLLAC M., (2005), « Des coopérations nécessaires, mais de plus en plus difficiles », *Santé et Travail*, n° 52, p. 28-30

LÉONTIEV A.N., (1984), *Activité, Conscience, Personnalité*. Moscou, Éditions du progrès, 364 p.

MERLEAU-PONTY M., (1996), *Phénoménologie de la perception*, Paris, Editions Gallimard. (Edition originale, 1945, « Bibliothèque des Idées »), 541 p.

MORIN E., (1990), *Introduction à la pensée complexe*, Paris, ESF éditeur, Collection Communication et complexité, 158 p.

PAGANON-BADINIER F., DESCHAMPS S., (2002), « Les facteurs de stress des fonctionnaires de police » *Archives des maladies professionnelles et de médecine du travail*, 63, 1, p. 46-52

PEZET V., VILLATTE R., LOGEAY P., (1993), *De l'usure à l'identité professionnelle. Le burn-out des travailleurs sociaux*. Paris, Editions T.S.A., 296 p.

REYNAUD J.D., (2003), « Régulation de contrôle, régulation autonome, régulation conjointe » *in* G. de Terssac (s/d), *La théorie de la régulation sociale de Jean-Daniel Reynaud*. Paris, Éditions La Découverte, p. 103-113

RICŒUR P., (1998), *Soi-même comme un autre*, Paris, Editions du Seuil, 424 p.

SAINSAULIEU R., (1993), La valeur du travail, *Éducation Permanente*, 116, p. 159-172

SEN A., (1999), *Development as freedom*. Oxford : Oxford University Press, 366 p.

SARTRE J.P., (1943), *L'être et le néant*, Paris, Editions Gallimard, 691 p.

SCHWARTZ Y., (2007), « Un bref aperçu de l'histoire culturelle du concept d'activité », *@ctivités*, 4 (2), 122-133, http://www.activites.org/v4n2/v4n2.pdf

SCHWARTZ Y., (2000), *Le paradigme ergologique ou un métier de Philosophe*, Toulouse, Éditions Octarès, 763 p.

SCHWARTZ Y., (1995), « Circulations, dramatiques, efficacités de l'activité industrieuse » *in* J. Bidet et J. Texier (s/d), *La crise du travail*. Paris, PUF, p. 131-153

TEIGER C., CLOUTIER, E., DAVID H., (2005), L »es activités de soins à domicile : soigner et prendre soin » *in* M. Cerf et P. Falzon (s/d), *Situations de service : travailler dans l'interaction*. Paris, PUF, p. 179-204

TERSSAC G., (DE), LOMPRÉ, N., (1996), « Pratiques organisationnelles dans les ensembles productifs : essai d'interprétation » *in* J.C. Spérandio (s/d), *L'ergonomie face aux changements technologiques et organisationnels du travail humain*. Toulouse, Éditions Octarès, p. 51-70

TERSSAC G., (DE), REYNAUD, J.D., (1992), « L'organisation du travail et les régulations sociales » *in* G. de Terssac et P. Dubois (s/d), *Les nouvelles rationalisations sociales*. Toulouse, Cépaudès, p. 169-185

VARÉLA J.F., (1988), *Connaître les sciences cognitives : tendances et perspectives*. Paris, Éditions du Seuil, 122 p.

VIGOTSKI L., (1997), *Pensée et langage*, Paris, Editions La Dispute, 536 p.

WATZLAWICK P., WEAKLAND J.H., FISCH R.,(1975), *Changements, paradoxes et psychothérapie,* Paris, Éditions du Seuil, 189 p.

WISNER A.,(1993), « Understanding problem building: ergonomics work analysis. Ergonomics », 38, 3, p. 595-605.

Les contraintes psychosociales au travail : un regard sociologique

Marc LORIOL
Laboratoire Georges Friedmann UMR CNRS 8593
Université Panthéon-Sorbonne - Paris I

Depuis 2004 et la signature d'un accord européen sur le stress au travail à Bruxelles par la Confédération Européenne des Salariés et deux fédérations d'employeurs[1], les colloques, rencontres et groupes de travail sur les contraintes psychosociales au travail se sont multipliés. En octobre 2007, Xavier Bertrand, Ministre du travail, des relations sociales et de la solidarité, a ainsi confié une mission sur les risques psychosociaux dans l'entreprise à un groupe pluridisciplinaire d'experts et de partenaires sociaux. Ce rapport, remis le 12 mars 2008, préconisait une meilleure connaissance du stress et le développement de l'accompagnement et de la prise en charge psychologique. En juillet 2008, l'accord européen sur le stress a été, après de longs débats, transposé en droit français, les syndicats ayant cherché à contrebalancer la définition du stress comme mauvaise adaptation individuelle par une plus grande prise en compte de l'organisation. Ils n'ont pu toutefois défendre l'idée d'une reconnaissance en maladie professionnelle ni à intégrer les conséquences pathologiques possibles (troubles musculo-squelettiques, dépression ou risques cardiovasculaires).

Malgré le développement des connaissances, la demande sociale et l'ingéniosité des juristes (Lerouge, 2005), la législation semble peiner à dépasser les considérations générales sur la protection de la santé et les mesures incitatives (Loriol, 2008). La difficulté réside principalement dans l'attribution de causes à des phénomènes jugés trop personnels ou subjectifs. Pour le sociologue, cependant, le subjectif doit être pris au sérieux et replacé dans l'organisation du travail et les dynamiques de groupe.

Comment la santé mentale est-elle affectée par les conditions de travail ? Cette question pose à l'épidémiologie classique un certain nombre de difficultés dans la mesure où il semble souvent délicat d'établir une

---

[1] UNICE/UEAPME (Union des Confédérations de l'Industrie et des Employeurs d'Europe) ; CEEP (Centre Européen des Entreprises à participation publique et des entreprises d'intérêt économique général).

corrélation stable et univoque entre tels ou tels facteurs de risque et tels ou tels troubles. Plusieurs éléments permettent de comprendre pourquoi et comment les effets de l'organisation du travail sur la santé individuelle sont médiatisés par différents phénomènes collectifs. Tout d'abord, le sens de beaucoup de situations de travail est ambivalent et ne prend une coloration clairement négative que dans certaines circonstances (I) ; ensuite, le groupe permet parfois d'apporter des ressources contre des situations pourtant perçues au départ comme négatives (II). Enfin parce que la façon dont les difficultés personnelles au travail sont perçues dépend pour une part de la façon dont sont construites les étiquettes psychologiques ou médicales mobilisées pour mettre en forme le mal-être (III).

I. L'ambivalence et le sens du travail

De nombreuses situations de travail sont marquées par l'ambivalence. Avoir des responsabilités, par exemple peut être source de stress, mais aussi de plaisir et de valorisation de soi. Il en va de même pour la complexité de la tâche, les activités qui impliquent un contact humain nécessitant un travail émotionnel ou le travail sur un matériau particulièrement précieux (Loriol, 2001 ; Forseth, Dahl-Jorgensen, 2002). Autre exemple, de nombreux auteurs ont fait de l'existence de rôles sociaux contradictoires ou mal définis une cause majeure de stress. Il faut toutefois noter que l'incertitude peut aussi être l'occasion pour le salarié d'augmenter ses marges de manœuvre, de se soustraire au contrôle des autres (Crozier, Friedberg, 1977), à l'instar du médecin dans l'organisation hospitalière ou du policier face à sa hiérarchie. Les appréciations différentielles sur tel ou tel aspect du travail peuvent être rapportées à des tendances individuelles, mais le plus souvent le sens est plutôt à chercher dans le fonctionnement social : intériorisation d'attentes spécifiques lors de la socialisation, constitution de normes collectives d'évaluation par le groupe de travail, valorisation et reconnaissance par les collègues, les supérieurs ou les usagers, marges de manœuvre plus ou moins grandes laissées par l'organisation pour atteindre les objectifs, etc.

A. Sens et reconnaissance dans le travail

La question du sens est un des ces grands problèmes travaillés par des générations de philosophes. D'après Lars Svendsen (2003), ce qui a du sens, c'est ce qui correspond à un projet, une intention d'action vers le monde extérieur justifiée aux yeux du sujet. Que ce projet soit collectif ou individuel, l'individu ne peut en trouver les raisons qu'en dehors de lui-même, dans quelque chose qui le transcende. Car comment accepter de faire un effort, de subir une souffrance ou une contrainte si la seule et unique justification est le bien-être ici et maintenant. Le sens est donc nécessairement une production sociale. « Une société qui fonctionne correctement favorise la capacité de l'homme à trouver du sens à sa vie, une société en dysfonctionnement ne le fait pas » (Svendsen, 2003).

Dire que notre action a du sens signifie que nous agissons tel que nous pensons qu'il est bien de le faire à un moment donné, c'est-à-dire par rapport à des normes ou des valeurs sociales. On retrouve ici l'idée de « force sociale » développée dés 1912 par Durkheim, le fondateur de la sociologie française. Pour lui, les grands rassemblements religieux ou profanes conduisent parfois à ressentir une sorte d'emportement et d'allégresse collective. Pour prendre un exemple contemporain, il est possible d'évoquer l'euphorie qui a suivi la victoire de la France après la coupe du Monde en 1998. Toutefois, précise Durkheim, « ce n'est pas seulement dans ces circonstances exceptionnelles que cette action stimulante de la société se fait sentir, il n'est pour ainsi dire pas un instant de notre vie où quelque influx d'énergie ne nous vienne du dehors. L'homme qui fait son devoir trouve dans les manifestations de toute sorte par lesquelles s'expriment la sympathie, l'estime, l'affection que ses semblables ont pour lui, une impression de réconfort, dont il ne se rend pas compte le plus souvent, mais qui le soutient. Le sentiment que la société a de lui rehausse le sentiment qu'il a de lui-même. Parce qu'il est en harmonie morale avec ses contemporains, il a plus de confiance, de courage, de hardiesse dans l'action. »

L'énergie humaine, quelle que soit la forme qui lui est donnée (électrique, chimique, libidinale…) n'a jamais pu être isolée en tant que substance empiriquement observable. Il ne peut s'agir au mieux que d'une métaphore pour rendre compte d'une réalité difficile à cerner. La motivation nécessaire à toute action dépend, en dernier ressort, du sens, socialement construit, que l'acteur donne à son investissement dans l'action. Si le sens de l'action est évident, est soutenu et reconnu par notre entourage, on agit sans se poser de questions. L'image positive de soi que l'on acquière en ayant le sentiment d'avoir bien fait les choses et d'être reconnu par les autres agit comme une source d'énergie subjective, d'où l'importance de la reconnaissance sociale, sur laquelle s'appuie la construction de l'identité.

Une recherche menée dans la sidérurgie illustre parfaitement l'effet de l'image sociale sur le sentiment de force des travailleurs (Roche, 1987). Les salariés exposés à des risques importants sont amenés à « mobiliser un imaginaire qui stimule la volonté, qui tient en alerte l'intelligence, qui exclut toute habituation et toute somnolence qui tonifie l'énergie musculaire » ainsi qu'à développer « une forte propension à méconnaître le lien travail-santé » (Roche, 1987). Deux ateliers sont contrastés : L'aciérie, où les aciers sont fondus en lingots, est l'atelier central de l'entreprise. Le travail y est plus qualifié et mieux payé. Une fois qu'une coulée est commencée, elle doit être terminée rapidement sinon les pertes financières sont élevées, ce qui donne une grande importance aux salariés de ce secteur qui ne sont pas facilement remplaçables. Les contraintes du travail sont fortes mais sont imposées par la nature de la production et non par le rythme d'une chaîne ; elles sont donc bien acceptées. Au total, les salariés de l'aciérie possèdent une identité et une fierté professionnelle fortes : ils sont d'ailleurs parfois qualifiés de « *chevaliers du feu* ». Le parachèvement, au contraire, où les barres d'acier froides sont nettoyées et découpées, occupe une place plus marginale et les travailleurs peu qualifiés et peu expérimentés y sont plus nombreux, le rythme de travail est imposé par la chaîne et par les autres ateliers. Alors que les contraintes objectives sont importantes dans les deux ateliers, la plainte de fatigue est beaucoup plus fréquente au parachèvement. « A l'aciérie, la fatigue est à la fois fortement ressentie, car les conditions de travail sont dures, mais en même temps considérées comme normales, acceptables, car, s'investissant durant le temps de travail, ces travailleurs sont disposés à passer le temps hors travail à récupérer leurs forces. Ne voulant pas s'avouer vaincus dans la lutte symbolique qu'ils livrent contre les éléments de l'usine, ne voulant pas porter atteinte à l'image qu'ils ont eux-mêmes et qu'ils souhaitent donner d'eux-mêmes, sachant pratiquement ce que leur position valorisée doit au fait de tenir face aux exigences les plus dures de leur situation de travail, ces travailleurs ne peuvent exprimer et dire leur fatigue que dans le privé [...]. Au parachèvement, la fatigue est fortement ressentie, car les conditions de travail sont dures, et considérées comme socialement anormales, inacceptables, car, ne pouvant s'investir que dans le temps hors travail, ces travailleurs ne sont pas disposés à utiliser ce temps là à récupérer leur force de travail » (Roche, 1987).

La psychologie sociale a tenté de théoriser cette question à travers le modèle « effort/rétribution ». La souffrance, le stress au travail seraient une conséquence du déséquilibre entre ce que le travailleur apporte (engagements, efforts, sacrifices...) dans son travail et ce qu'il en retire (gratifications matérielles et symboliques) (Bakker, Siegrist, 2000), ou quand, dans le cas des services à la personne, il ressent un manque de réciprocité dans l'échange (Schaufeli, 2001). De nombreuses études empiriques ont ainsi montré qu'il existait un lien statistique net entre le fait de penser que l'on donne plus de soi dans son travail qu'on ne reçoit en retour et le fait de déclarer souffrir de stress, de *burn out* ou de fatigue. Toutefois, certains chercheurs ont remarqué que cette corrélation n'avait pas forcément la même force dans tous les milieux professionnels. Notamment, un idéal professionnel ou de métier très ambitieux augmente le risque de frustration (Truchot, Deregard, 2001). Les attentes vis-à-vis des « clients » peuvent aussi être différentes. Lors d'une comparaison entre des travailleurs sociaux et des infirmières, (Truchot, Badré, 2003) ont montré que ces deux groupes ne concevaient pas de la même façon la nécessité de participation du « client » : alors que pour les travailleurs sociaux, une implication active des personnes aidées est nécessaire, les infirmières attendent plutôt de leurs malades une acceptation passive des prescriptions médicales. Du coup, les premiers seront plus affectés que les secondes par le manque d'efforts de la part de ceux dont ils s'occupent.

B. Des moyens adaptés aux exigences

Les moyens dont le travailleur dispose pour atteindre les objectifs qui sont assignés par sa hiérarchie et/ou socialement valorisés par son groupe professionnel sont partie intégrante de la question de la reconnaissance. La valorisation d'un objectif par une organisation ou un groupe professionnel peut être stimulante quand les salariés ont les moyens de l'atteindre, même au prix d'un effort personnel ; elle devient toutefois démotivante quand cela n'est pas le cas. Ce n'est pas tant le fait de soumettre les individus à des « épreuves » dans le travail qui est nocif pour la santé (car réussir une « épreuve » est motivant), que de les placer dans des « épreuves » impossibles à surmonter (Perilleux, 2001).

Dans de nombreux secteurs des services, on assiste depuis une quinzaine d'années à la montée de tout un ensemble de discours sur la qualité, le droit des clients ou des usagers, l'importance de l'implication relationnelle : c'est le discours sur le « client roi » dans les activités commerciales, la mise en avant de la qualité des soins et des droits des malades à l'hôpital, les tentatives de personnalisation de la relation à l'usager dans de nombreux guichets administratifs, etc. Un tel mouvement n'est pas forcément mal vécu et les salariés peuvent vivre de façon positive l'élargissement de leur rôle au relationnel (Hanique, 2004). Cependant, pour que ce « plaisir » puisse exister, il faut que l'organisation permette au salarié de tenir les promesses d'amélioration du service. Si ce n'est pas cas, non seulement sa frustration de ne pas apporter un service de qualité sera accrue, mais en plus, il se heurtera au mécontentement des usagers exigeant d'avoir le service qu'ils pensent leur être du.

Beaucoup d'organisations du secteur des services sont en fait prises actuellement dans une contradiction entre le souhait de personnaliser et d'augmenter la qualité du service tout en cherchant à rationaliser et à contrôler le travail pour augmenter la productivité ou faire face à une pénurie d'effectifs. Dans le cadre du premier objectif, il est demandé aux salariés de nouer une relation conviviale, attentive et aimable avec les usagers ou les clients. Pour que ces derniers se sentent particulièrement pris en considération, il est nécessaire que l'interaction ne soit pas trop standardisée, que chaque salarié puisse l'aborder avec sa propre personnalité. Pour le second objectif, au contraire, des normes de rendements sont imposées (tant de clients ou de dossiers par heure), des scripts relationnels sont enseignés (comme des « dialogues type »), des logiciels standardisant l'échange sont utilisés, des contrôles sont mis en place pour vérifier l'application des consignes, etc. Concilier les deux s'avère souvent délicat, ce qui provoque un certain nombre de problèmes. Tout d'abord, le désir de certains salariés de véritablement proposer un service de meilleure qualité, augmenté par le discours de l'institution, se heurte à la réalité des moyens limités, d'où la frustration et le sentiment de perte de sens. Ensuite, l'obligation de gérer dans l'urgence, face au client, les contradictions génère une tension constante vécue à court terme sous la forme de stress et à plus long terme comme épuisement. Enfin, de telles situations peuvent être à l'origine de désaccords ou de conflits avec les clients, les collègues ou les usagers qui, s'ils ne sont pas régulés ou explicités, peuvent se cristalliser sous la forme de « harcèlement ».

II. Les stratégies collectives du faire face

La capacité à faire face à une même difficulté peut être très différente d'un individu à l'autre, d'un groupe de travail à l'autre. Si les psychologues ont largement étudié ces phénomènes de *coping* ou de résilience, leurs dimensions sociales et organisationnelles méritent d'être soulignées (Sahler, 2007).

A. Donner un sens acceptable aux contraintes

Le groupe de travail n'est pas passif face aux mauvaises conditions de travail. Le psychiatre Christophe Dejours a rappelé l'existence, dans certains métiers, « d'idéologies collectives de défense » qui auraient « pour but de masquer, contenir et occulter une anxiété particulièrement grave » (Dejours, 1993). Elaborée par un collectif de travail particulier, l'idéologie défensive, pour être opératoire, doit obtenir la participation de tous les intéressés. Celui qui ne partage pas l'idéologie défensive est tôt ou tard exclu. Toutefois, cette analyse suppose que les situations de travail ne sont pas ambivalentes a-priori, mais ne le deviennent qu'après inversion des valeurs par le groupe de travail. Cela s'applique bien au cas des ouvriers du bâtiment (qui est fondateur chez Dejours) : le risque d'accident est bien quelque chose *a-priori* de négatif et c'est bien pour éviter l'angoisse que le collectif développe une sur-valorisation de la résistance au danger. Mais dans de nombreux autres cas, notamment dans les services, les choses sont plus complexes du fait de la signification ambivalente de nombreuses situations. Plutôt que de « stratégies de défense », il conviendrait alors de parler de « cadrage collectif ».

Dans tout travail, mais particulièrement dans les métiers qui impliquent un contact avec un public, les exigences de la tâche, les besoins à satisfaire sont *a-priori* sans limite (Dubet, 2002). Une infirmière peut toujours, en théorie, faire plus pour ses malades ; un conducteur de bus peut toujours remplir plus de fonctions auprès de ses passagers ; un guichetier plus s'impliquer dans les problèmes des usagers qu'il a en face de lui ; un vendeur être plus prévenant et attentif aux besoins de son client, etc. Mais dans la réalité, la rareté des moyens disponibles (temps, personnel, ressources, compétences...) font qu'une limite doit bien être posée. La question devient alors : « comment supporter de ne pas faire un travail parfait ? »

Chaque métier et à un niveau plus microsociologique chaque collectif de travail va définir ce qui correspond à ses yeux au « travail bien fait », quelles sont les contraintes acceptables et celles qui ne le sont pas. Quand ces normes sont partagées et réactualisées dans le travail quotidien, cela permet de donner du sens aux tâches les moins valorisées, de se protéger des critiques ou des intrusions extérieures. Par contre, s'il n'existe pas d'accord, si les salariés d'un même service (ou avec la hiérarchie de proximité) se reprochent mutuellement de ne pas être de bons professionnels, ne se soutiennent pas face aux difficultés, ne posent pas les mêmes limites, le résultat sera à la fois la souffrance et les tensions internes autant qu'externes (envers les « clients »).

Une même circonstance peut alors être gérée collectivement de façon différente. À l'hôpital, par exemple, la mort d'un patient est toujours un événement pénible pour l'équipe. Néanmoins, dans certains services de soins palliatifs, parce que les soignants adhèrent à une théorie de l'accompagnement, qu'ils se soutiennent, qu'ils sélectionnent les patients les plus aptes à entrer dans ce type de prise en charge, côtoyer peut être investi d'une valeur plus positive.

Se sentir « stressé », harcelé ou épuisé, etc., signifie le plus souvent que l'on vit le décalage entre son travail, les moyens et la reconnaissance comme une affaire personnelle. Si par contre les difficultés rencontrées sont perçues comme collectives, c'est-à-dire que tout le monde dans l'entreprise est confronté aux même problèmes et que l'on n'est pas responsable personnellement, la souffrance ressentie sera moins importante. De plus, percevoir les difficultés comme collectives n'a pas seulement pour avantage de les rendre moins pénibles à vivre, mais permet aussi de changer certaines sources de stress ou de difficultés qui sont ainsi mises en évidence. Par exemple, dans plusieurs compagnies de bus où les conducteurs se sentaient stressés par la circulation, les risques d'agressions, les plaintes de certains voyageurs, des groupes de réflexion et d'expression ont été mis en place avec des machinistes et des cadres volontaires. Des propositions concrètes sur l'aménagement des voies de circulation, la politique tarifaire (accès gratuit ou moins coûteux pour les plus démunis), la communication de l'entreprise (par exemple ne pas promettre des horaires impossibles à respecter), la fréquence et les rythmes de passage (pour éviter les bus bondés, les longues attentes…) ou les équipements des bus. La vie des conducteurs et les relations avec les passagers s'en sont trouvées améliorées et le sentiment de stress a diminué.

B. L'importance de l'ambiance, des relations sociales

Les discussions entre membres de l'équipe sont donc importantes. Elles peuvent prendre une forme particulière et quasi institutionnalisée dans les « groupes de parole » qui se réunissent régulièrement dans certains services ou certains hôpitaux sous la direction d'un psychologue ou d'un psychanalyste. Dans les unités de soins palliatifs, où les groupes de parole sont plus fréquents, il n'est pas rare que des réflexions collectives sur la mort soient animées par des professionnels (psychologues, psychanalystes, etc.). Les données théoriques sur la mort et les expériences personnelles des participants sont confrontées. Un travail de deuil est aussi proposé pour aider les soignants à mieux accepter les morts dans le service. Il s'agit pratiquement de recréer des rites et des significations pouvant se substituer à ceux qu'apportait la religion. Plusieurs recherches récentes en psychologie ont montré que le fait de parler de ses émotions négatives à autrui pouvait avoir un effet positif pour la santé, non pas par un effet de catharsis ou d'abréaction, comme le pensaient Freud ou Breuer, mais parce que cela est souvent l'occasion de construire collectivement un sens acceptable pour les événements à l'origine des émotions en question (Rimé, 2000).

Une certaine stabilité du groupe de travail semble donc indispensable. Trop de mutations, de turn-over, ou de déplacements entre services engendrent l'absence d'esprit d'équipe, des risques de conflits entre les anciens et les nouveaux, une désorganisation liée aux difficultés d'adaptation, la constitution, au sein du collectif de travail, de « clans ». Dans de nombreuses entreprises ou administrations les embauches importantes jusqu'au milieu des années 1970 ont été suivies d'un brusque ralentissement, avec de timides reprises lors des phases de politique de relance ou de reprise économique. Cela a créé un clivage démographique « jeunes-vieux » qui cristallise un certain nombre de désaccords sur la façon de concevoir le travail, les clients ou les rapports avec la hiérarchie.

L'encadrement de proximité joue un rôle central en favorisant le consensus dans le groupe plutôt que de s'appuyer sur certains salariés contre les autres pour favoriser ses propres objectifs. Par exemple, dans plusieurs hôpitaux locaux, des soignants se plaignaient que leur surveillante privilégiait les soignants « sans cœur » au détriment de ceux qui consacraient beaucoup d'efforts aux personnes âgées mais travaillaient moins vite. Il faut des procédures pour expliciter et régler collectivement les conflits.

Enfin, la discussion collective nécessite que des temps et des lieux soient disponibles pour cela, soit de façon informelle comme lors de pauses café ou cigarettes, soit de façon plus formelle avec des réunions de service, des moments de chevauchement pour les transmissions d'information ou des « groupes de parole » (à conditions que les problèmes du travail puissent être abordés et que les plaintes puissent être transmises à la hiérarchie, Ughetto, 2007). Les policiers en patrouille dans leur véhicule et attendant d'être appelés ont ainsi la chance de pouvoir fréquemment parler de leur travail, des interventions qui ont bien fonctionné et de celles qui ont mal tourné, de leurs problèmes personnels, des routines mises en œuvre. D'autres métiers n'ont pas eu cette chance et ont vu les soi-disant « temps morts » pourchassés par l'organisation. Le travail et ses difficultés ne peuvent plus être abordés collectivement et chacun se retrouve seul face à ses problèmes.

III. La construction sociale des formes de souffrance au travail

Pour une grande part, les troubles psychosociaux au travail (stress, *burn out*, harcèlement moral, etc.) sont socialement construits. Cela ne veut pas dire, bien au contraire, qu'il s'agit de problèmes imaginaires, mais simplement que contrairement à une fracture d'un os, les phénomènes psychiques ou émotionnels, de par leur plus grande plasticité, ne peuvent être dissociés de la façon dont ils sont pensés et mis en forme. Sans l'existence d'une étiquette pathologique (stress, dépression...), un diagnostic et un rôle social de malade ne peuvent être imaginés.

Nous pouvons partir de l'idée simpliste qu'il existe une différence entre ce qui serait la vérité, la réalité d'une maladie et l'idée que l'on s'en fait, les théories (religieuses, magiques, médicales ou psychologiques) dont ont dispose pour en rendre compte. L'approche constructiviste s'intéresse alors d'abord à la façon dont cette idée, cette théorie, ces connaissances sont produites par les hommes pour chercher à approcher au mieux la réalité du phénomène. Pour le médecin, engagé dans l'action, de telles préoccupations peuvent *a-priori* sembler futiles, de purs passe-temps philosophiques sans grand intérêt concret. Or l'intérêt de la notion de construction sociale est justement de montrer que les choses ne sont pas si simples, pour au moins deux raisons : tout d'abord parce que les différents acteurs en jeu (les malades, ses proches, les professionnels de santé, les systèmes d'assurance maladie, etc.) agissent et prennent leurs décisions en fonction de l'idée qu'ils se font de la maladie et non de sa réalité intrinsèque, même si bien sûr le pari de chacun est que les deux coïncident. Ensuite, dans le domaine des troubles psychiques, il semble difficile de distinguer clairement entre la maladie elle-même et l'idée que l'on s'en fait. Le mal être d'un paysan iranien qui ignore ce qu'est la dépression ne s'exprime pas de la même façon que celui d'un dépressif new-yorkais (plus de symptômes organiques, moins de symptômes psychiques). Peut-on dire alors qu'ils souffrent exactement de la même maladie (d'autant que les mécanismes physiologiques de la dépression restent mal connus) ? S'il existe sûrement une base minimale commune entre tous les hommes, la façon dont le mal-être sera vécu est pour une part influencée par les théories et les catégories particulières qui sont mises en œuvre pour le penser.

La façon dont un mal-être va être exprimé et ressenti peut alors être sujette à des variations au cours du temps ou d'un milieu à l'autre. L'histoire nous montre ainsi que se sont succédées de nombreuses entités pathologiques pour tenter de rendre compte de la souffrance psychologique des individus (Loriol, 2006) : L'acédie des moines au moyen-âge, la mélancolie aristocratique à la renaissance, la neurasthénie des bourgeois ou des artistes au XIXe siècle, le syndrome de fatigue chronique des jeunes cadres dynamiques, le *burn out* de l'infirmière, etc. Toutes ces « étiquettes » de maladie possèdent à la fois un certain nombre de traits communs (sentiment de mauvaise fatigue lié à une perte de sens, problème d'adaptation à un environnement perçu comme difficile, mélange d'explications physiologique, psychologique et sociales, etc.) mais sont aussi très liées à l'époque et au milieu social où elles sont apparues et pour lesquels elles correspondent à une sorte de « compromis social implicite » adapté aux rapports de force du moment.

Le stress – La définition la plus fréquente du stress pose ce phénomène comme la rencontre entre un ensemble d'évènements plus ou moins stressants et un individu aux capacités d'adaptation variables. Deux stratégies peuvent alors être envisagées pour réduire le stress : soit limiter l'exposition aux évènements stressants, soit augmenter (par la sélection à l'embauche, la formation ou l'accompagnement psychologique) l'adaptabilité des individus. La première stratégie étant perçue comme plus coûteuse, dans la mesure où elle remet en cause l'organisation du travail, elle sera plutôt évitée dans les secteurs ou les périodes où la pression syndicale est faible. D'ailleurs, les syndicats se sont longtemps montrés méfiants envers la notion de stress dans la mesure où elle risquait, à leurs yeux, de trop faire pencher la balance du côté des individus, dédouanant la responsabilité de l'entreprise dans les conditions ou l'organisation du travail. Pour certains observateurs, l'implication récente des syndicats dans la prise en compte des plaintes de stress au travail serait ainsi un signe du déclin de leur emprise idéologique : le combat pour l'amélioration des conditions de travail, la dignité des travailleurs, l'augmentation des salaires ne serait plus assez légitime en lui-même pour justifier une action ou des revendications et la dénonciation des atteintes individuelles à la santé deviendrait un complément nécessaire au discours syndical (Wainwright, Calnan, 2003).

Cependant, suivant les milieux professionnels, la représentation et la gestion des difficultés, le recours ou non au terme de stress, cette individualisation et cette psychologisation des problèmes peuvent avoir une ampleur variable. Prenons l'exemple de trois métiers relationnels réputés difficiles (Loriol, 2007).

Les infirmières parlent facilement de leur stress et de leur épuisement professionnel (ou *burn out*) et voient généralement de façon positive le soutien psychologique qui leur est proposé. Elles reprennent pour partie à leur compte les discours sur la prévention individuelle des risques : recherche de la bonne distance avec le malade (ni trop proches pour ne pas prendre sur soi tous ses malheurs, ni trop éloignées pour ne pas perdre ce qui fonde le sens de l'engagement de soi), importance de la gestion professionnelle de la relation, etc. Si les facteurs organisationnels et les moyens sont évoqués, ils restent minorés dans les explications locales du stress. Syndicats et médecins du travail, porteurs d'un discours plus critique, sont peu entendus.

Dans la police, parler de son stress est pratiquement tabou (peur de passer pour un collègue peu digne de confiance, d'être retiré de la voie publique ou désarmé) et le soutien psychologique semble réservé aux cas les plus les plus graves, aux personnes à problèmes. La préférence va à la gestion des difficultés, du sens du travail, au sein de chaque brigade ou équipage. Les psychologues (souvent des contractuels au statut précaire) sont perçus comme des outsiders qui ne connaissent pas le métier. Parler de stress, de soutien psychologique revient à reconnaître tant l'échec de l'individu (qui n'aurait « rien à faire dans la police ») que du collectif de travail (les collègues, la hiérarchie de proximité n'ont pas su aider, faire vivre la cohésion et la solidarité).

Pour les conducteurs de bus, l'analyse collective des difficultés vécues au travail se fait en grande partie à travers l'action syndicale. Le stress, notamment celui qui est lié aux agressions et incivilités subies par les machinistes a été posé comme relevant de la responsabilité de l'entreprise (sécurisation des lignes, politique commerciale qui intègre les usagers, suivi judiciaire par les compagnies, reclassement des inaptes pour motif psychologique, etc.). Dès lors, le soutien psychologique est perçu comme un droit, une réparation des conséquences sur les agents d'une politique défaillante, mais n'interdit en rien une prévention en amont, un travail sur les causes professionnelles et organisationnelles du stress.

Le harcèlement moral – Le très grand succès rencontré, dès son apparition en France, par la notion de « harcèlement moral » montre bien qu'il existait, dans de nombreux milieux de travail, des difficultés mal résolues et dont souffraient de nombreux salariés. Mais le fait de définir ces difficultés à travers la notion de « harcèlement moral » correspond bien souvent à une simplification de la réalité. Néanmoins, cette simplification va produire des effets en retour sur la façon dont seront pensés et gérés les rapports sociaux au travail (Le Goff, 2003). La judiciarisation et la médicalisation sont deux grandes forces d'individualisation des problèmes sociaux.

Dans sa vision la plus médicalisée, très présente dans les premiers travaux, le harcèlement moral, est vu comme le résultat d'un jeu pathologique entre deux personnalités limites : d'une part une victime perfectionniste, prenant trop à cœur les critiques qui lui sont adressées (et faisant donc un souffre-douleur idéal) et un « bourreau » à tendances perverses, prenant plaisir à faire souffrir sa victime pour la dominer ou trouvant là une occasion de prendre sa revanche de brimades vécues par ailleurs. Même si d'autres travaux ont insistés sur les facteurs organisationnels qui favorisent l'apparition et le maintien du phénomène, l'idée, aujourd'hui courante, de harcèlement encourage une lecture très interpersonnelle des conflits au travail.

Les situations de conflits vécues comme du « harcèlement moral » auront d'autant plus de risques de se développer que l'organisation du travail est floue avec des tâches mal définies, que les modes d'évaluation du travail sont formels, ne tenant pas compte des contraintes de terrain, que l'organisation est complexe avec des services ou des métiers poursuivant des objectifs différents, que les collectifs de travail sont déstabilisés par la mobilité et l'individualisation des carrières, qu'il n'existe pas de procédures collectives permettant de trouver un consensus sur les objectifs de l'organisation et les moyens d'y parvenir, etc.

Dans les années 1970, beaucoup de conflits au travail avaient pris la forme de grèves ou de protestations collectives pour la défense de la dignité des travailleurs, y compris dans le cas de plaintes contre un contremaître ou un chef autoritaire, méprisant ou sadique. Aujourd'hui, le déclin des conflits collectifs, l'individualisation des parcours de travail favorise une lecture des mêmes conflits en terme de harcèlement. Mais en retour, la reconnaissance par le droit, la médecine et la psychologie de cette notion, comme sa diffusion et sa vulgarisation dans le public, renforce et entretient cette approche interpersonnelle des conflits au travail. Même l'action syndicale risque, dans un tel contexte, de prendre un sens différent : il ne s'agit plus de protéger la dignité collective ou de défendre une vision partagée de ce que doit être le travail, mais de protester contre les atteintes à la santé subie par une personne du fait des agissements d'une autre.

La notion de harcèlement moral aura d'ailleurs d'autant plus de succès dans les entreprises qu'elle permet de rejeter des problèmes souvent liés à des dysfonctionnements organisationnels, des désaccords de fonds, un manque de moyens sur la seule faute de quelques individus qualifiés de « pervers ». Ce qui n'est pas sans rappeler la vieille logique du « bouc-émissaire » ou les cyniques conseils de Machiavel.

Il est donc difficile de déterminer, indépendamment de chaque contexte particulier, les effets sur la santé de telle forme d'organisation dans la mesure où le sens de chaque situation peut être orienté par les valeurs des différents acteurs impliqués, les moyens dont ils disposent et les représentations qu'ils se font du problème. Certes, un certain nombre d'évolutions dans le monde du travail expliqueraient la plus grande difficulté à gérer collectivement les difficultés rencontrées et donc finalement le plus grand risque de les vivre comme des souffrances individuelles :

- Apparition de modes d'évaluation du travail de plus en plus exigeants et individualisés, fondés sur des indicateurs de performances quantitatifs qui ignorent la part collective du travail, la notion de « travail bien fait » et peuvent diviser les salariés entre eux, comme dans le cas de l'évaluation à 360° ou de l'évaluation d'équipes.

- Affaiblissement des collectifs de travail avec la multiplication des statuts différents (CDI, CDD, intérim, travailleurs indépendants, etc.) dans une même entreprise ; l'apparition de nouvelles fonctions, qualifications ou dénominations de métier ; la mise en concurrence des salariés.

- Montée du chômage et de la recherche de la rentabilité financière à court terme qui incite les employeurs à ne pas trop tenir compte des difficultés et des efforts fournis par leurs salariés.

- Déclin des syndicats et de leur capacité à mobiliser sur les conditions de travail. Si les grands mouvements des OS des années 1970 revendiquaient le droit de « ne pas perdre sa vie à la gagner », la demande principale de beaucoup de salariés aujourd'hui est de pouvoir continuer à travailler, y compris parfois au péril de leur propre santé. Non seulement le nombre de conflits du travail a fortement baissé depuis 30 ans, mais la part des conflits centrés sur les conditions de travail a aussi diminué (Piotet, 2007).

- Recours croissant à la psychologie pour expliquer tous les problèmes (groupes de parole, coaching, soutien psychologique, PNL, relaxation...).

***

Mais ces évolutions sont médiatisées, d'un secteur économique à l'autre, par des mises en forme spécifiques. De la représentation finalement retenue dépendent en effet les solutions mises en œuvre. De plus, en matière de troubles psychologiques, il est difficile de séparer les symptômes cliniques et le vécu subjectif de l'étiquette utilisée pour en rendre compte. Une jambe cassée est une jambe cassée, quel que soit le nom qu'on lui donne ! Par contre, une personne diagnostiquée comme dépressive, stressée, en souffrance, victime de harcèlement, etc. donnera un sens différent et ressentira de façon spécifique son trouble en fonction de la lecture qui en aura été faite. Les plaintes de stress ou de souffrance sont donc le produit de l'interaction d'évolutions objectives et subjectives, toutes les deux également importantes. Comment le droit peut-il tenir compte de cette complexité ?

BIBLIOGRAPHIE

BAKKER A.-B., SIEGRIST J, (2000), « Effort-Rewards Imbalance and Burn Out among Nurses », *Journal of Advanced Nursing*, 31, p. 884-891.

CROZIER M., FRIEDBERG E., (1977), *L'acteur et le système*, Paris, Le Seuil, 500 p.

DEJOURS C., (1993), (1ère édition 1980), *Travail : usure mentale*, Paris, Bayard, 264 p.

DUBET F., (2002), *Le déclin de l'institution*, Paris, Le Seuil, 421 p.

FORSETH U., DAHL-JORGENSEN, (2002), Sur la ligne de feu : transformation du travail relationnel dans un centre commercial et dans une banque en Norvège, *Travailler*, n° 9, p. 73-97

KARASEK R., THEORELL T., (1990), *Healthy Work, Stress, Productivity and the Reconstruction of Working Life*, Basic Books, 381 p.

HANIQUE F., (2004), *Le sens du travail*, ERES, 304 p.

LE GOFF J.-P., (2003), Que veut dire le harcèlement moral ? Genèse d'un syndrome, *Le Débat*, n° 123 (janvier), p. 141-161.

LEROUGE L., (2005), *La reconnaissance d'un droit à la protection de la santé mentale au travail*, LGDJ, Collection Bibliothèque de droit social, tome 40, 427 p.

LORIOL M., (2008), « La reconnaissance juridique du stress », dans *Au-Delà du stress. Une sociologie des agents publics au contact des usagers* (Sous la direction de Marie Buscatto, Marc Loriol et Jean-Marc Weller), ERES, Collection : « clinique du travail », p. 91-117

LORIOL M., (2007), L'objectivation du stress au travail. Une entreprise collective, *Histoire et société. Revue Européenne d'histoire sociale*, n° 23, p. 92-108

LORIOL M., (2006), *Je stresse donc je suis. Comment bien dire son mal-être*, Paris, Mango, col. « Mots et C/ie », 96 p.

PERILLEUX T., (2001), *Les tensions de la flexibilité*, Desclée de Brouwer, col « sociologie clinique », 221 p.

PIOTET F., (2007), *Emploi et travail. Le grand écart*, Armand Colin, 265 p.

RIMÉ B., (2000), Faut-il parler de ses émotions ?, *Sciences Humaines*, n° 104, p. 16-20

ROCHE P., (1987), *Une santé d'acier*, Paris, Editions du CNRS, 178 p.

SCHAUFELI W.-B., BAKKER A., SCHAAP C., (2001), « On the clinical validity of the Maslach Burnout Inventory and the Burnout Measure », *Psychology & Health,* Vol 16, p. 565-582

SAHLER B., (2007), *Prévenir le stress et les risques psychosociaux au travail*, ANACT, 268 p.

SVENDSEN L.F.H., (2003), *Petite philosophie de l'ennui*, Paris, Fayard, 251 p.

TRUCHOT D., DEREGARD M., (2001), « Perceived Inequity, Communal Orientation and Burn Out », *Work and Stress*, 15, p. 347-356

TRUCHOT D. ET BADRÉ D., (2003), « Equity and the burn out process: the role of helping models », *International Review of Social Psychology.*

UGHETTO P., (2007), *Faire face aux exigences du travail contemporain*, ANACT, 157 p.

WAINWRIGHT D., CALNAN M., (2003), *Work stress: the making of a modern epidemic*, Buckingham, The Open University Press, 230 p.

CHAPITRE II

La reconnaissance progressive des droits du travail

La reconnaissance et l'étude par les disciplines extra-juridiques des risques psychosociaux au travail posent un certain nombre de questions en droit du travail : est-il nécessaire de qualifier les risques psychosociaux au travail ? Le besoin d'une définition juridique se fait-il ressentir ? L'arsenal juridique existant est-il suffisant pour appréhender ce concept ou est-il important de développer un régime juridique spécifique ? Le terme même de « risques psychosociaux » convient-il à la discipline juridique ? La confrontation des droits du travail des pays de l'Europe du Sud à ce phénomène apporte un début de réponse notamment au regard de la reconnaissance progressive d'un droit à la protection de la santé des travailleurs contre le harcèlement, la violence, le stress, le *mobbing* ou le *burn out*.

L'accueil par les systèmes juridiques du travail des pays de l'Europe du Sud des risques psychosociaux ne sont cependant pas homogènes. S'il est à souligner une certaine prise de conscience commune, l'intégration des notions liées aux risques psychosociaux reste encore limitée et marque une véritable interrogation relative à la pertinence ou non d'intégrer au sein des systèmes juridiques, quels qu'ils soient, du concept même de « risques psychosociaux ».

En revanche, l'impulsion donnée aux politiques de santé-sécurité au travail par le droit communautaire a enclenché une dynamique susceptible de prendre en compte les éléments caractérisant les risques psychosociaux au travail. Si la réception au sein des pays de l'Europe du Sud de la volonté du droit communautaire dans ce domaine est plus ou moins avancée, il se dégage néanmoins de l'étude des droits du travail de ces pays de l'Europe du Sud un sentiment de prise de conscience des problématiques associées aux risques psychosociaux.

Le droit du travail français à l'épreuve des risques psychosociaux (une perspective contentieuse)

Patrice ADAM
CERIT-CRDP
Université Nancy 2

Le temps des doutes, du scepticisme est aujourd'hui révolu[1], en France comme ailleurs[2] : risque pour le corps du salarié, le travail peut également être une menace pour son intégrité mentale. Le salarié « stressé » n'est pas un malade imaginaire… et les causes de sa « maladie »[3] ne se situent pas nécessairement dans un « hors-champ » professionnel. Le travail, facteur essentiel dans nos sociétés modernes de construction (entre autres) de l'identité personnelle et sociale, de l'estime de soi[4], peut également, dans certains cas, être cause de mal-être, de souffrances psychiques (Desriaux, 2003 ; Gaignard 2003), de déséquilibres ou de troubles psychologiques. De

[1] Nasse P., Légeron P., (2008) : « la conscience de l'existence d'un problème est quasi unanimement partagée ». Gardons-nous cependant d'un excès d'optimisme. Si la réalité des risques dits psychosociaux au travail et l'importance de la mise en place de politiques destinées à les prévenir et à les combattre ne sont pas discutées en « certains lieux », dans « certains cercles » (voir par exemple, la Charte des bonnes relations humaines, avril 2009, soutenue par le Ministère du travail et parrainée par plusieurs associations patronales), il n'en est pas nécessairement de même partout. Nombre de dirigeants d'entreprise restent, sur cette question, fort en retrait (ainsi a-t-on remarqué qu'en France, les entreprises sont « encore sur le mode de la réaction quand celles des États-Unis, du Canada et des Pays-Bas sont déjà passées à celui de la prévention », Liaisons sociales magazine, juin 2006, p. 58), voire indifférentes ou enfermées dans une attitude de déni (F. Martini, éditorial, Les cahiers des fps, n° 4, août 2006, p. 1). Indifférence ou méfiance entretenue par la méconnaissance de ce que sont les risques psychosociaux et des moyens ou des outils de les combattre.

[2] L'ANI sur le stress au travail du 2 juillet 2008 souligne ainsi, en introduction, que « le stress au travail est considéré sur le plan international, européen et national comme une préoccupation à la fois, des employeurs et des travailleurs. Ayant identifié la nécessité d'une action commune spécifique sur cette question et anticipant une consultation sur le stress par la Commission, les partenaires sociaux européens ont signé, le 8 octobre 2004, un accord sur le stress au travail dans le cadre de l'article 138 du Traité CE ».

[3] Les guillemets évidemment s'imposent si l'on considère avec les partenaires sociaux que « le stress n'est pas une maladie mais une exposition prolongée au stress peut réduire l'efficacité au travail et peut causer des problèmes de santé ».

[4] Sur le travail comme lieu de construction de l'identité et de l'émancipation : Rapport « Bressol » (2004), Conseil économique et social, *Organisation du travail et nouveaux risques pour la santé des salariés*.

malaise et de malheur. L'ANI sur le stress au travail du 2 juillet 2008(Verkindt, 2008 ; Lerouge, 2008) (point 3), signé par l'ensemble des partenaires sociaux, l'affirme sans ambages : « le stress lié au travail[5] peut être provoqué par différents facteurs tels que le contenu et l'organisation du travail, l'environnement de travail, une mauvaise communication, etc. ». Et d'ajouter encore (ce que les derniers sceptiques méditeront) que « la lutte contre le stress doit conduire à une plus grande efficacité et une amélioration de la santé et de la sécurité au travail, avec les bénéfices économiques et sociaux qui en découlent pour les entreprises, les travailleurs et la société dans son ensemble »[6].

Les risques psychosociaux (Adam, 2008 ; Salher, 2007), puisque telle est l'étiquette générique accolée à ces « nouveaux » dangers qui menacent la santé du salarié, ont même accédé en France, il y a peu, au rang de priorité politique[7] et syndicale[8]. Quelques retentissantes affaires de suicide, ayant

---

[5] Et les partenaires sociaux de préciser que « toute manifestation de stress au travail ne doit pas être considérée comme stress lié au travail ».

[6] Dans un récent rapport (2009) du Parlement européen *sur la santé mentale*, il est également souligné que « les conditions de travail jouent un rôle important dans la santé mentale de la population. Des conditions telles qu'une mauvaise administration, le manque de communication, le harcèlement, le bruit, la charge de travail excessive et le manque de sécurité au travail peuvent accroître l'angoisse, contribuer à l'apparition de troubles mentaux et pousser les travailleurs à prendre une retraite anticipée ou les contraindre à être mis en invalidité ». Et le rapport de préciser encore que « le coût économique de la mauvaise santé mentale pour la société est estimé à 3 à 4 % du PIB des États membres. En 2006, les troubles mentaux ont coûté 436 milliards d'euros à l'UE. » La plus grande partie de ces dépenses est effectuée « hors du secteur de la santé, en particulier en raison de l'absentéisme, des incapacités de travail et des mises à la retraite anticipée ». « Pour promouvoir la santé mentale sur le lieu de travail, mais aussi pour renforcer les performances économiques de l'Union européenne, la rapporteure demande aux employeurs d'adopter des pratiques favorisant la bonne santé mentale sur le lieu de travail, afin d'offrir de "meilleurs emplois". Elle demande également l'approfondissement et l'extension des initiatives visant à intégrer les personnes souffrant de problèmes de santé mentale dans leur cadre professionnel par le recrutement, le maintien au travail, le rétablissement et la réintégration de ces personnes sur un pied d'égalité dans le marché du travail. Elle estime en outre important que la Commission offre une possibilité de publication et d'actualisation des mesures mises en œuvre par les employeurs pour promouvoir le bien-être psychique et mental des travailleurs ».

[7] V. le Rapport « Nasse, Légeron », précité.

[8] En dernier lieu, l'ANI du 2 juillet 2008 sur le stress au travail. Voir aussi, le Plan santé au travail 2005-2009, rendu public par le Ministre de l'emploi en février 2005, et dont l'objet central était de lancer une dynamique pour améliorer la prévention des risques professionnels, fixait pour objectif (fiche 4.2) l'amélioration de la prévention des risques psychosociaux, et, en particulier, ceux dus au stress dans l'entreprise. Récemment, le Ministre du travail, des

frappé de grandes entreprises hexagonales[9], ont par ailleurs fortement contribué à la médiatisation du vocable[10], à en faire un sujet de grande presse[11].

Les débats et discussions actuels, en France, ne portent donc plus sur la réalité ou l'importance de ces risques (pour les individus qui y sont soumis, pour les entreprises elles-mêmes, pour l'économie...) mais sur leurs causes et, plus encore, sur les moyens de les prévenir : comment les détecter, quels outils mobiliser pour les prévenir, quelle politique de santé construire, avec quels acteurs, selon quelle(s) méthode(s) ? Questions essentielles qui mobilisent gestionnaires, médecins, organismes de prévention... La littérature est dense, les outils se construisent[12], se perfectionnent – l'ANI du 2 juillet 2008 s'inscrit (modestement) dans ce travail d'édification[13] – , les bonnes pratiques se diffusent[14].

Et les juristes français, singulièrement les juristes du travail, qu'en disent-ils ? Peu et beaucoup à la fois, en vérité. Beaucoup d'abord, parce qu'ils ont massivement, intensivement, soumis à l'examen un risque psychosocial « en

---

relations sociales et de la solidarité, présentant au Conseil supérieur de la prévention des risques professionnels, les grands axes de l'action gouvernementale en matière de politique de prévention des risques professionnels, devait insister sur l'amélioration nécessaire de la prise en compte des risques psychosociaux (Liaisons sociales-Quotidien, n° 14912, 12 juillet 2007, p. 1). Ce fut l'un des thèmes forts de discussion lors de la conférence sociale sur les conditions de travail qui a eu lieu à l'automne 2007.

[9] V. les dossiers, « Le suicide au travail », Liaisons sociales magazine, nov. 2007, p. 22 et s. ; « Suicides : le travail en accusation », *Travail et santé*, n° 60, oct. 2007.

[10] Cause ou effet (ou les deux....). Le doute est permis. On peut également soutenir que c'est une plus grande sensibilité de « l'opinion » à la question du risque psychosocial (et à celle du « risque » en général) qui a donné à ces affaires un fort retentissement médiatique.

[11] V. « Un rapport juge très élevés les risques psychosociaux au technocentre de Renault », *Le monde*, 21 oct. 2007 et « Un autre suicide reconnu comme accident du travail chez Renault », *Libération*, 27-28 oct. 2007.

[12] On trouvera, par exemple, sur le site de l'INRS nombre de documents fort utiles pour qui souhaite mieux connaître les risques psychosociaux et s'engager dans une démarche de prévention ; voir encore, Sahler, 2007.

[13] L'objet de l'accord est « d'augmenter la prise de conscience et la compréhension du stress au travail, par les employeurs, les travailleurs et leurs représentants ; d'attirer leur attention sur les signes susceptibles d'indiquer des problèmes de stress au travail et ce, le plus précocement possible ; de fournir aux employeurs et aux travailleurs un cadre qui permette de détecter, de prévenir, d'éviter et de faire face aux problèmes de stress au travail. Son but n'est pas de culpabiliser l'individu par rapport au stress » (point 2).

[14] V. par exemple sur le site gouvernemental, http://www.travailler-mieux.gouv.fr/.

particulier » : le harcèlement moral (Adam, 2008). Peu ensuite, parce que leurs études et réflexions n'ont guère dépassé l'analyse de ce seul risque (Adam, 2008 ; Juliot, 2008 ; Lerouge, 2005). Et sans doute est-ce essentiellement sous l'angle du droit de la sécurité sociale, et plus particulièrement de l'application de la législation AT/MP, que les risques psychosociaux ont été d'abord mis en lumière dans le champ juridique des relations de travail (Ginon, Guiomard, 2008 ; Lerouge, 2007 ; Badel, 2006 ; Maggi-Germain, 2003).

Le harcèlement moral ou un voile….

On peut avancer que la principale et paradoxale (ce que l'on a nommé ailleurs le « paradoxe de l'ampoule » (Adam, 2007) raison de ce relatif désintérêt des juristes travaillistes réside dans le succès même de la notion de harcèlement moral. Introduite dans le code du travail et dans le code pénal par la loi n° 2002-73, dite de modernisation sociale, du 17 janvier 2002, dans un contexte de très forte médiatisation[15], cette notion exerça très vite, sur divers acteurs des relations de travail (salariés, syndicalistes, avocats, élus du personnel…), un considérable pouvoir d'attraction et de séduction. La doctrine y céda aussi, aussitôt, et ce d'autant plus facilement que les incertitudes ouvertes par les nouvelles règles, et principalement par la définition même du harcèlement moral, étaient nombreuses (Adam (dir.), 2007). Un abondant contentieux alimenta encore ce vif intérêt !

Et ce faisant l'on en vint à ne plus voir l'essentiel… La notion de harcèlement moral – pis une conception dévoyée du harcèlement moral[16] –, remplissant tout l'horizon juridique de la souffrance au travail, renvoya dans l'ombre le mouvement de fond initié par la loi du 17 janvier 2002 dont elle n'était pourtant qu'une expression et qui la dépassait de beaucoup. C'est que ce dernier texte marque, n'ayons pas peur d'user de cette expression un brin galvaudée, un véritable « tournant historique » dans le champ de la protection de la santé des travailleurs. Longtemps, la notion de santé au

[15] Le harcèlement moral fut au cœur de nombreux articles, reportages ou enquêtes de la presse écrite. La télévision française elle-même (nouvelle caisse de résonance des « problèmes sociétaux ») lui consacra plusieurs émissions, assurant au vocable une large et rapide diffusion (au prix de profondes confusions…).

[16] Parce qu'enfermée, ligotée, dans une représentation psychologisante et individualisante qui contribuait à la déformation du réel en occultant les sources organisationnelles, managériales et collectives des processus harcelants.

travail fut unidimensionnelle, appréhendée sous le seul angle de la protection du corps, de l'intégrité physique du salarié (Maggi-Germain, 2002 ; Bonnechère, 1994). La construction d'un droit de l'hygiène et de la sécurité au travail (comme celui d'un droit des accidents du travail bâti autour de la notion de lésions physiques) en fut le reflet. La loi nouvelle en intégrant la notion de santé mentale dans plusieurs dispositions du code du travail[17] a rompu, nettement, avec cette conception mutilante (qui laissait loin de la définition de la santé donnée par l'OMS en 1959, et relayée par la convention OIT n° 155 sur la sécurité et la santé des travailleurs (1981)). Le salarié cesse d'être réduit à un « corps laborieux » pour être, enfin, juridiquement appréhendé dans son « entier », corps et esprit. Il est ainsi juste d'écrire que la loi de modernisation sociale du 17 janvier 2002 a *intégré* (Adam, 2008), au-delà des seuls comportements harcelants, les risques psychosociaux dans le champ du droit du travail.

Éclipsée par la consécration de la notion de harcèlement moral, cette rupture n'aura pas, nous l'avons déjà dit, fait couler beaucoup d'encre, nombre de commentateurs de la loi nouvelle se contentant de relever (trop) rapidement l'innovation sans percevoir peut-être le profond mouvement qu'elle engageait et les perspectives inédites qu'elle ouvrait.

… qui se déchire

Les choses changent lentement et heureusement… Déjà a-t-on relevé que « la question du harcèlement moral, qui rendait difficile l'appréhension des problématiques de souffrance au travail[18], est en recul »[19]. Les juristes auront

[17] Soit que la loi du 17 janvier 2002 a ajouté au substantif « santé » contenu dans l'énoncé textuel modifié l'expression « physique et mentale » (C. trav., art. L. 4121-1 ; L. 4612-1), soit qu'elle a introduit la protection de la « santé physique et mentale » dans le champ d'application d'une disposition qui jusque là l'ignorait, au moins formellement. L'on songe ainsi à l'article L. 422-1-1 du Code du travail (devenu L. 2313-2) qui ne visait dans sa version initiale issue de la loi n° 92-1446 du 31 décembre 1992 que « l'atteinte aux droits des personnes ou aux libertés individuelles » (mais l'on pouvait évidemment soutenir que le droit à l'intégrité physique faisait partie de ces droits de la personne couverts par la procédure spéciale mise en place par l'article L. 422-1-1).

[18] La mise en place d'une politique de lutte contre le risque psychosocial suppose une volonté commune (celle de l'employeur, des représentants du personnel, des syndicats), un minimum de consensus pour construire une demande commune, définir une démarche, une méthode, élaborer un diagnostic et un plan d'action partagés. Situé d'emblée les discussions sur le terrain du harcèlement moral risque de conduire à un raidissement des positions (l'employeur se voyant, au moins implicitement, coller une étiquette infamante : celle d'auteur ou de

pris leur part dans cette entreprise de « dévoilement ». Pour que la notion de harcèlement moral ne soit pas mobilisée « à tout propos », « à tout bout de champ », encore fallait-il en effet, sur le terrain du droit, que ses limites soient clairement définies, ses frontières nettement tracées. L'invocation excessive de la notion trouvait bien en (grande) partie[20] son origine dans le flou, dans l'épais brouillard même, qui entourait la notion (et dans lequel le législateur de 2002, usant d'une « définition » maladroitement agencée, l'avait maintenue).

Or, ce brouillard s'est peu à peu dissipé (Adam, 2008 ; Adam, 2006). Sur le plan conceptuel d'indéniables progrès ont été réalisés, grâce au travail dogmatico-doctrinal de reconstruction – essentiellement nourri par le contentieux devant les juges du fond (la chambre sociale de la Cour de cassation ayant longtemps refusé d'exercer un contrôle de qualification en la matière[21]) – auquel la notion a donné lieu ces six dernières années. Mais ces progrès ont eu indéniablement du mal à pénétrer les esprits, les pratiques, les stratégies (judiciaires, managériales, syndicales…), faute sans doute à une publicité, à une diffusion, insuffisante de ces efforts de « remodelage ». C'est sur ce dernier aspect – et non, à notre sens, sur ceux mis en avant pour le justifier (Adam, 2008) – que le revirement opéré par la chambre sociale de la Cour de cassation le 24 septembre 2008 pourrait s'avérer fort bénéfique. En décidant d'exercer un contrôle sur la qualification de harcèlement moral, la chambre sociale de la Cour de cassation, à travers la production d'énoncés normatifs, pourrait en effet contribuer à une meilleure visibilité, à une plus grande *réception*, par les « praticiens du droit » (Adam, 2008) de la notion de harcèlement moral telle qu'elle s'est élaborée ces dernières années. Espérons seulement que cette reprise en main par la haute juridiction ne soit pas l'occasion pour elle de déconstruire ce qui a été (bien) construit en

---

complice d'un délit pénal), à une occultation des causes véritables du problème…. et au final à une impossibilité de construire ensemble, et donc efficacement, un plan d'action pertinent.

[19] Douillet P., (2007), chargé de mission santé au travail pour l'ANACT et coordinateur pour les risques psychosociaux, *Entreprise & Carrières*, n° 843, 6 au 12 fév., p. 26.

[20] En partie seulement. Il faut également faire place ici à un malentendu ! Beaucoup ont pensé au lendemain de l'adoption de la loi du 17 janvier 2002 que plus la notion de harcèlement moral serait entendue largement et plus la protection du travailleur serait assurée… C'était oublier ou méconnaître le fait qu'il existait d'autres ressources pour protéger le salarié en souffrance et que la « réduction notionnelle » du harcèlement moral (en fait son recentrage autour des notions d'intention de nuire et d'abus de pouvoir) n'entraînerait pas un affaiblissement mécanique de la protection offert par le droit au travailleur.

[21] Cass. soc. 27 oct. 2004, n° 04-41.008, Bull. civ. V, n° 267.

délogeant l'intention malveillante du cœur de la qualification de harcèlement moral, là où les juges du fond et la doctrine (dominante) l'avaient, avec bonheur et justesse, inscrite (Adam, 2008).

Le harcèlement moral remis dans son lit (juridique), voilà que les travaillistes, aiguillés en cela par des « évolutions », des « remous », des « soubresauts » du droit positif, découvrent que la protection de la santé mentale du salarié, érigée en obligation pour l'employeur par la loi du 17 janvier 2002, ne se limite pas à interdire les processus harcelants.

Et si, comme on l'a écrit (Adam, 2007), le harcèlement moral est « une petite île – trop peuplée, trop visitée – dans un océan de souffrance », il est temps de lever l'ancre[22] et de prendre le (grand) large ! Mais cet océan, celui des risques psychosociaux, est fort vaste[23] et l'explorer dans son immensité semble une mission impossible dans le cadre de cette modeste étude. La complexité des problèmes juridiques qui s'y voient immerger (et qui fait écho à la complexité des risques psychosociaux eux-mêmes) rend l'aventure plus périlleuse encore. Aussi, nous nous contenterons ici de pointer au gré du vent et des courants jurisprudentiels (ou contentieux) les plus récents, quelques questions, d'esquisser quelques réponses et de tracer, encore à gros traits, quelques pistes de réflexions.

L'analyse du contentieux judiciaire offre, au juriste travailliste, plusieurs perspectives sur les risques psychosociaux au travail ; disons, au moins deux. La première nous mène sur le chemin des prérogatives du CHSCT ; la seconde sur celui, plus escarpé (et aux sentiers secondaires plus nombreux et plus sinueux), de l'obligation patronale de sécurité de résultat.

I. Risques psychosociaux et prérogatives du CHSCT

La loi du 17 janvier 2002 a expressément élargi les compétences du comité d'hygiène, de sécurité et des conditions de travail (CHSCT) à la

---

[22] On ne dira rien de plus ici de la notion de harcèlement moral, ou même du régime juridique qui est le sien et dont la Cour de cassation a précisé ces dernières années nombre d'aspects importants. C'est que beaucoup a déjà été dit ailleurs.

[23] Même si aujourd'hui la question centrale semble être celle du stress. Le rapport « Nasse, Légeron » (*précité*) est d'ailleurs centré sur ce risque en particulier (voir page 8 du rapport, les explications des auteurs sur ce choix).

protection de la santé mentale des travailleurs[24]. Compétence nouvelle *en droit* qui pour être mobilisée *en fait* suppose que ceux qui sont en charge de lui donner corps (les élus du personnel) soient (parfaitement) informés et formés[25] sur le sujet et bénéficient – c'est un serpent de mer – de moyens supplémentaires[26]. Le rapport « Nasse, Légeron » de mars 2008 (p. 35) contient plusieurs préconisations en ce sens. Il recommande ainsi, fort pertinemment, d'introduire, éventuellement par voie réglementaire, un module sur la question des risques psychosociaux dans la formation des membres des CHSCT. Il propose également « d'élargir les outils d'alerte existant dans le domaine de la prévention des risques psychosociaux » (et principalement d'étendre le droit d'alerte des membres du CHSCT aux risques graves liés à l'organisation et à l'intensification du travail et à des modes non respectueux de l'individu)[27]. Tout cela va dans le bon sens, même si une plus grande audace (imagination) eut été sans doute possible.

Sur le terrain contentieux, les prérogatives du CHSCT en matière de risques psychosociaux ont été mises en discussion judiciaire sous deux angles : d'abord, sous celui, du droit du CHSCT à être consulté par l'employeur sur certains projets (A.) ; ensuite, sous celui, du droit du CHSCT de recourir à une expertise (B.).

[24] L'article L. 4612-1 du code du travail dispose désormais que le CHSCT a, entre autres, pour mission « de contribuer à la protection de la santé physique et *mentale* et de la sécurité des travailleurs de l'établissement et de ceux mis à sa disposition par une entreprise extérieure ». La loi prévoit également que le CHSCT peut proposer notamment des actions de prévention du harcèlement moral et du harcèlement sexuel (art. L. 4612-3 du Code du travail).

[25] Cela suppose à tout le moins (mais pas seulement) de faire reculer l'idée (l'idéologie ?), largement diffusée (par les directions d'entreprise) et reçue (par nombre d'élus), selon laquelle la souffrance au travail est avant tout le signe d'une faiblesse, d'une défaillance, individuelle, et que ce « problème » relève d'abord, sinon exclusivement, de la responsabilité individuelle du travailleur (et de son psychologue…).

[26] Il ne s'agit pas là de céder à la tentation du « toujours plus de moyens » pour résoudre les difficultés, mais seulement de constater que les (très) faibles moyens dont disposent les élus du CHSCT (situation encore dénoncée dans le Rapport d'information AN sur la pénibilité au travail, n° 910, mai 2008, p. 117) pour accomplir leur mission ne permettent guère d'imaginer un élargissement de leur compétence à moyens constants (sauf à trahir dans les faits ce que l'on proclame dans les textes et à faire de « la montée en puissance » du CHSCT, que les juristes ne cessent d'évoquer, une montée en puissance « virtuelle »).

[27] Le rappel, préconisé par les mêmes auteurs des prérogatives des délégués du personnel (art. L. 2313-2 du Code du travail) semble de moindre portée (même si cela pourrait n'être pas totalement inutile) !

A. Risques psychosociaux et droit d'expertise

Le CHSCT peut recourir à une expertise lorsqu'un risque grave est constaté dans l'établissement ou en cas de projet important modifiant les conditions de santé et de sécurité ou les conditions de travail (art. L. 4614-12 du Code du travail). L'article L. 4614-12 du code du travail n'a pas été modifié par la loi du 17 janvier 2002. Fallait-il en conclure que ce droit d'expertise devait être cantonné dans le champ des risques physiques ? On l'eut fort mal compris[28]. Les juges du fond, à tout le moins, admettent unanimement le recours à l'expertise dans le champ de la souffrance au travail[29].

La procédure d'expertise engagée par le CHSCT est souvent le fruit d'un échec ou du moins d'une impossibilité : celle de s'entendre avec l'employeur, d'initier, de mettre en mouvement une démarche commune, sur la base d'un constat et d'une ambition partagés. Elle se situe donc généralement à un moment conflictuel. Nulle surprise à ce que l'employeur conteste alors l'illégalité du recours à l'expert[30]. C'est surtout le premier « cas d'ouverture » (le risque grave) qui a donné lieu à contentieux en cette matière[31].

---

[28] L'intégration de la notion de santé mentale dans le code du travail ne supposait en réalité nulle modification de l'article L. 4614-12, ce dernier texte se contentant en effet de viser la notion de risque grave. Or la notion de « risque grave » est le décalque, le « négatif », de la notion de santé au travail. Modifier la seconde, c'est nécessairement affecter la première. Et d'ailleurs sauf à « hiérarchiser » les risques (ce que ne fait absolument pas la loi… et sur quelle base établir une telle hiérarchie ?), il n'est pas de raison de traiter différemment, au regard du droit d'expertise, le risque physique et le risque mental.

[29] « Il doit tout d'abord être observé que la jurisprudence a étendu le champ d'application de l'article L. 4614-12 du code du travail en reconnaissant la possibilité pour un CHSCT de recourir à un expert agrée non seulement en cas de risque grave lié à la survenance d'une maladie professionnelle ou la crainte d'un accident du travail, mais encore à la dégradation de la santé mentale des salariés » : TGI Bordeaux (ord. référé), 22 sept. 2008, n° 08/01426, SA Orange France c./ CHSCT du centre clients Organe et renseignements « sud-ouest/Atlantique » de la société Orange France.

[30] Expertise dont il assume par ailleurs la charge (qui peut être lourde) financière !

[31] L'arrêt de la chambre sociale de la Cour de cassation du 28 novembre 2007 (cf. infra) ouvrait en grand la voie à l'expertise du CHSCT en cas de projet important modifiant les conditions de travail. La référence désormais faite (rédaction issue de la recodification entrée en vigueur le 1er mai 2008) dans l'article L. 4614-12 du code du travail aux « conditions de santé » (au lieu et place des « conditions d'hygiène » anciennement visées) conforte cette possibilité.

Ainsi, a-t-il été admis par plusieurs juridictions que le risque grave peut provenir d'une souffrance psychique directement liée à l'environnement professionnel, aux rapports hiérarchiques et à l'organisation du travail[32]. Constatant ainsi que « la situation de tension chronique extrême existant au sein de l'établissement et persistant, en dépit du plan d'action mis en œuvre par la direction », la Cour d'appel de Versailles considère que « cette situation, génératrice de troubles chez plusieurs salariés, constitue un risque grave pour la santé et la sécurité dûment constaté, au sens de l'article L 236-9 du code du travail (...) »[33]. Plus récemment encore, la Cour d'appel de Paris, validait le recours par le CHSCT à un expert sur le fondement d'un risque grave aux motifs qu'il était établi qu'un « climat délétère, un lourd malaise, existant au sein de l'établissement, générait des troubles chez plusieurs salariés »[34]. Il semble encore indifférent que « la souffrance morale ressentie par une part importante du personnel n'ait pas abouti au moment où le juge statue à des situations de désespérances extrêmes et ne s'est pas encore concrétisée par une multiplication des absences et des arrêts de travail pour cause de maladie » [35]. Tout juste évidemment, reviendra-t-il au CHSCT d'apporter la preuve que la situation de souffrance mise en exergue pour justifier le recours à l'expert caractérise bien un « risque grave ». Et les différentes décisions publiées apportent à cet égard de précieuses informations sur les éléments pouvant étayer la demande du comité[36].

Mais le fait pour l'employeur de mettre en place un « groupe pilote » au sein de l'entreprise[37], chargé d'identifier les sources du stress et d'y remédier, fait-il obstacle à la désignation d'un expert agréé par le CHSCT ? C'est, en substance, à cette difficile question qu'a répondu la Cour d'appel

[32] TGI Lyon (réf.) 28 avril 2002, Dr. ouvrier 2003, p. 95 ; TGI Marseille 3 février 1999, Dr. ouvrier 2003, p. 96 ; TGI Limoges (réf.), 20 janv. 2006, Dr. ouvrier 2006, p. 342.

[33] CA Versailles, 14ème ch., 24 nov. 2004, SSL 21 février 2005, n° 1203, p. 10.

[34] CA Paris, 14ème ch. B, 31 mars 2006, SSL 24 avril 2006, n° 1258, p. 13.

[35] TGI Bordeaux (ord. référé), 22 sept. 2008, n° 08/01426, précité.

[36] On constate ainsi, et par exemple, que les constatations (« alarmantes » – l'adjectif n'est pas rare – du médecin du travail sont un élément souvent déterminant. Les rapports de l'inspection du travail sont aussi fréquemment visés.

[37] Sa composition : 11 membres dont 6 de la direction, 2 médecins du travail, 1 infirmière, 3 secrétaires de CHSCT. Faute de consensus, la CRAMIF et l'ARACT ont refusé de participer à ce groupe.

de Paris dans un arrêt du 2 octobre 2008[38]. Décision[39] qui repose sur un double ressort, dont le premier seulement convainc pleinement.

Premier « ressort » donc : il ne saurait suffire à l'employeur de mettre en place un groupe de travail « fantoche » chargé de traiter (d'enterrer) les questions de santé mentale au travail pour empêcher le CHSCT de désigner un expert sur le fondement de l'article L. 4614-12 du code du travail. Or en l'espèce, soulignent les juges parisiens, le groupe pilote mis en place a été constitué « de façon totalement empirique, le panel des salariés devant y participer et les questionnaires établis ayant été élaborés par des personnes non spécialisées et sans efficacité scientifiquement validée ». Ils remarquent encore, « qu'eu égard à la nature du risque identifié, il convient de s'interroger sur la pertinence d'intervention d'un tel groupe interne à l'entreprise ; qu'en effet l'appréhension d'un risque tel que le stress au travail implique nécessairement l'analyse de situations individuelles et doit prendre en compte les facteurs psychologiques par essence subjectifs ; qu'une telle analyse est de nature à mettre en cause telle ou telle attitude de l'employeur et que force est de constater qu'une cellule interne à celle-ci n'est pas forcément la mieux adaptée pour une telle écoute ; que si, certes le groupe pilote garantissait l'anonymat des interventions des salariés, il n'en demeure pas moins qu'une certaine réserve de la part de ceux-ci peut légitimement être à craindre ».

Second ressort : l'on croit comprendre (Pelletier, Sauvegrain, 2008), message délivré *a contrario*, que si le groupe constitué par l'employeur remplit toutes les exigences nécessaires de sérieux, d'indépendance, de compétence et de moyens (financiers…) – qu'il constitue « une structure compétente et fiable » pour reprendre les termes de l'arrêt – sa mise en place[40] fait alors obstacle à la désignation d'un expert par le CHSCT[41].

---

[38] CA Paris, 18e ch., C, 2 oct. 2008, n° 07/08648, CHSCT et a. c./ SA IBM France, jurisData n° 2008-002523, SSL 27 oct. 2008, n° 1372, p. 2.

[39] Voir notre analyse (« Souffrance au travail, initiatives patronales et obstacles au droit d'expertise du CHSCT ») dans le numéro de juin 2009 de la revue *Droit ouvrier*.

[40] Le respect des prérogatives du CHSCT suppose *a minima* qu'il soit consulté sur la mise en place de ce groupe (sa composition, ses missions), ses modalités de fonctionnement, les moyens qui lui sont dévolus. Au-delà, il semble fort opportun que les élus du CHSCT soient associés au fonctionnement du groupe, qu'ils en soient une composante à part entière. Notons encore que la consultation par l'employeur de ce groupe de pilotage, sur tel ou tel de ces projets, ne saurait se substituer (sous peine d'entrave) à la consultation obligatoire du CHSCT.

Position fort critiquable (Adam, 2009) qui vide d'une certaine manière le droit du CHSCT à une « information autonome lui permettant de forger sa conviction au vu des éléments qu'il estime pertinents » (art. L. 4614-12du Code du travail) ; droit pourtant posé par les juges parisiens au frontispice de leur décision. D'autres décisions s'écartent heureusement de cette ligne et affirment sans retenue que « le droit au recours à une expertise n'étant pas subordonné à la preuve de l'impossibilité de trouver au sein de l'entreprise les personnes ou services susceptibles d'apporter les réponses aux préoccupations au CHSCT, *toutes les discutions relativement à la politique de l'employeur quant à l'étude ou l'analyse des risques dans l'entreprise sont hors débats*[42] ». Position qui fait écho à celle adoptée au début des années 1990 par la chambre sociale elle-même[43].

Loin d'entraver ou de freiner les initiatives patronales, cette dernière position ne peut qu'inciter, qu'encourager, les directions d'entreprises à s'engager dans des démarches de prévention des risques psychosociaux, concertées avec les élus (et les organisations syndicales) – concertation indispensable à la réussite même de la démarche –, structurées, dotées de réels moyens d'analyse, d'expertise et d'action.

B. Risques psychosociaux et consultation du CHSCT

Le CHSCT doit être consulté sur tout projet « d'aménagement important modifiant les conditions de santé et de sécurité ou les conditions de travail (…) » (art. L. 4612-8 du Code du travail). La formule, retouchée lors de la recodification entrée en vigueur le 1er mai 2008[44], englobe évidemment les projets de nature à impacter la santé mentale des salariés. Un arrêt (*Groupe Mornay*) rendu par la chambre sociale de la Cour de cassation le 28 novembre 2007 en a fournit une belle, et fort commentée, illustration (Adam, 2008). La question qui s'y voyait posée était la suivante : l'employeur doit-il procéder à la consultation du CHSCT sur un projet d'évaluation du personnel au moyen d'entretiens annuels ? La Cour d'appel de Paris[45] devait

---

[41] Mais si le groupe fonctionne parfaitement et est doté de sérieuses capacités d'expertise, on ne voit guère quel intérêt le CHSCT pourrita avoir à désigner son propre expert.

[42] C'est nous qui soulignons.

[43] Cass. soc. 23 janv. 1992, précité.

[44] L'ancienne formule visait les projets « d'aménagement important modifiant les conditions d'hygiène et de sécurité (…) ».

[45] CA Paris, 3 nov. 2006, *Dr. Ouv*. 2007, p. 339, note L. Péru-Pirotte ; *SSL* 2006, n° 1283, p. 13, note F.C.

apporter à cette question une réponse positive. Pour les juges d'appel, la consultation du CHSCT s'imposait dès lors que « les évaluations annuelles devaient permettre une meilleure cohérence entre les décisions salariales et l'accomplissement des objectifs, qu'elles pouvaient avoir une incidence sur le comportement des salariés, leur évolution de carrière et leur rémunération et que les modalités et les enjeux de l'entretien étaient manifestement de nature à générer une pression psychologique entraînant des répercussions sur les conditions de travail »[46]. Position que va confirmer la haute juridiction. La décision est importante d'abord parce qu'elle soumet à consultation du CHSCT une pratique de gestion[47] fort répandue. Elle l'est encore et surtout parce qu'elle laisse entrevoir une considérable extension des cas où le CHSCT devra être consulté par l'employeur et participe sans doute de cette « montée en puissance » de l'institution dont certains ont pu faire le diagnostic (Verkindt, 2007 ; Béal, Ferreira, Rault, 2007). C'est qu'au-delà de l'entretien d'évaluation, bien d'autres pratiques de gestion ou décisions patronales, qui semblaient il y a peu de temps encore devoir lui échapper, paraissent de nature à porter atteinte à la santé mentale des salariés. Et l'on songe d'abord (mais pas seulement) aux décisions patronales[48] relatives à la durée du travail et/ou à l'aménagement du temps de travail.... Déjà, il a pu être jugé que la mise en place de certains codes de conduite devait être soumise à la consultation du CHSCT, leur « application pouvant inférer sur la santé mentale du personnel »[49] ou « être de nature à engendrer des phénomènes de stress et de harcèlement pour les salariés concernés par des dénonciations anonymes »[50].

[46] Ces mots sont ceux de la Cour de cassation qui reprend et synthétise les constatations de la Cour d'appel.

[47] Certes, il apparaît à la lecture de la décision, que la mise en place d'entretiens d'évaluation n'impose pas, en soi, de façon systématique, la consultation du CHSCT. Seuls certains types d'entretien, ceux de nature à engendrer une pression psychologique, devront être soumis pour avis aux élus du CHSCT. Mais gageons qu'en pratique, bien peu y échappent.

[48] La dénonciation (ou la conclusion !) d'un accord collectif par exemple.

[49] TGI Nanterre (réf), 6 oct. 2004, *Dr. ouvrier*, 2005, p. 219, note F. Saramito ; *SSL* suppl. 4 juin 2004, n° 1310, p. 50.

[50] TGI Nanterre (réf.), 27 déc. 2006, n° 06/03071 (modification d'un guide de conduite des affaires imposant aux salariés diverses obligations relatives à l'éthique de travail du groupe et d'un questionnaire annuel ayant pour objet de vérifier que le salarié a bien respecté, sous peine de sanctions disciplinaires, ses obligations).

II. Risques psychosociaux et obligation patronale de sécurité de résultat

« L'employeur est tenu, à l'égard de son personnel, d'une obligation de sécurité de résultat qui lui impose de prendre les mesures nécessaires pour assurer la sécurité et protéger la santé des travailleurs »[51]. La formule jurisprudentielle « double » l'énoncé légal : « l'employeur prend les mesures nécessaires pour assurer la sécurité et protéger la santé physique et mentale des travailleurs » (art. L. 4121-1 du Code du travail). Déjà consacrée par la chambre sociale de la Cour de cassation en matière de harcèlement moral[52], l'obligation patronale de sécurité de résultat a vocation, sans doute aucun, à couvrir l'ensemble du champ – qui déborde de beaucoup les seuls agissements harcelants – des « risques psychosociaux »[53]. L'ANI du 2 juillet 2008 sur le stress au travail ne s'écarte pas de cette ligne. Il précise (point 4) que « dès qu'un problème de stress au travail est identifié, une action doit être entreprise pour le prévenir, l'éliminer ou à défaut le réduire[54]. La responsabilité de déterminer les mesures appropriées incombe à l'employeur[55] ».

Cette obligation de sécurité donne lieu, en ce domaine, à différents types de contentieux, qui tous, à leur manière, mettent en débat la question de la (des) responsabilité(s). Le premier (aux multiples facettes) se développe

[51] Cass. soc. 5 mars 2008, n° 06-45.888 ; voir les articles de P. Bailly et P.-Y. Verkindt, *Semaine sociale Lamy*, n° 1346, pp. 6 et s.

[52] Cass. soc. 21 juin 2006, n° 05-43919, SSL, n° 1218, p. 10 ; Cass. soc. 21 février 2007, n° 05-41741 ; C. app. Montpellier, 24 janvier 2007, 06/03872 ; C. app. Chambéry, 28 juin 2007, 06/01629 ; C. app. Toulouse, 23 août 2007, 06/00293 ; C. app. Chambéry, 13 sept. 2007, 06/02197.

[53] Le rapport du Parlement européen sur la santé mentale (2009) souligne que les employeurs devraient « publier un rapport annuel sur la politique et les actions qu'ils mènent en faveur de la santé mentale de leurs salariés tout comme ils le font pour la santé physique et la sécurité sur le lieu de travail ». Il encourage également les employeurs à adopter, dans le cadre de leurs stratégies en matière de santé et de sécurité au travail, « des programmes promouvant la santé psychique et mentale des travailleurs, à proposer un service d'aide confidentielle et non stigmatisante, et à mettre en place une politique de lutte contre le harcèlement ».

[54] « La lutte contre les causes et les conséquences du stress au travail peut être menée dans le cadre d'une procédure globale d'évaluation des risques, par une politique distincte en matière de stress et/ou par des mesures spécifiques visant les facteurs de stress identifiés. Les mesures sont mises en œuvre, sous la responsabilité de l'employeur, avec la participation et la collaboration des travailleurs et/ou de leurs représentants » (ANI du 2 juillet 2008 sur le stress au travail, point 5).

[55] Le même texte souligne que « les institutions représentatives du personnel, et à défaut les travailleurs, sont associées à la mise en œuvre de ces mesures ».

devant la juridiction prud'homale dans l'ombre de celui du harcèlement moral (A.) ; le second, collectif, s'inscrit dans la voie ouverte par l'arrêt *Snecma* rendu par la chambre sociale de la Cour de cassation le 5 mars 2008 (B.). Mais chacun de ces contentieux met à l'épreuve, à rude épreuve l'obligation de sécurité de résultat qui pèse sur l'employeur (C.).

A. Figures du contentieux prud'homal

Devant la juridiction prud'homale le risque psychosocial prend (aujourd'hui encore) souvent le visage du harcèlement moral[56]. Mais pas – plus – seulement ! Dans l'ombre des affaires de harcèlement moral se dessine, timidement, un autre contentieux. Ainsi dans différents cas, les juges du fond saisis par un salarié en souffrance condamnent-ils l'employeur à réparer le (les) préjudice(s) attaché(s) au dommage (psychologique le plus souvent) subi par le demandeur, et/ou à assumer la « responsabilité » de la rupture du contrat de travail déjà consommée (en lui imputant la responsabilité d'une rupture dont le salarié a pris l'initiative, en déclarant illégitime le licenciement motivé par l'inaptitude du salarié…) ou non (en prononçant la résiliation judicaire du contrat au tort de l'employeur). C'est le cas lorsque la souffrance dont se plaint le salarié peut être rattachée à un comportement fautif de l'employeur (sans que ce dernier ne puisse cependant être qualifié de harcèlement), à des dysfonctionnements de l'entreprise ou à des conditions de travail « anormales »[57] (surcharge de travail liée à la désorganisation des services, difficultés relationnelles, conflits interindividuels, que l'employeur a laissé se développer…). D'abord rendues sur le fondement de l'article 1134 alinéa 3 du code civil[58], ces décisions se réfèrent de plus en plus à l'article L. 4121-1 du code du travail et à l'obligation de sécurité de résultat qui pèse sur l'employeur. La souffrance au travail prend ainsi devant le juge du contrat de travail d'autres traits que ceux du harcèlement…. Un arrêt rendu par la Cour d'appel de Versailles le 15 janvier 2008 en fournit une belle et récente illustration[59]. Soulignant que « toutes les pathologies de surcharges professionnelles ne se

[56] *Le harcèlement moral : cinq ans après la loi de modernisation sociale*, Semaine sociale Lamy, 9 juillet 2007, suppl. n° 1315.
[57] CA Orléans, 28 oct. 2008, n° 08/01586 (les juges relèvent que « plusieurs points sont à souligner qui stigmatisent le caractère anormal des relations entre la salarié et son employeur).
[58] P. Adam, note sous CA Paris, 17 mai 2005, *Droit ouvrier*, 2006, p. 32.
[59] L. Lerouge, *note précitée*, p. 485.

réduisent pas à l'hypothèse du harcèlement »[60], les juges versaillais donnent clairement à voir que la catégorie harcèlement moral n'est pas un passage obligé pour indemniser le salarié en souffrance (en l'espèce, existence d'un état d'épuisement professionnel avec décompression sur le mode anxio-dépressif). C'est en effet directement, dans cette affaire, sur le fondement de l'article L. 230-2 du code du travail (devenu L. 4121-1) que la responsabilité de l'employeur sera engagée.

L'obligation de sécurité de résultat qui pèse sur l'employeur est parfois mobilisée dans le contentieux sous un tout autre angle. Celui qui s'en prévaut n'est plus alors le salarié (prétendant que l'employeur à son obligation), mais l'employeur lui-même se « réfugiant » derrière son obligation pour justifier la sanction prononcée à l'encontre d'un de ses salariés. C'était ainsi le cas dans l'affaire jugée le 8 octobre 2007 par la Cour d'appel de Grenoble (Adam, 2008). Sollicitant l'infirmation du jugement prud'homal ayant annulé la sanction (un blâme) qu'il avait prononcée à l'encontre de la chef du pôle des ressources de la direction régionale de l'entreprise pour « comportement managérial ayant entraîné de la souffrance au travail (...) »[61], l'employeur invoquait, pour légitimer sa réaction disciplinaire, « une impérieuse nécessité de prévenir une situation potentiellement dangereuse » et l'obligation de sécurité de résultat qui pesait sur lui. Sans succès. De cette décision, un enseignement peut être tiré : l'employeur tenu d'une obligation de sécurité de résultat doit agir, réagir lorsque une souffrance se manifeste dans l'entreprise, mais il doit le faire avec prudence et sans précipitation. Les griefs invoqués à l'appui d'une sanction ne peuvent se limiter à des généralités ou à l'expression d'un ressentiment ou d'un mal être exprimé anonymement par le personnel. Moins encore lorsque le contexte du service qui est dirigé par la salariée sanctionnée est délicat. Il revient alors à l'employeur de « démontrer

[60] CA Versailles, 15 janvier 2008, *Droit ouvrier*, 2008, p. 485, note L. Lerouge.

[61] L'employeur le dit clairement : il ne reproche à la salariée sanctionnée nul acte de harcèlement moral, nulle intention de nuire à ses subordonnés. Ce qu'il lui impute à faute ce sont des maladresses, des erreurs, de management ayant entraîné de la souffrance au travail Irrésistible attraction (séduction) de la notion de harcèlement moral, l'employeur vise tout de même dans ses conclusions l'article L. 230-2 du code du travail (devenu L. 4121-1), mais aussi les articles L. 122-49 et 51 du Code du travail (devenus, respectivement, L. 1152-1 et L. 1152-4).

l'existence de faits précis et circonstanciés de comportement managérial fautif, maladroit ou inapproprié au contexte »[62].

Et si l'on tire les fils de cette dernière affaire (ce qui nous conduit au-delà de ce qui y a été expressément jugé), l'on ne peut manquer d'y lire (en germe tout du moins) la tentation souvent forte (fruit pour une large part d'une certaine représentation idéologique de la question de la souffrance mentale au travail), de nombre d'employeurs d'identifier un (unique) responsable (chef d'un service, supérieur hiérarchique...) des souffrances constatées et, en guise de remède, de le sanctionner (*« le raccourci de l'explication par la personnalité »* (Salher, 2007)). Réaction, qui, si elle n'est accompagnée d'aucune autre mesure, sera bien souvent stérile, inefficace, sur le terrain de la prévention. C'est que faisant fi de la multiplicité des facteurs de risques psychosociaux (et de leur inévitable interaction), occultant les tensions[63] multiples (et plus justement leur dérèglement) qui peuvent générer de la souffrance mentale au travail[64], remisant dans l'ombre la complexité inhérente à l'analyse du trouble psychosocial pour une approche unifactorielle manifestement inappropriée, le prononcé d'une sanction à l'encontre d'un individu – d'une victime expiatoire – à qui est imputée la dégradation des relations de travail ne peut guère prétendre, à lui seul, guérir une organisation malade et protéger les salariés en souffrance. Il en faudra plus, beaucoup plus, pour que l'employeur puisse sérieusement prétendre avoir engagé une action de prévention du risque psychosocial dans son entreprise.

B. Le contentieux collectif de la santé mentale

L'arrêt *Snecma* rendu par la Cour de cassation le 5 mars 2008[65] aura marqué, à juste titre, les esprits (Verkindt, 2008 ; Héas, 2008 ; Lhernould 2008). La haute juridiction y affirme en effet que l'obligation de sécurité de résultat qui pèse sur l'employeur lui interdit, dans l'exercice de son pouvoir

---

[62] Encore convient-il de distinguer les pratiques de management fautives de celles qui ne font que traduire l'incompétence de celui qui en est responsable. Seul le manager fautif peut, en principe, être sanctionné.

[63] Sur cette importante notion de « tension » V. Sahler, (2007).

[64] Dans l'affaire ici commentée, le rapport d'expert pointait d'ailleurs six facteurs ayant été à l'origine de la souffrance au travail constatée (culture organisationnelle qui passe sous silence ce type de problème ou ne le reconnaît pas, un changement soudain d'organisation du travail, de mauvais rapports entre le personnel et la hiérarchie...).

[65] Cass. soc. 5 mars 2008, n° 06-45.888.

de direction, de prendre des mesures qui auraient pour objet ou pour effet de compromettre la santé des salariés, le juge pouvant suspendre la mise en œuvre de toute organisation pathogène. Désormais « une organisation du travail doit être regardée à la loupe en vue d'éviter les risques ou, quand ce n'est pas possible, de les réduire autant que faire ce peut. Et cet examen des risques vise aussi bien les menaces sur la santé physique que mentale »[66]. Certes, mais sur ce dernier versant, les choses pourraient ne pas être simples. C'est « qu'on ne peut pas préalablement, sauf exceptions, définir un milieu professionnel, une politique de gestion des ressources humaines, comme générant automatiquement du stress ou juger que telle transformation d'organisation sera pathogène »[67]. L'énoncé jurisprudentiel semble, de ce point de vue, se « briser » sur la nature particulière du risque psychosocial. Encore faut-il évidemment réserver les cas, il en est, où la dangerosité du projet pourra être établi avant même qu'il ne soit mis en œuvre !

Le jugement rendu par le Tribunal de grande instance de Nanterre le 5 septembre 2008 nous en fournit un exemple remarquable (Adam, 2008). Dans cette affaire, aux multiples ressorts (les questions qui s'y voient posées ne se limitent pas à la seule question des risques psychosociaux), les élus du personnel (comité d'entreprise, CHSCT) et les organisations syndicales s'opposaient à la mise en place d'un système d'évaluation du personnel et ont saisi la juridiction civile d'une demande d'annulation de ce système au motif, entre autres, qu'il était de nature à porter atteinte à la santé mentale des salariés. Il faut dire que le rapport d'expertise commandé par le CHSCT avait souligné en l'espèce que certaines des graves insuffisances du projet patronal pouvaient générer du stress (l'évaluation des salariés sur la base de « comportements professionnels » ; la variabilité des objectifs ; le déroulement de l'entretien annuel ; le risque d'une « subjectivité malveillante » du manager en l'absence de garde-fous ; la déconnexion du travail « réel » des critères d'évaluation en raison de l'uniformisation de l'outil d'évaluation au niveau du groupe) et que l'évaluation comportementale en ce qu'elle « *va se traduire par un élargissement de la prescription (...) venant du manager et par une réduction des marges de manœuvre du salarié dans son travail* (...) *paraît aller à l'encontre de la préservation de sa santé* ». Sans doute ces observations ont-elles fortement pesé sur la décision des juges, qui reprennent dans leur motif la position des

[66] M. Hautefort, note sous Cass. soc. 5 mars 2008, *JSL* 14 avril 2008, n° 231, p. 11.
[67] *Ibid.*

demandeurs : « la notation sur des critères aussi vagues ne peut avoir qu'un impact sur les conditions de travail dont l'importance est établie par le fait que l'évaluation a de nécessaires conséquences sur leur rémunération ». Et d'ajouter, en une cinglante formule, que « la multiplication de critères comportementaux détachés de toute effectivité du travail accompli implique la multiplication de performances à atteindre qui ne sont pas dénuées d'équivoques et peuvent placer les salariés dans une insécurité préjudiciable. Insécurité renforcée par l'absence de lisibilité pour l'avenir de l'introduction de nouveaux critères d'appréciation des salariés ce qui est préjudiciable à leur santé mentale ». Décision qui mérite d'être approuvée (Adam, 2008).

Dans le sillon tracé par le jurisprudence *Snecma*, les juges nanterrois montrent la voie : celle du recours judiciaire pour obtenir l'annulation, ou du moins la suspension, d'un projet patronal de nature à porter atteinte à la santé mentale des salariés… sous réserve seulement (mais cela peut n'être pas facile ; cf. *infra*, C.) de pouvoir rapporter la preuve de ce risque.

Mais pourra-on également s'y engager avec hardiesse lorsqu'il s'agira, non pas de s'opposer à un projet qui n'est pas encore mis en œuvre, mais à une organisation du travail ou à un type de fonctionnement ou de management qui crée de la souffrance au travail ? Trop souvent encore, l'employeur, alerté des problèmes de souffrance dans son entreprise, reste passif, niant les problèmes soulevés (ou les renvoyant à des difficultés ou à des défaillances personnelles), alors même qu'un rapport d'expertise commandé par le CHSCT les mettrait en évidence, et/ou que le médecin du travail attesterait de leur réalité. Au mieux accepte-t-il de prendre quelques mesures (souvent de type individuel et psychologique pour mieux armer, par exemple, les individus face au stress) censées apaiser les esprits. Mesures (de la micro-sieste aux séances de yoga, des séminaires de gestion du stress à l'apprentissage de techniques de respiration….) qui s'inscrivent la plupart du temps dans une perspective de prévention secondaire ou tertiaire. Or, si elles ont leur utilité, elles ne dispensent pas l'employeur d'engager une réflexion (et une action) sur le terrain de la prévention primaire, comme la loi l'oblige à le faire (art. L. 4121-2 du Code du travail). Face à l'inertie patronale, le CHSCT n'a-t-il d'autre solution[68] que de ranger dans un tiroir le rapport

[68] Face à la passivité de l'employeur, l'administration du travail peut être un recours. Le directeur départemental du travail, de l'emploi et de la formation professionnelle, sur le rapport de l'inspecteur du travail constatant une situation dangereuse (liée par exemple au non respect des principes généraux de prévention prévus par les articles L. 4121-1 et suivants du

d'expertise (pointant des défaillances de l'organisation), condamné à attendre une malheureuse occasion (un accident, une tentative de suicide….) pour l'en ressortir ?

Sans doute pas. En effet, si une organisation du travail, un mode de mangement, un environnement professionnel génère de la souffrance, le juge civil est en droit, si la demande lui en est faite, d'imposer, sous astreinte, à l'employeur de mettre fin à la situation pathogène (comment ? En élaborant, par exemple, un plan de prévention….). Le juge des référés semble même compétent pour connaître d'une telle demande (au titre du dommage imminent ou du trouble manifestement illicite). Sur le plan procédural, cette demande devrait également pouvoir s'inscrire dans le cadre de la procédure spéciale mise en place par l'article L. 2213-2 du code du travail (droit d'alerte des délégués du personnel). Parions qu'à l'avenir se type d'action va se développer…. Ces solutions ne sont que la conséquence logique de la primauté[69] – incontestable – désormais conférée au droit fondamental à la santé (et de l'obligation de sécurité de résultat qui lui fait écho).

C. L'obligation de sécurité de résultats : un contenu à définir

Dire que l'employeur est tenu, même dans le champ de la santé mentale, d'une obligation de sécurité de résultat, ne peut suffire. L'affirmation ouvre même sur un abîme de perplexité, si l'on entend signifier pas là que l'employeur est responsable (sous réserve de la force majeure) de tous les troubles psychiques *en lien* avec l'exercice de l'activité professionnelle[70], peu importe qu'aucune faute ne puisse lui être imputée.

code du travail), peut mettre en demeure l'employeur de prendre toutes les mesures nécessaires pour y remédier (C. trav., art. L. 4721-1). Ainsi, le directeur départemental du travail (DDT) a-t-il mis en demeure la direction d'IBM à La Gaude (Alpes-Maritimes) de réaliser une évaluation des risques professionnels de souffrance mentale existant dans l'établissement ». Et le DDT de demander encore l'élaboration d'un programme d'actions (« Le "moule IBM" inflige des souffrances au travail », *Le monde*, édition du 25 oct. 2007).

[69] P.-Y. Verkindt (2008) souligne que « le pouvoir de l'employeur est clairement surplombé par un principe supérieur (la protection de la santé) ».

[70] Ce qui suppose de repérer dans le travail, dans son environnement, son organisation, ses modalités d'exécution, les causes des souffrances constatées.

D'abord parce que ce rattachement à l'activité professionnelle peut n'être pas évident[71]. On ne saurait en effet exclure que les troubles dépressifs dont se plaint le salarié s'enracinent dans de multiples causes (chacune entrant « en résonance » avec les autres), professionnelles pour les unes, personnelles pour les autres[72] ? Faut-il exiger pour que l'employeur soit tenu de répondre, d'une manière ou d'une autre, de cette altération de la santé mentale du salarié que les conditions de travail en soient la cause essentielle et déterminante[73] (causalité efficiente) ? Si oui, comment procéder à cette évaluation, est-elle même seulement possible ? On peut en douter. Peut-on au contraire se contenter, pour retenir la « responsabilité » de l'employeur, de constater que ces conditions de travail ont été une des causes ayant produit, avec d'autres, le dommage ? On sait que la théorie de l'équivalence des conditions n'est guère adaptée ou opportune dès lors que l'on sort de la responsabilité pour faute prouvée. Peut-être alors faudrait-il s'inspirer de la théorie de la causalité adéquate... Il n'est pas certain cependant qu'elle soit en ce domaine, ou l'écheveau des causes est inextricable, plus appropriée que les deux autres...

Et puis, quand bien même le lien entre la souffrance du salarié et l'exercice de son activité professionnelle pourrait être établi avec certitude et, disons, de manière exclusive, une autre difficulté surgirait liée à la nature même des (de certains) risques psychosociaux. A l'inverse du harcèlement moral où la personnalité de la victime n'est pas impliquée dans le processus harcelant (Adam, 2008) – qui se constitue, se réalise, « objectivement », en dehors d'elle (à l'instar du risque physique, le risque harcèlement moral est pour ainsi dire indifférent à la singularité de la personne qui y est exposée et à la représentation qu'elle se fait de la situation de travail[74]) –, les autres

---

[71] Déjà, le rapport « Nasse-Légeron » (p. 8) avait souligné que si les violences, les agissements harcelants ou le stress post traumatique ne posent guère de problème quant à l'identification de leur(s) cause(s) – et donc quant à l'imputation des responsabilités –, il n'en va pas de même pour d'autres risques psychosociaux où « le consensus dans l'identification des causes fait singulièrement défaut pour les troubles liés au stress et à leurs possibles conséquences anxieuses ou dépressives ».

[72] Rapport « Bressol », p. 67 : « Au travail comme dans la vie privée, on observe une imbrication des souffrances, que celles-ci soient d'ordre psychique ou mental » ; *Stress et risques psychosociaux : concepts et prévention*, Documents pour le médecin du travail, n° 106, 2ème trimestre 2006, p. 169.

[73] Suivant l'inspiration du 4ème alinéa l'article L. 461-1 du Code de la sécurité sociale relatif à la reconnaissance « hors tableaux » d'une maladie professionnelle !

[74] Avoir le sentiment qu'on est harcelé ne signifie pas qu'on l'est réellement !

risques psychosociaux (l'on pense, disons-le, avant tout au stress) apparaissent foncièrement emprunts de « subjectivité » (Salher, 2007). C'est qu'entre la souffrance du salarié et l'organisation de travail s'intercale la représentation mentale que le premier se fait de la seconde (de ses contraintes...) et les attentes, besoins (reconnaissance...) ou motivations propres à chacun. L'appréhension psychique d'une même situation peut être fort différente selon les individus (et pour le même individu, selon les moments de sa vie (Salher, 2007)[75]) qui s'y voient confrontés. Insupportable pour les uns, la situation peut être motivante pour les autres[76]... Dès lors comment reprocher à l'employeur tel ou tel comportement ayant fait souffrir Pierre alors qu'il aura dans le même temps contribué à épanouir Jacques ? Cette intrusion de l'individualité complique tout et « parasite » largement la logique juridique de la responsabilité. Sur le terrain de la prévention, les meilleurs spécialistes soulignent que le caractère probabiliste du risque psychosocial orientera davantage sur « une prévention plus globale et donc nettement plus stratégique » (Salher, 2007). Mais dans le champ judiciaire, devant le juge prud'homal, l'approche sera nécessairement individuelle.... Est-il ainsi soutenable de prétendre que l'employeur doit être tenu, d'une manière ou d'une autre, pour responsable de toutes les souffrances qui trouvent leur origine dans l'exercice du travail ou dans son environnement ? Doit-on lui faire reproche (en considérant le contrat rompu à ses torts, ou en accordant une indemnisation au salarié) d'une sanction, justifiée, régulièrement prononcée, sans abus (aucun caractère vexatoire), mais à l'origine d'une dépression du salarié qui l'a mal acceptée et mal vécue ? Faudra-t-il également lui faire grief de la souffrance éprouvée par le salarié qui ne se sera jamais adaptée à des méthodes de travail qu'il juge inefficace ou dépassée, alors même qu'aucun salarié n'a jamais trouvé motif à s'en plaindre ? Dans tous ces cas, la dégradation de la santé du salarié est bien *en lien* avec l'exercice de son activité professionnelle...

---

[75] Sur l'importance de l'âge : Mardon C., Volkoff V., (2008), « Les salariés âgés face au travail sous pression », *Connaissance de l'emploi*, Cee, n° 52, mars 2008 ; l'ANI du 2 juillet, souligne également (point 3) que « différents individus peuvent réagir de manière différente à des situations similaires et un même individu peut, à différents moment de sa vie, réagir différemment à des situations similaires ».

[76] Sahler, (2007) : « l'infinie variété des « sujets », que ce soit par leurs caractéristiques physiques, psychologiques, sociales, leur histoire, leurs projets et l'interaction à chaque fois différente dans un contexte collectif de travail nouveau, fait qu'il est quasiment impossible de prévoir comment un sujet donné réagira face à une situation de tension au travail ».

Comment trancher alors d'éventuels conflits devant la juridiction prud'homale ? On ne voit guère, à ce moment, qu'une seule issue : « dédouaner » l'employeur lorsque la souffrance du salarié trouve son origine non dans le travail lui-même (dans ses anomalies ou ses dérèglements) mais dans la représentation (mentale) qu'il s'en est fait. Mais l'on objectera alors que le travail n'existe qu'au travers les représentations que l'on s'en fait et que le problème n'est en réalité que déplacé (et encore…). Dans cette dernière perspective, il est, à notre sens, une seule façon de sortir de l'ornière : prendre comme référence la représentation qu'un « salarié moyen » (ce qui n'interdit pas, pour définir les traits du modèle, de tenir compte de certaines caractéristiques personnelles du salarié en souffrance : âge…) se serait fait dans cette situation. Au final, une telle méthode devrait conduire à n'imputer à l'employeur que la responsabilité des souffrances en lien avec un travail « anormal » ou s'accomplissant dans des conditions anormales (entendez qu'un salarié moyen aurait jugé comme telle)[77]. On dira alors (et le modèle de la responsabilité délictuelle du fait de la chose de venir immédiatement à l'esprit) que seul le travail anormal joue un rôle causal dans la production du dommage. Reste que faute de liste officielle recensant ces formes pathogènes de travail, il appartiendra aux juges, espèce par espèce, d'en préciser les contours…

Devant le juge civil, le contentieux ne se pose plus sous l'angle principal de la responsabilité mais sous celui de la prévention[78]. Il s'agit de prévenir un risque avant que d'en imputer la responsabilité à tel ou tel. Ce contentieux va généralement reposer (comme pour le droit d'expertise du CHSCT) sur l'expression d'une souffrance ou d'un malaise collectif (au sens où plusieurs salariés s'en plaignent), donc sur une représentation (plus ou moins largement) partagée d'une certaine situation de travail. Cette représentation partagée (du moins si elle l'est par « suffisamment » de salariés), qui éloigne du spectre d'une représentation individuelle tronquée[79], devrait suffire à convaincre le juge à légitimer le recours du CHSCT à

[77] Et le modèle de la responsabilité du fait de la chose (article 1384 al. 1 du code civil) de venir immédiatement à l'esprit. La mise au jour d'un « travail anormal » établirait le « rôle causal » joué par l'activité professionnelle dans la production du dommage.

[78] Ce n'est pas dire là évidemment qu'il n'existe pas de lien entre ces deux aspects. L'obligation de sécurité de résultat a en effet été « logée » par les juges au cœur de l'obligation de prévention pour assurer l'effectivité du droit des salariés à la protection de leur santé (cette obligation se veut « avant tout incitative à la prévention » (Sargos, 2003).

[79] D'une certaine manière la pluralité (significative) de représentations identiques garantirait leur « objectivité ».

l'expertise ou à enjoindre à l'employeur de prendre en compte les souffrances exprimées et d'agir pour y apporter une ou des réponses. Lorsque le projet patronal contesté n'est pas encore mis en place et en œuvre, c'est au regard d'un salarié moyen (dont les contours devraient être calqués sur les principales caractéristiques de la population concernée) qui devra servir de référence à l'appréciation du juge pour déterminer si le projet de l'employeur présente ou non, *a priori*[80], des risques pour la santé mentale des travailleurs.

Un océan de souffrance…. Les juristes français du travail commencent seulement à l'explorer, au gré de vents (politiques, syndicaux…) porteurs et d'un contentieux naissant dont cette étude n'a eu d'autre ambition que de faire ressortir les traits saillants. Bien d'autres questions que celles ici soulevées (l'écume des vagues ?) se posent, bien d'autres pistes peuvent être explorées (celles ici suivies méritant d'ailleurs sans doute des approfondissements plus conséquents), bien d'autres réponses apportées. Le voyage sera, à n'en pas douter, long et difficile…. Seul le cap est connu : protéger encore, toujours, pour le plus grand bénéfice de tous, la santé des salariés !

---

[80] On ne saurait évidemment exclure que la dangerosité du projet ne se révèle qu'une fois le projet mis en œuvre.

BIBILOGRAPHIE

ADAM P., (2009), « Souffrance au travail, initiatives patronales et obstacles au droit d'expertise du CHSCT », *Dr. ouv.*, juin 2009

ADAM P., (2008), « Évaluation (illicite) des salariés et action collective », *Dr. ouv.*, déc., p. 585

ADAM P., (2008), « La chambre sociale de la Cour de cassation exerce son contrôle sur la qualification de harcèlement moral : un revirement, pourquoi pas, pourquoi faire ? », *Dr. ouv.*, nov., p. 545

ADAM P., (2008), « Harcèlement moral », *Rep. trav. Dalloz*, oct.

ADAM P., (2008), « L'obligation de sécurité de résultat ne s'épuise pas dans la sanction disciplinaire », *SSL*, 13 mai, n° 1353, p. 11

ADAM P., (2008), « La prise en compte des risques psychosociaux par le droit du travail », *Dr. ouv.*, juin, p. 315

ADAM P., (2007), « Petite balade dans le « contentieux prud'homal » du harcèlement moral », in *Le harcèlement moral, cinq ans après la loi de modernisation sociale*, *SSL*, 9 juillet, suppl. n° 1315

ADAM P., (2006), « Harcèlement moral : une notion en voie de clarification », *RDT*, juin, p. 10

BADEL M., (2006), « Souffrance au travail et risque professionnel », RD sanit. soc., p. 918

BÉAL S., FERREIRA A., RAULT O., (2007), « Le comité d'hygiène, de sécurité et des conditions de travail : une instance en devenir », *JSL*, 4 sept., n° 217, p. 9

BONNECHÈRE M., (1994), « Le corps laborieux : réflexion sur la place du corps humain dans le contrat de travail », *Dr. ouv.*, p. 173

BRESSOL E., (2004), *Organisation du travail et nouveaux risques pour la santé des salariés*, Avis et rapports du Conseil économique et social, 131 p.

DESRIAUX F., (2003), « Quand le travail perd la tête », *Santé et travail*, n° 44, juill., p. 21

GINON A.-S, GUIOMARD F., (2008), « Le suicide peut-il constituer un risque professionnel », *Dr. ouv.*, juillet, p. 367

HÉAS F., (2008), « Organisation collective du travail et sécurité des salariés », *Dr. ouv.*, août, p. 424

JULLIOT S., (2008), « Approche juridique », *in Les risques psychosociaux au travail*, éd. Liaisons, p. 65.

LHERNOULD J.-P., (2008), « Obligation de sécurité de résultat : des arrêts amiante à l'arrêt Snecma, brève chronique jurisprudentielle d'un univers en expansion », *JSL*, 1er sept., n° 239, p. 6

LEROUGE L., (2008), « Le stress au travail, objet d'un ANI », *SSL*, 8 sept., p. 2

LEROUGE L., (2007), « Le renouvellement de la définition de l'accident du travail », *RDSS*, p. 696

LEROUGE L., (2005), *La reconnaissance d'un droit à la protection de la santé mentale au travail*, LGDJ, coll. Bibliothèque de droit social, T. 40, 427 p.

MAGGI-GERMAIN N., (2003), « Le stress au travail », *RJS*, mars, p. 191

MAGGI-GERMAIN N., (2002), « Travail et santé : le point de vue d'une juriste », *Dr. soc.*, p. 486

NASSE PH., LÉGERON P., (2008), *Rapport sur la détermination, la mesure et le suivi des risques psychosociaux au travail*, Rapport remis au Ministre du travail, des relations sociales et de la solidarité, La documentation française

PELLETIER F., SAUVEGRAIN I., (2008) « Le stress au travail : comment négocier un accord d'entreprise », *JCP S*, n° 48, 1611

TZAMPAZI E. (Rapporteure) (2009), Rapport sur la santé mentale (2008/2209(INI)), Commission de l'environnement, de la santé publique et de la sécurité alimentaire, Parlement européen

VERKINDT P.-Y., (2008), « L'ANI du 2 juillet 2008 sur le stress au travail », *JCP S*, 30 sept., act. 483

VERKINDT P.-Y., (2007), « La montée en puissance du CHSCT », SSL, n° 1332, p. 10

VERKINDT P.-Y., (2008), « L'acmé de l'obligation de sécurité du chef d'entreprise », *SSL*, 25 mars, n° 1346, p. 10

VERKINDT P.-Y., (2008), « Santé au travail : l'ère de la maturité », *JSL*, 1er sept., n° 239, p. 3

SAHLER B., (2007), *Prévenir le stress et les risques psychosociaux au travail*, éd. ANACT, 268 p.

SARGOS P., (2003), « L'évolution du concept de sécurité au travail et ses conséquences en matière de responsabilité », *JCP G*, oct., 104

La dynamique de prise en compte par le droit espagnol

José Luis GIL Y GIL
Université d'Alcalá

Le but essentiel du droit du travail est de garantir le respect de la dignité du travailleur (Sinzheimer, 1927). Pour respecter ce principe, le travail ne doit ni affaiblir les droits fondamentaux et les libertés publiques, ni supposer une altération de la santé ou de l'intégrité physique et mentale (Comité de Derechos Económicos, Sociales y Culturales, 2006 ; Amnistía Internacional, 2005 ; Pontificio Consejo, 2005)[1]. Présente dans les premières lois du travail, et encouragée par différents courants de pensée, comme la doctrine sociale de l'église ou le socialisme, la vieille idée de la dignité dans le travail a acquis une nouvelle importance dans les débats actuels sur le travail décent[2] ou sur la qualité de l'emploi[3].

---

[1] Avec le temps, la notion de dignité dans le travail a évolué. Aujourd'hui, l'expression « conditions de travail dignes », a un caractère générique et englobe différents droits du travailleur, comme le respect de la dignité, des droits fondamentaux et des libertés publiques, la tutelle de la sécurité et de la santé au travail, le droit à un salaire suffisant, la promotion par le travail et la limitation de la journée, le droit au repos, aux vacances et aux congés payés.

[2] Selon l'OIT, la notion de travail décent réunit les aspirations du travailleur pendant sa vie professionnelle. Cela signifie de bénéficier d'un travail productif qui comporte un revenu digne, une sécurité sur le lieu de travail et une protection sociale pour toute la famille, de meilleures expectatives de développement personnel, une intégration dans la société, une liberté d'exprimer des opinions, une organisation et participation aux décisions qui affectent leur vie, une égalité des chances et de traitement pour toutes les femmes et les hommes ; *Cf.* http://www.ilo.org/global/Themes/Decentwork/lang--es/index.htm. La Déclaration de l'OIT sur la justice sociale pour une mondialisation équitable, adoptée le 10 juin 2008 par la Conférence internationale du travail, institutionnalise l'« Agenda du travail décent » en tant que politique essentielle et concept opérationnel permettant à l'OIT d'atteindre ses objectifs constitutionnels et de servir ses mandants avec efficience et efficacité.

[3] *Cf.* la Communication de la Commission au Conseil, au Parlement européen, au Comité économique et social européen et au Comité des régions, du 20 juin 2001, concernant « les politiques sociales et de l'emploi : un cadre pour investir dans la qualité [COM (2001) 313 final] et la Communication de la Commission au Conseil, au Parlement européen, au Comité économique et social européen et au Comité des régions, du 26 novembre 2003, concernant « l'amélioration de la qualité de l'emploi : un examen des derniers progrès accomplis » [COM(2003) 728 final]. La Fondation Européenne pour l'Amélioration des Conditions de Vie et de Travail (2002: 7) identifie quatre aspects essentiels de la qualité dans l'emploi, parmi lesquels se trouve la santé et le bien-être. Comme le soulignent A.-M. Lehto et A Pärnänen (2007) la violence physique ou psychologique au travail met en danger la santé et le bien-être des travailleurs.

Dans la lutte pour protéger la dignité du travailleur, le droit du travail est confronté à de nouveaux défis. Le travailleur et la société ont pris conscience de l'importance et du caractère particulièrement nocif, destructeur et blâmable de certains risques dans le travail, comme le stress, la violence et le harcèlement, qui sont nouveaux ou qui sont perçus comme tels, puisqu'ils ont acquis une dimension quantitative ou qualitative qui manquait dans le passé[4]. En somme, si la violence ou la souffrance sont inhérentes à l'homme, le degré de conscience et de sensibilité concernant ces problèmes a changé. L'analyse du concept de « risques psychosociaux » (I) sera un préalable à l'étude de la protection juridique qu'offre le droit du travail espagnol aux travailleurs (II).

I. Concept des risques psychosociaux

Pour appréhender le concept de risques psychosociaux au travail, le débat doit se porter d'abord sur l'élaboration d'une la notion juridique (A) pour ensuite définir quels sont les droits qui sont violés (B).

A. Notion juridique de risques psychosociaux

La notion de risques psychosociaux peut servir à regrouper une série de situations hétérogènes comme le stress, la violence et le harcèlement ou encore le mal-être dans le milieu professionnel (Agustí, 2005 ; Niedhammer 2006). Ce terme générique pour désigner des phénomènes liés à la souffrance au travail n'a cependant pas une grande consistance juridique. Ainsi, selon des études récentes, la violence physique, le *bullying* (violence physique ou psychologique à long terme), le harcèlement sexuel sont différents et ne peuvent pas être étudiés de la même façon. Pour cette raison, les mesures qui sont adoptées sur le lieu de travail doivent s'adapter à

[4] La Communication de la Commission du 11 mars 2002 relative à la stratégie communautaire de santé et de sécurité au travail (2002-2006) [COM(2002) 118 final], p. 8 et la Communication de la Commission au Conseil, au Parlement européen, au Comité économique et social européen et au Comité des régions du 21 février 2007 intitulée « Améliorer la qualité et la productivité au travail: stratégie communautaire 2007-2012 pour la santé et la sécurité au travail » [COM(2007) 62 final], p. 4, 14 et 15, mettent en évidence le défi que supposent les risques psychosociaux.

chaque type de problème (Lehto, Pärnänen, 2007)[5]. Les mêmes commentaires pourraient être faits sur le stress et le harcèlement moral. Celui qui souffre de stress pourra bénéficier d'une prestation pour congé maladie. Celui qui est victime de harcèlement pourra demander au juge la rupture du contrat de travail et percevoir une indemnité pour licenciement abusif, ou même une indemnisation supplémentaire comme des dommages et intérêts. La souffrance psychologique peut être semblable dans les deux cas, mais les conséquences juridiques et les règles de réparation du préjudice sont différentes. D'un point de vue juridique, il est difficile d'analyser conjointement des situations si différentes qui possèdent des caractéristiques propres et différenciées. Pour mettre en œuvre les régimes juridiques de protection du travailleur, un critère qualification de la responsabilité de l'employeur est nécessaire. Sans inexécution d'une obligation, ou sans infraction administrative ou pénale, on ne peut pas parler de responsabilité de l'employeur. Or le stress peut être, par exemple, causé par des problèmes personnels ou familiaux sans aucun rapport avec le travail. Comme la notion englobe des situations hétérogènes, pour illustrer les problèmes que suscitent les risques psychosociaux dans le droit du travail, le choix portera surtout sur une étude juridique du harcèlement et en particulier du harcèlement moral.

Bien que le juriste puisse prendre en considération les études et les points de vue d'autres disciplines, comme la psychologie, la sociologie ou la médecine, il doit élaborer une notion propre et appropriée aux intérêts lésés. Le droit est une science qui possède sa propre méthodologie. Le juriste travaille sur la réalité sociale, mais d'un point de vue axé sur l'interprétation et sur l'application de la loi et du droit. Ainsi, il faut intégrer l'importance des risques psychosociaux dans les différentes branches des sciences sociales. D'un point de vue juridique, toute tension au travail ne peut être qualifiée de risque psychosocial (Randstad, 2003)[6]. La perception subjective de la victime ne suffit pas. Le comportement doit être objectivement humiliant ou vexatoire. Prenons un exemple, extrait de *Le double*, de F.-M. Dostoïevski (1969) où M. Goliadkine se sent harcelé. Dans un passage du

---

[5] De même, l'étude de la Fondation Européenne pour l'Amélioration des Conditions de Vie et de Travail (2007) a souligné que le harcèlement a des traits spécifiques par rapport à la violence physique.

[6] V. notamment les décisions SSTSJ de Galicia du 8 avril 2003 (Ar. 2893), Castilla y León/Valladolid du 28 février 2005 (Ar. 232), Cantabria du 3 juillet 2006 (Ar. 2275), Cataluña du 18 décembre 2006 (Ar. 2136/2007), Madrid du 27 juin 2007 (Ar. 3011) et Asturias du 20 juillet 2007 (Ar. 2687).

roman, le protagoniste affirme : « C'est bien ce que j'ai dit à Christian Ivanovitch : ils ont juré, comme je lui ai dit, d'égorger, moralement parlant, un homme ». La fin du roman met cependant en lumière que les impressions du personnage ne cadrent pas avec la réalité. Il n'est pas non plus approprié d'exiger, dans tous les cas, l'intentionnalité de l'agresseur. Si l'intention de blesser ou de renvoyer la victime de l'entreprise était nécessaire, l'importance juridique de la violence ou du harcèlement serait restreinte de façon injustifiée. Les problèmes seraient semblables à ceux qu'a suscités, en son temps, l'exigence d'*animus nocendi* (élément moral de l'infraction) dans l'abus du droit. Est également considéré comme harcèlement le comportement qui, objectivement considéré, et abstraction faite de l'intention du sujet, a comme effet ou comme conséquence une violation de la dignité ou d'autres droits de la victime[7]. C'est pourquoi, une définition axée sur des aspects de nature subjective peut vider la notion de son contenu. D'un autre côté, une approche trop restrictive, qui énoncerait, par exemple, les différents comportements, qui fixerait les délais du processus ou qui n'envisagerait rien d'autre que la violence ou le harcèlement des travailleurs subordonnés, ne permettra pas de rendre compte de toutes les situations contraires à la dignité de la personne. Dans cette tâche de délimitation, on ne doit pas non plus oublier que les concepts juridiques ont une valeur fonctionnelle. Distinguer les risques psychosociaux du simple exercice arbitraire des pouvoirs de l'employeur peut être nécessaire d'un point de vue ontologique, mais ce n'est pas toujours utile dans la pratique juridique. Si la violation de la dignité du travailleur justifie la fin du contrat de travail, avec dommages et intérêts, il reviendra au même que cette violation soit répétée et constitutive de harcèlement ou, au contraire, qu'elle soit ponctuelle ou isolée, mais d'une telle gravité qu'elle fonderait la fin du lien contractuel.

Le droit communautaire a joué un rôle important dans l'élaboration d'une notion juridique de certains risques psychosociaux, comme le « harcèlement discriminatoire ». Les directives 2000/43/CE, 2000/78/CE, 2002/73/CE et 2006/54/CE comprennent des définitions semblables du harcèlement comme fait constitutif de discrimination. Le harcèlement pour des motifs de discrimination attentatoire à la dignité est uniquement une catégorie d'un

[7] Les décisions SSTSJ de Cataluña du 6 mai et 24 octobre 2005 (Ar. 1864 y 3695) maintiennent le critère de ne pas exiger l'intentionnalité de causer un dommage. Il suffit d'une pression tendancieuse (STSJ de Andalucía/Granada du 9 septembre 2003, Ar. 3510) ou l'établissement d'un environnement de travail hostile et intimidant (SSTSJ de Murcia du 12 janvier 2004, JUR. 190910 et Madrid du 29 janvier 2004, JUR. 234356).

type de harcèlement moral. Il est possible que le harcèlement obéisse à d'autres raisons, comme l'envie, la jalousie ou la perversion. Mais il faut également, abstraction faite de l'intention du harceleur, que le comportement ait comme effet ou comme conséquence une atteinte à la dignité ou aux droits fondamentaux du travailleur. Il faut souligner le caractère ouvert de la notion qui ne comprend pas, comme nécessaire, certaines des exigences plus généralisées dans les études de psychologues, psychiatres ou sociologues (Arroyuelo, 2002). En premier lieu, le droit communautaire n'exige pas une durée déterminée du comportement, par conséquent l'exigence de la réitération est relativisée. Il suffit que le harcèlement se soit produit. La durée ou la fréquence, exigible dans tous les cas, devra être déterminée par l'interprète dans chaque cas concret. Deuxièmement, il n'est pas nécessaire qu'il se produise un dommage psychique ou physique effectif. Si les faits surviennent, ils pourront être sanctionnés même s'il n'est pas possible de prouver un dommage avec des rapports médicaux ou psychiatriques. Troisièmement, il n'est pas indispensable que ceux qui harcèlent le fassent dans un but, une finalité ou un objectif précis : il suffit, à la suite de leurs comportements, que les effets produits supposent une atteinte à la dignité de la personne qui en souffre ou qu'un environnement intimidant, hostile, dégradant, humiliant ou offensant ait été créé. Une autre des exigences qui apparaissent fréquemment dans les définitions non juridiques du harcèlement moral est ainsi atténuée. Enfin, en le considérant comme un acte discriminatoire, les directives exigent la preuve de l'existence du harcèlement selon les règles traditionnelles de distribution de la charge de la preuve dans les cas d'atteinte aux droits fondamentaux du travailleur.

D'un autre côté, au travers du dialogue social, les syndicats et les organisations d'entreprises européennes ont contribué, de façon décisive, à l'information, la sensibilisation, la prévention et la protection contre les risques psychosociaux. Les partenaires sociaux ont signé deux accords-cadres : un sur le stress, en 2004, et un autre sur le harcèlement et la violence, en 2007. Étant donné le caractère autonome de ces accords, les syndicats et les associations patronales de chaque État membre doivent développer leur contenu par la négociation collective. De cette façon, le dialogue bipartite ainsi que l'autonomie collective des organisations patronales et syndicales européennes et, en définitive, le dialogue social européen intersectoriel est renforcé. Pour la consolidation du dialogue bipartite autonome, il est important qu'une application satisfaisante du contenu des pactes soit relevée. En Espagne, les accords interconfédéraux les ont intégrés pour la négociation collective.

L'influence du droit communautaire est observée dans les pays européens qui ont réglementé le harcèlement moral comme la France et la Belgique, et dans ceux qui se sont limités à sanctionner le harcèlement discriminatoire. Ainsi, en Espagne, la loi 62/2003 du 30 décembre, sur les mesures fiscales, administratives et de l'ordre social, a transposé les directives 2000/43/CE, du 29 juin 2000, et 2000/78/CE du 27 novembre 2000[8]. À son tour la loi organique 3/2007 du 22 mars 2007, pour l'égalité effective des femmes et des hommes intègre au système juridique espagnol la directive 2002/73/CE du 23 septembre 2002[9]. Les deux lois ont modifié plusieurs éléments du Statut des travailleurs (ET) dans le but d'octroyer au travailleur une

---

[8] L'article 28.1 d) de la Loi 62/2003 du 30 décembre 2003, définit le harcèlement et dispose qu'il constituera, dans tous les cas, une discrimination. Donc, sera entendu par harcèlement toute conduite non souhaitée liée à l'origine raciale ou ethnique, la religion ou les convictions, le handicap, l'âge ou l'orientation sexuelle d'une personne, qui aurait pour objectif ou conséquence d'attenter à sa dignité et de créer un environnement intimidant, humiliant ou offensif. Puisqu'il s'agit d'une transposition du droit communautaire, la définition est moins complète que celle qui apparaît dans d'autres systèmes juridiques, comme le français ou le belge. Le législateur a supprimé les adjectifs « hostile » et « dégradant », qui figurent dans l'article 2.3 des Directives 2000/43/CE et 2000/78/CE. Il ne semble pas qu'une telle omission soit très importante, étant donné le champ couvert par ce qui reste. Dans tous les cas, il convient de souligner que la loi envisage maintenant également le harcèlement moral pour des motifs discriminatoires, qui manquait de règlementation dans le droit espagnol.

[9] La loi organique 3/2007 du 22 mars 2007 modifie la réglementation du harcèlement sexuel, et traite également du harcèlement en raison du sexe. En vue des effets de la loi, « tout comportement, verbal ou physique, de nature sexuelle qui aurait pour but ou qui produirait comme effet d'attenter à la dignité d'une personne, en particulier lorsqu'un environnement intimidant, dégradant ou offensant est créé, constitue un harcèlement sexuel » (art. 7.2). De même, « tout comportement produit en fonction du sexe d'une personne, dans le but ou qui aurait comme effet d'attenter à sa dignité et de créer un environnement intimidant, dégradant ou offensant, constitue un harcèlement en raison du sexe » (art. 7.2). Selon ces définitions, le but n'est pas nécessaire : il suffit que l'effet d'attenter à la dignité du travailleur ait lieu. Le harcèlement sexuel et le harcèlement en raison du sexe sont considérés, dans tous les cas, comme discriminatoires (art. 7.3). Le conditionnement d'un droit ou d'une expectative de droit à l'acceptation d'une situation constitutive de harcèlement sexuel ou de harcèlement en raison du sexe (art. 7.4) suppose également un acte de discrimination en raison du sexe. En définitive, les premier et deuxième paragraphes donnent une notion vaste de harcèlement, qui comprend ce que l'on appelle harcèlement environnemental, et le quatrième paragraphe fait référence, de façon plus spécifique, au chantage sexuel, harcèlement d'échange ou de *quid pro quo* ; V. García-Perrote (2008) sur le harcèlement sexuel, le harcèlement en raison du sexe et le harcèlement dans la loi organique 3/2007.

protection juridique contre le harcèlement discriminatoire[10]. Avec la nouvelle rédaction de l'article 4.2 e) de leur statut, les travailleurs ont droit « au respect de leur intimité et à la considération due à leur dignité, y compris la protection face au harcèlement en raison de l'origine raciale ou ethnique, de la religion ou des convictions, du handicap, de l'âge ou de l'orientation sexuelle, et face au harcèlement sexuel et au harcèlement en raison du sexe ». Mais il doit s'agir d'un harcèlement fondé sur l'un des motifs de discrimination que recueille la loi. Le harcèlement moral non discriminatoire, pour des raisons comme la jalousie ou le déséquilibre psychologique du harceleur, manque toujours de réglementation spécifique. Malheureusement, le législateur a laissé passer l'opportunité d'établir un régime juridique unique pour le harcèlement, qu'il soit sexuel ou psychologique, fondé ou non sur un motif discriminatoire. La duplicité des traitements juridiques peut donner lieu à des situations curieuses. Par exemple, le harcèlement discriminatoire constitue désormais une cause spécifique de licenciement disciplinaire[11]. Mais si un employeur licencie pour harcèlement moral non discriminatoire, il doit le faire pour une autre des causes de l'article 54.2 du Statut des travailleurs, comme les offenses verbales ou physiques ou la transgression de la bonne foi contractuelle. Une telle différence a-t-elle du sens s'agissant du même comportement ? Cependant, on ne doit pas sous-estimer le fait que la loi définit le harcèlement. Les juges pourront également appliquer cette notion aux harcèlements non discriminatoires. De fait, en remplaçant les causes

---

[10] D'autre part, dans le cadre de la fonction publique, la loi 7/2007, du 12 avril 2007, par laquelle est approuvé le statut de base de l'employé public, reconnaît le droit à l'intégrité morale du fonctionnaire, et interdit toute forme de « harcèlement moral » ou « harcèlement au travail » [art. 14, point h)]. Elle qualifie de faute très grave, toute conduite constitutive de harcèlement moral au travail [art. 95.2, points b) et o)]. D'après C. Molina Navarrete (2007), la reconnaissance du droit est davantage une règle déclarative que constitutive, car son fondement n'est pas légal, mais constitutionnel. L'auteur souligne que la qualification de la faute disciplinaire comme très grave suppose une plus grande nouveauté, car jusqu'à présent elle pouvait uniquement être considérée comme une infraction grave, concernant l'abus d'autorité et l'atteinte grave à la dignité, sauf si cela supposait une discrimination ou un acte limitatif de la libre expression de pensée, des idées et des opinions. *Cf.* les articles 5 b) et m) et 7.1 b) et ñ) du Royal Décret 33/1986, du 10 janvier, par lequel est approuvé le règlement du Régime Disciplinaire des fonctionnaires de l'administration de l'État.

[11] Dans sa nouvelle rédaction, l'article 54.2 g) du Statut des travailleurs considère comme une inexécution contractuelle grave et coupable « le harcèlement en raison de l'origine raciale ou ethnique, de la religion ou des convictions, du handicap, de l'âge ou de l'orientation sexuelle et le harcèlement sexuel ou en raison du sexe de l'employeur ou des personnes qui travaillent dans l'entreprise ».

spécifiques de discrimination des directives et des lois de transposition par une référence générique au cadre contractuel du travail, on peut obtenir une définition de harcèlement au travail qui comprend tout harcèlement issu des relations interpersonnelles conflictuelles dans l'exercice du contrat de travail. Le harcèlement moral pourrait alors être défini comme n'importe quel comportement répété qui, dans le cadre d'une relation de travail, aurait comme objectif ou conséquence d'attenter à la dignité d'une personne et de créer un environnement intimidant, humiliant ou hostile[12].

Une des plus grandes difficultés pour l'effectivité de la protection contre les risques psychosociaux concerne la preuve des comportements. Il convient d'établir en la matière une répartition appropriée de la charge de la preuve. Ainsi, par exemple, le travailleur doit présenter les éléments de fait ou des indices dont on pourra tirer l'existence d'un harcèlement. Une fois la présomption établie, il reviendra à l'employeur de prouver que les actions ou le comportement ne constituent pas un harcèlement en apportant une justification objective et raisonnable des mesures employées et de leur proportionnalité[13].

---

[12] Dans des termes semblables, V. P. Aramendi (2004). Pour plus de détails, V. J.-A. Sagardoy et J.-L. Gil (2006). La décision STSJ del País Vasco du 7 novembre 2006 (Ar. 879/2007) définit le harcèlement comme « toute conduite non souhaitée par le travailleur qui aurait comme objectif ou conséquence d'attenter à sa dignité et de créer un environnement intimidant, humiliant ou offensif [art. 28.1 d) de la loi 62/2003, du 30 décembre, sans l'élément concernant la discrimination] ».

[13] *Cf.* les décisions SSTSJ de Andalucía/Sevilla du 19 avril 2004 (Ar. 2051) et Cantabria du 2 novembre 2004 (Ar. 3231) et, dans la doctrine, Randstad (2003: 49) et Scognamiglio (2004: 507 et 508). Selon l'ancienne rédaction de l'article 96 de la Loi de procédure de travail, lorsque le travailleur prouvait l'existence d'indices de discrimination en raison du sexe, l'employeur devait détruire la présomption. Aujourd'hui, le précepte élargit la liste des causes de discrimination, et déclare que, dans les processus où les allégations du demandeur feraient ressortir l'existence d'indices fondés de discrimination en raison du sexe, de l'origine raciale ou ethnique, de la religion ou des convictions, du handicap, de l'âge ou de l'orientation sexuelle, il reviendra au défenseur d'apporter une justification objective et raisonnable, suffisamment prouvée, des mesures adoptées et de leur proportionnalité. Une telle distribution de la charge de la preuve bénéficiera donc aux victimes d'un harcèlement discriminatoire.

B. Violation de droits

Les risques psychosociaux peuvent atteindre une pluralité de droits : la sécurité et la santé au travail, la non discrimination et la dignité ainsi que d'autres droits fondamentaux[14]. Tout d'abord, les risques psychosociaux peuvent sérieusement atteindre la santé des travailleurs que protègent les articles 40.2 et 43 de la Constitution espagnole. Les victimes peuvent souffrir de troubles physiques et psychiques qui conduisent à une incapacité temporaire ou, dans les cas plus graves, à une incapacité permanente. De ce point de vue, les risques psychosociaux peuvent bénéficier du régime juridique de la prévention des risques professionnels[15] et même s'intégrer dans le régime des accidents du travail (Navarro, 2007 ; Romero, 2004 ; Molina Navarrete, 2007 ; Randstad (2003) ; García Callejo 2003 ; Molina Navarrete, 2002 ; Agra, Fernández, Tascón, 2002 ; Muñoz Ruiz, 2001)[16]. Or, l'existence d'un dommage pour la santé ou l'intégrité physique n'est pas un élément indispensable pour la survenance d'un risque comme le harcèlement moral. Le comportement vexatoire ou humiliant peut ne pas produire le moindre dommage sur la santé de la victime. Par conséquent, même si cela n'est pas fréquent, il n'est pas nécessaire qu'une infraction au droit de la sécurité et de la santé au travail soit qualifiée. Pour la juste compréhension des obligations juridiques que le harcèlement moral affecte, il faut citer d'autres droits. Le centre d'attention s'est déplacé vers des secteurs traditionnels de la sécurité, de la santé et de la qualité dans le travail, au domaine de la lutte contre la discrimination, de la dignité et des droits fondamentaux dans le travail (Di Martino, Hoel, Cooper, 2003).

De même, la violence ou le harcèlement peuvent supposer une discrimination quand cela dissimule des attitudes racistes, xénophobes ou

---

[14] V. P. Molina Navarrete (2001), qui parle de « caractère « plurioffensif » des comportements de harcèlement ; B. Agra, R. Fernández et R. Tascón (2002), J.-M. García Callejo (2003), M.-J. Romero (2004), J.-A. Sagardoy et J.-L. Gil (2006) et Navarro (2007).

[15] Pour éliminer le harcèlement psychologique, et conformément à l'approche de la Directive 89/391/CEE du 12 juin 1989, l'employeur devrait, sur consultation des travailleurs et de leurs représentants, se fixer comme objectif de prévenir le harcèlement et d'évaluer les risques de harcèlement et adopter les mesures suffisantes pour prévenir les dommages: V. Agence Européenne pour la Sécurité et la Santé au Travail (2002).

[16] SSTSJ de Navarra du 30 avril, 18 mai et 15 juin 2001 (Ar. 1878 y 1821 et *La Ley*, 2001, 8719) et Extramadura du 16 décembre 2003 (Ar. 653/2004) ; l'article 115.1 de la Loi générale sur la sécurité sociale considère comme accident du travail « toute lésion dont le travailleur souffrirait à l'occasion ou à la suite du travail qu'il exécute pour le compte d'autrui ».

sexistes, et poursuit ou produit l'effet d'expulsion du groupe ou de l'entreprise de certains travailleurs qui présentent des traits singuliers[17]. Une fois l'existence d'un lien entre la violence psychologique et la discrimination pour des raisons de race ou de sexe constatée travail (Di Martino, Hoel, Cooper, 2003), il est apparu nécessaire de réglementer le harcèlement discriminatoire comme une catégorie à l'intérieur du harcèlement moral. En mettant l'accent sur ce point, le droit communautaire a donné le ton au législateur espagnol. Les directives 2000/43/CE, 2000/78/CE, 2002/73/CE et 2006/54/CE contiennent des normes de protection contre le harcèlement lié à l'origine raciale ou ethnique, à la religion ou aux convictions, au handicap, à l'âge, à l'orientation sexuelle ou au sexe.

Même s'il n'existe pas d'atteinte à la sécurité et à la santé ou de discrimination, la violence ou le harcèlement violent toujours le principe de dignité de la personne et, en fonction des cas, l'un des droits fondamentaux qui la développent (Navarro, 2007 ; Sagardoy, Gil, 2006 ; Martínez Girón, 2003 ; García Callejo, 2003 ; Romero, 2004 ; Bouaziz, 2000 ; Licari, 2000)[18]. C'est ce qu'établit clairement l'article 26.2 de la Charte sociale européenne révisée, de 1996[19]. Les droits français et belge mentionnent

---

[17] SSTSJ de Galicia du 12 septembre 2002 (Ar. 2603) et Castilla-La Mancha du 13 décembre 2002 (Ar. 23/2003), cités par l'agence Randstad (2003) ; la dernière décision qualifie d'harcèlement moral en rapport avec le sexe les persécutions subies par une salariée après son retour au travail à l'issue de son congé maternité.

[18] Dans la jurisprudence, on peut mentioner la STSJ Comunidad Valenciana, Sala de lo contencioso-administrativo, du 25 septembre 2001 (RJCA 548/2002), la STS, Sala de lo contencioso-administrativo, du 10 février 2005 (Ar. 3162), et les STSJ País Vasco du 26 février 2002 (Ar. 2932), Castilla-La Mancha du 26 juin 2002 (Ar. 669/2003) et du 30 mai 2007 (Ar. 2865), Galicia du 12 septembre 2002 (Ar. 2603) et du 3 février 2004 (Ar. 1684), Murcia du 2 septembre 2003 (Ar. 3208), Andalucía/Sevilla du 19 avril 2004 (Ar. 2051), Baleares du 30 décembre 2005 (Ar. 1280), Madrid du 4 janvier 2006 (Ar. 93490), Aragón du 24 janvier 2006 (Ar. 1082) et Extremadura du 2 juin 2006 (Ar. 1966). De façon associée, et étant donné le caractère plurioffensif du harcèlement psychologique, d'autres droits fondamentaux de la personne peuvent être compromis, comme le droit à la non discrimination, à l'intégrité physique et morale, à l'honneur, à l'intimité personnelle ou à l'image même ; SSTSJ de Madrid du 31 mars, 24 avril et 23 mai 2006 (Ar. 1694, 2280 y 1738) et Castilla-La Mancha du 20 avril 2006 (Ar. 1210).

[19] Sous la rubrique « Droit à la dignité au travail », la Charte sociale européenne précise qu'« en vue d'assurer l'exercice effectif du droit de tous les travailleurs à la protection de leur dignité au travail, les Parties s'engagent, en consultation avec les organisations d'employeurs et de travailleurs : à promouvoir la sensibilisation, l'information et la prévention en matière d'actes condamnables ou explicitement hostiles et offensifs dirigés de façon répétée contre tout salarié sur le lieu de travail ou en relation avec le travail, et à prendre toute mesure

également la dignité en identifiant les règles juridiques que viole le harcèlement. Dans le système communautaire, la charte des droits fondamentaux de l'Union européenne de 2000 commence par un chapitre intitulé « Dignité ». Il déclare que « la dignité humaine est inviolable », et qu'elle sera « respectée et protégée » (art. 1) et reconnaît à tout travailleur le « droit de travailler dans des conditions respectant sa santé, sa sécurité et sa dignité » (art. 31.1). En Espagne, le fondement constitutionnel de la protection contre le harcèlement et les autres risques psychosociaux se trouve donc dans l'article 10.1 de la Constitution qui protège la dignité de la personne et les droits qui lui sont attachés.

Dans le droit du travail, la dignité occupe une place prééminente comme valeur suprême dans l'exercice des droits et des devoirs qui explicitent les relations au travail. La dignité du travailleur constitue une limite générique à l'exercice des pouvoirs d'entreprises et est directement évoquée dans plusieurs articles du décret royal portant sur le Statut des travailleurs (ET)[20]. Le caractère générique de la dignité la rend très probante dans ses manifestations. Les droits fondamentaux comme l'intimité ou l'intégrité physique et psychique sont des manifestations concrètes de la dignité humaine. Pour cette raison, la dignité peut être considérée comme un principe juridique de base que viole, par exemple, le harcèlement moral. Dans la plupart des cas, le harcèlement moral supposera une atteinte à l'intégrité physique et morale de la personne (article 15 de la Constitution)

appropriée pour protéger les travailleurs contre de tels comportements ». L'article 26 de l'annexe à la Charte précise que le second paragraphe ne couvre pas le harcèlement sexuel. Par conséquent, il peut uniquement s'agir du harcèlement moral. L'Espagne a signé, mais pas ratifié, la Charte sociale européenne révisée. *Cf.* Arany Tóth (2008: 291 ss) sur l'article 26 de la Charte sociale européenne.

[20] En vertu de ce qui est déclaré dans l'article 4.2 e), les travailleurs ont droit « au respect de leur intimité et à la considération due à leur dignité ». Les registres sur la personne du travailleur, ou sur leurs casiers et effets particuliers, doivent être réalisés « en respectant au maximum la dignité et l'intimité du travailleur » (art. 18). Sur d'autres aspects de la relation de travail, le Statut des travailleurs mentionne également la dignité comme une valeur guide de l'action de l'employeur. La dignité est une limite aux facultés de contrôle de l'employeur (art. 20.3) et à la mobilité fonctionnelle du travailleur (art. 39.3). Les modifications substantielles de travail qui débouchent sur un préjudice de la dignité habilitent le travailleur à demander au juge la fin du contrat de travail [art. 50.1 a)]. L'article 8.11 de la loi sur les infractions et les sanctions dans l'ordre social (LISOS) qualifie d'infraction très grave, condamnable par l'administration, les actes de l'employeur contraires à la dignité des travailleurs. Enfin, la dignité apparaît également, par exemple, dans l'article 22.2 de la loi de prévention des risques professionnels (LPRL).

(Romero, 2004 ; Randstad, 2003 ; Martínez Girón, 2003 ; García Callejo, 2003 ; Aramendi, 2002)[21], mais il pourra également atteindre le droit à l'honneur ou à l'intimité (article 18.1 de la Constitution), la liberté d'expression et de communication (article 20.1 de la Constitution) ou le droit au travail ou les autres droits professionnels, comme la stabilité dans l'emploi ou la promotion professionnelle (articles 35.1 et 40.2 de la Constitution) (Randstad, 2003)[22].

En conclusion, il est possible de déduire du système juridique en vigueur qu'il protège déjà de façon appropriée le travailleur contre les risques psychosociaux en général, et contre le harcèlement au travail en particulier[23]. Aujourd'hui, il n'y a pas une, mais plusieurs normes qui, de façon séparée ou combinée, permettent une intervention efficace contre le harcèlement moral. Bien appliquées par les juges et les tribunaux, les normes du droit espagnol rendent possible une tutelle comparable à celle existant dans d'autres systèmes juridiques qui ont approuvé des normes contre la violence et contre le harcèlement au travail. La doctrine peut participer à la tâche de délimitation de la notion et d'amélioration des instruments de préventions et de protection contre le harcèlement moral. La loi peut contribuer à rendre plus visibles les droits des citoyens, à doter l'activité juridique d'une plus grande sécurité et à proclamer des principes sur lesquels se fonde les relations des citoyens dans un état de droit. La loi possède également une fonction pédagogique et clarificatrice. En adoptant une législation contre le

[21] SSTSJ de Cataluña du 28 novembre 2001 (Ar. 249/2002), País Vasco du 26 février 2002 (Ar. 2932) et du 6 juillet 2004 (Ar. 2059), Castilla-La Mancha du 26 juin 2002 (Ar. 669/2003), Galicia du 12 septembre 2002 (Ar. 2603), du 8 avril et du 4 novembre 2003 (Ar. 2893 y 657/2004) et du 3 février 2004 (Ar. 1684), Madrid du 20 mars 2003 (Ar. 3244), Murcia du 2 septembre 2003 (Ar. 3208), Extremadura du 16 décembre 2003 (Ar. 653/2004) et Andalucía/Sevilla du 19 avril 2004 (Ar. 2051).

[22] STSJ País Vasco du 6 juillet 2004 (Ar. 2059) et la SAN, Sala de lo contencioso-administrativo, du 11 octobre 2006 (JUR 256989). M.-A .García Herrera et G. Aestro Buelga (2002) considèrent le droit au travail comme le fondement de la protection contre le harcèlement moral.

[23] Les droits irlandais, anglais et allemand parviennent à cette même conclusion (Di Martino, Hoel, Cooper, 2003). Dans le droit italien, également (Loy, 2005) a exprimé son scepticisme sur le bien-fondé de réglementer le *mobbing*. Selon SSTSJ de Castilla-La Mancha de 28 de mayo de 2002 (Ar. 2807) et Cantabria de 2 de noviembre de 2004 (Ar. 3231), avec l'actuel régime juridique, qui sans doute pourrait être amélioré pour le rendre plus spécifique, il est possible, si celui-ci est appliqué en accord avec la réalité sociale, comme exigence de l'article 3.1 du Code civil, de donner une réponse aux situations de harcèlement moral qui pourraient se produire dans le cadre public ou privé.

harcèlement discriminatoire, qui s'ajoute à celle existant contre le harcèlement sexuel, il est prévisible qu'une loi qui protègerait contre le harcèlement moral au travail finisse par être approuvée.

II. Protection juridique face aux risques psychosociaux

Une protection juridique efficace contre les risques psychosociaux doit être fondée aussi bien sur un devoir de sauvegarde, à caractère préventif (A), que sur un principe de responsabilité pour les actes de violation des droits fondamentaux (B)[24].

A. Prévention du risque

La prévention dans l'entreprise des agissements comme le harcèlement moral est plus important que leur répression. Dans la lutte contre les risques psychosociaux, le droit peut en effet être plus utile par la prévention que par la sanction (Däubler, 2004). L'article 26.2 de la Charte sociale européenne, adoptée à Strasbourg en 1996, met en évidence le besoin de promouvoir la sensibilisation, l'information et la prévention en matière d'actes condamnables ou explicitement hostiles et offensants. De même, les accords cadres européens sur le stress et sur la violence au travail soulignent l'importance de la prévention[25]. En plus d'attenter à la dignité de la personne, les risques psychosociaux ont des répercussions sur le rendement du travailleur, sur sa santé physique et psychique et peuvent provoquer un arrêt de travail ou obliger le travailleur à demander la résiliation du contrat. De même, ils dégradent l'ambiance de travail. Du fait de son importance capitale l'aspect préventif n'a pas encore mérité l'attention nécessaire de la part de la jurisprudence. La prévention consiste, avant tout, à empêcher que des situations à risques se développent dans l'entreprise.

Le devoir de prévention du risque se fonde, généralement, sur la bonne foi de l'employeur (1) et se concrétise par le devoir légal de protection de la sécurité et de la santé du travailleur (2).

---

[24] La protection contre les risques psychosociaux a un aspect préventif et un autre répressif (Sagardoy, Gil, 2006).

[25] *Cf.* l'accord européen sur le stress au travail, points 2, 4, 6 et l'accord européen sur le harcèlement et la violence au travail, points 2 et 4.

1. Bonne foi de l'employeur

Le principe général de la bonne foi oblige l'employeur à sauvegarder la dignité et les droits fondamentaux du travailleur (Sagardoy, Gil, 2006 ; Sagardoy, 2005 ; Gil, 2003)[26]. L'employeur a un devoir positif de sauvegarde et de prévention, issu de la bonne foi, qui va au-delà du devoir de neutralité. Il doit s'abstenir de toute conduite qui supposerait un déni de tels droits.

Avant tout, le principe de la bonne foi exige de l'employeur qu'il prévienne les atteintes aux droits fondamentaux du travailleur. Par exemple, la bonne foi impose à l'employeur l'obligation de prévenir le harcèlement sexuel sur les lieux de travail et de maintenir une ambiance de travail adaptée (Kawaguchi, 2000). Ce devoir a trouvé une concrétisation dans l'article 26 de la Directive 2006/54/CE du 5 juillet 2006[27], et dans l'article 48.1 de la Loi Organique 3/2007 du 22 mars 2007 pour l'égalité effective des femmes et des hommes[28]. De la même façon, en vertu du principe de la bonne foi, l'employeur doit adopter toutes les mesures nécessaires pour prévenir le harcèlement moral chez les travailleurs[29]. L'information est l'un des moyens de

[26] La bonne foi est un principe constitutionnel implicite puisqu'il s'agit d'un principe émanent aux relations de coordination, un principe de la *justitia protectiva* dans les relations de pouvoir et, en somme, un principe constitutif et indispensable de l'État de droit (Gil, 2003). E. Conde (2007) a accepté cette thèse.

[27] L'article 26 de la Directive 2006/54/CE, du 5 juillet 2006, relative à la mise en œuvre du principe d'égalité des chances et de l'égalité de traitement entre hommes et femmes en matière d'emploi et de travail (refonte) déclare que « les États membres encouragent, dans le cadre de leurs législation, conventions collectives ou pratiques nationales, les employeurs et les personnes responsables de l'accès à la formation professionnelle à prendre des mesures efficaces pour empêcher toute forme de discrimination fondée sur le sexe et, en particulier, le harcèlement et le harcèlement sexuel sur le lieu de travail dans l'accès à l'emploi, à la formation et à la formation professionnelle ».

[28] Les entreprises doivent promouvoir les conditions de travail qui évitent le harcèlement sexuel et le harcèlement en raison du sexe et concevoir des procédures spécifiques pour leur prévention et pour donner cours aux plaintes ou réclamations que pourraient formuler ceux qui en ont fait l'objet. Dans ce but, il sera possible d'établir des mesures qui devront être négociées avec les représentants des travailleurs, comme l'élaboration et la diffusion de codes de bonnes pratiques, la réalisation de campagnes d'information ou d'actions de formation.

[29] En ce sens, la loi française de modernisation sociale du 17 janvier 2002, a imposé ce devoir à l'employeur et ajoute que « le contrat de travail est exécuté de bonne foi ». Le législateur français a voulu donner une nouvelle portée au devoir de bonne foi, qui devrait servir d'appui à l'interdiction du harcèlement moral (Lapérou-Scheneider, 2002). Dans le droit espagnol, le principe de la bonne foi est mentionné, lorsque l'on analyse des cas de harcèlement, par exemple, dans les SSTSJ País Vasco du 14 mai 2002 (Ar. 2457) et du 6 juillet 2004 (Ar. 2059).

prévention les plus efficaces. La formation des cadres et des directeurs de l'entreprise qui peuvent recevoir des informations sur le harcèlement moral, de même que des conseils pratiques sur la façon d'y faire face, revêt également une grande importance (Lapérou-Scheneider, 2002). En ce sens, l'accord cadre européen sur le harcèlement et la violence au travail envisage l'obligation pour les entreprises d'indiquer, de façon claire, qu'elles ne tolèreront pas de telles situations. En particulier, la prévention des conflits relatifs au harcèlement peut donner lieu à l'établissement de systèmes de médiation avant de recourir à la juridiction sociale[30]. À ce propos, l'accord cadre européen sur le harcèlement et la violence au travail indique que la déclaration des entreprises, selon laquelle elles ne tolèreront pas le harcèlement et la violence, spécifiera les procédures qu'elles devront suivre lorsque ces cas se présenteront. L'accord prévoit une série d'éléments informatifs sur lesquels pourrait être fondée une procédure appropriée, comme la discrétion et la confidentialité, la diligence dans l'investigation des plaintes, les principes d'audience, d'impartialité et de traitement correct envers les personnes concernées, ou, enfin, le besoin que les plaintes soient soutenues par des informations détaillées. Il signale également que les fausses accusations ne doivent pas être tolérées et peuvent donner lieu à des actions disciplinaires[31]. Il précise également qu'une assistance externe peut être utile et que les procédures pourront comprendre une étape informelle lors de laquelle une personne de confiance de l'employeur et des travailleurs serait disponible pour conseiller et aider.

En second lieu, le principe de la bonne foi sert à fonder le « devoir d'accommodement raisonnable » de l'organisation du travail à l'exercice des droits fondamentaux du travailleur. S'il faut discuter de l'existence de ce devoir, comme une simple dérivation des droits fondamentaux que le système reconnaît au travailleur[32], sa réalité ne fait aucun doute en tant que

---

[30] *Cf.* en droit français l'article L. 1152-6 du Code du travail et dans la doctrine (Lapérou-Scheneider, 2002).

[31] Sur le terrain disciplinaire, les droits de l'accusé doivent également être pris en compte (Sagardoy, Gil, 2006). Les fausses accusations de harcèlement psychologique peuvent se transformer en un terrible instrument de harcèlement moral : *cf.* le point 5 de la Résolution du parlement européen, du 20 septembre 2001, sur le harcèlement sur le lieu de travail [2001/2339(INI)], DOCE C 77E/39, du 28 mars 2002].

[32] S. Rey Guanter (del) (1992) fonde le devoir d'accommodement raisonnable dans le rang constitutionnel du droit impliqué.

concrétisation du principe de bonne foi[33]. L'employeur ne doit pas seulement éviter le déni des droits fondamentaux du travailleur. En effet, même s'il n'a pas comme devoir d'encourager de tels droits, le principe de la bonne foi l'oblige à les sauvegarder, à condition que cela ne suppose pas un sacrifice appréciable de ses intérêts qui découlent du droit à la liberté d'entreprise (article 38 de la Constitution espagnole)[34]. En somme, le principe de la bonne foi sert à renforcer l'application des droits fondamentaux du travailleur dans la relation professionnelle. Bien qu'elle ne situe pas l'employeur sur le même plan que les pouvoirs publics, la bonne foi l'oblige à prendre en compte les droits fondamentaux du travailleur dans l'organisation du travail, à condition que cela ne mette pas en péril le bon fonctionnement de l'entreprise. En définitive, le principe de la bonne foi impose à l'employeur le devoir d'accommoder raisonnablement le système de production pour faciliter l'exercice des droits fondamentaux du travailleur et, parfois, cela l'oblige également à renégocier le contrat de travail en vue de son adaptation[35].

2. Devoir de protection de la sécurité et de la santé du travailleur

Le devoir général de bonne foi, qui fonde un devoir de sauvegarde de la dignité et des droits fondamentaux du travailleur, trouve une concrétisation dans le devoir légal de protection de la sécurité et de la santé du travailleur[36]. En effet, la loi impose à l'employeur un ensemble de devoirs accessoires en

---

[33] M.-F. Fernández López (1985), M. Rodríguez-Piñero, M.-F. Fernández López (1986), A. Pedrajas (1992: 93, 94 et 97), F.-J. Calvo (1995), J. García Viña (2001) et J.-L. Gil (2003) fondent le devoir d'accommodation sur la bonne foi ; en droit français, J. Savatier (1998).

[34] L'idée du respect des intérêts de la contrepartie peut être déduite de la bonne foi. Dans l'exécution du contrat et de la relation obligatoire, la bonne foi exige un devoir de sauvegarde des intérêts de la contrepartie. Bianca (1983 : 209 et 210) a accentué cette dimension du principe. La bonne foi impose aux parties un comportement qui préserve les intérêts de la contrepartie, au-delà des obligations contractuelles spécifiques et du devoir extracontractuel du *neminem laedere*. Un tel devoir trouve sa limite dans l'intérêt propre. Le sujet est obligé de sauvegarder le droit d'autrui, mais pas au point de souffrir d'un sacrifice personnel ou économique appréciable. En définitive, quant au devoir de sauvegarde, la bonne foi peut être identifiée comme le devoir de chaque partie de sauvegarder l'utilité de l'autre, sans que cela suppose un sacrifice appréciable à sa charge. *Cf.* Sagardoy et Gil (2003) sur les droits constitutionnels de l'employeur.

[35] V. Gil (2003a: 308 ss et 2004) sur le devoir de renégocier le contrat de travail.

[36] D'un point de vue contractuel, la bonne foi est le fondement de ce devoir de protection de l'employeur (Gil, 2003). *Cf.* N. Kollmer (2007) sur les *Fürsorge-, Rücksichtnahme-und Treuepflichten*, derivés des parties 241 et 242 du BGB, en tant que fondement du devoir de protection contre le harcèlement moral.

matière de protection de la sécurité et de la santé au travail. Le devoir de sécurité et de santé au travail possède aujourd'hui une autonomie indubitable et il a connu un développement normatif important dans les droits communautaire et interne. Avec le temps, il a évolué vers un devoir indépendant et spécifique. Malgré tout, on ne doit pas perdre de vue la connexion de telles obligations accessoires avec le devoir général de bonne foi. Aussi détaillées soient-elles, les règles légales et conventionnelles n'épuisent pas et n'annulent pas les possibilités futures du principe de la bonne foi. Celle-ci n'est pas seulement le fondement de certains devoirs accessoires que prévoient la loi et la convention collective, mais elle est aussi un fondement juridique. En cas d'insuffisance de la loi, elle est une source pour la jurisprudence afin de s'adapter aux nouveaux besoins de limitation et de contrôle des pouvoirs de l'employeur.

La doctrine espagnole n'a pas débattu sur le point de qualifier le devoir de l'employeur en matière de prévention des risques en obligation de moyens ou de résultat[37]. Le devoir de protection de la sécurité et de la santé du travailleur a une double nature : publique et privée[38]. La sécurité et la santé au travail doivent ainsi être considérées comme une obligation contractuelle et comme un devoir public. En effet, la norme sur la prévention des risques au travail a une importance contractuelle puisqu'il en découle des droits et des devoirs à la charge de chacune des parties contractantes. Elle impose cependant certaines garanties à caractère administratif que l'employeur doit respecter et qui échappent au cadre contractuel strict comme peuvent l'être l'adoption de mesures pour prévenir des accidents ou l'installation de services hygiéniques.

Le besoin d'adopter des mesures qui évitent les risques psychosociaux dérive de l'article 14 de la loi de prévention des risques professionnels

[37] Contrairement au droit français par exemple.

[38] B. Gutiérrez-Solar (1999) met en évidence que l'origine légale du devoir de protection ne préjuge pas de la nature publique de celui-ci, puisque de la norme d'État découlent des devoirs publics autant que privés. Plus que la source ultime du devoir, ce qui est déterminant en ce qui concerne le devoir privé est qu'il corresponde aux intérêts individuels des travailleurs, et qu'il s'intègre dans le contenu du contrat. En ce qui concerne le devoir public, l'objectif est de protéger les intérêts généraux, qu'il naisse ou non à l'occasion du contrat. En définitive, les côtés public et privé du devoir de protection se distinguent par l'intérêt protégé et, par conséquent, du type de sanctions élaborées pour sa protection juridique (Montoya, 1999). Au contraire, une autre partie de la doctrine a maintenu la nature juridico-privée du devoir de sécurité et de santé au travail : *cf.* C. Salcedo (2000).

(LPRL). Le droit des travailleurs à une protection efficace en matière de sécurité et de santé au travail suppose l'existence d'un devoir corrélatif de l'employeur de protéger les travailleurs face aux risques professionnels (article 14.1 LPRL). L'obligation essentielle de l'employeur s'appuie sur le respect « obligations établies dans la norme sur la prévention des risques au travail » (article 14.3 LPRL). Par ailleurs, tout en respectant le devoir de protection, et indépendamment des normes spéciales ou de ses vides, l'employeur est obligé de garantir « la sécurité et la santé des travailleurs à son service dans tous les aspects liés au travail » (article 14.2 LPRL)[39]. La jurisprudence souligne que l'employeur a l'obligation générale d'utiliser tous les moyens possibles de sécurité au bénéfice de ses travailleurs en respectant scrupuleusement les mesures de prévention (Alonso Olea, Casas, 2006).

Les principes de l'action préventive contenus dans l'article 15 de la loi de prévention des risques professionnels qui concrétisent celui du devoir de protection de la sécurité et de la santé au travail, peuvent servir à prévenir les risques psychosociaux et, en particulier, le stress et le harcèlement moral. Ainsi, dans la prévention du stress, le principe d'adaptation du travail à la personne est très utile, en particulier pour diminuer le travail monotone et répétitif. Il prend en compte la conception des postes de travail, ainsi que le choix des équipes, des méthodes de travail et de production, mais aussi la fixation des périodes de repos pendant la journée de travail[40]. Avec les

---

[39] Comme B. Molina l'a écrit (2002), les commentaires de la norme suédoise sur la prévention psychologique dans l'environnement de travail illustrent des exemples de mesures d'ordre général que l'employeur pourrait adopter pour prévenir l'apparition du harcèlement psychologique, comme établir des politiques sur des modes de conduite en entreprise qui encouragent un climat de tolérance et de respect, offrir un traitement aux employés qui souffrent de situation de stress ou de crise émotionnelle, encourager l'information transparente sur les actions de l'entreprise, développer le contact et la participation périodique des travailleurs aux décisions de production, ou promouvoir l'amélioration professionnelle des employés et la possibilité de promotion conformément à des critères objectifs. La STSJ de Andalucía/Sevilla du 19 avril 2004 (Ar. 2051) reproche à l'employeur le non respect des devoirs de protection de la dignité et intégrité du travailleur et de prévention des risques psychosociaux du travail (art. 14 et 15.1 de la loi de prévention des risques professionnels). *Cf.* également la STSJ de Castilla-La Mancha du 26 juin 2002 (Ar. 669/2003) et, dans la doctrine, C. Molina Navarrete (2002).

[40] *Cf.* l'article 6.2 d) de la Directive 89/391/CEE du 12 de juin 1989 et l'article 13 de la Directive 2003/88/CE, du 4 novembre 2003, l'article 15.1, d), de la loi de prévention des risques professionnels et l'article 36.5 du décret-royal relatif au statut du travailleur. Le principe d'adéquation du travail à la personne est une concrétisation du principe général de la

mécanismes traditionnels du contrat, comme la bonne foi, la diligence, le rendement minimum, les repos, les congés payés et les vacances, le devoir d'adaptation du travail à la personne peut être un instrument efficace pour la prévention de la fatigue, la monotonie et le stress.

Le devoir de protection des salariés particulièrement sensibles à ces dangers revêt également une grande importance. L'employeur doit garantir de façon spécifique la protection des travailleurs qui, de par leurs caractéristiques personnelles propres ou l'état psychologique connu, y compris ceux souffrant d'un handicap physique, psychique ou sensorielle reconnu, seraient spécialement sensibles aux risques issus du travail. Dans ce but, on devra prendre en compte ces aspects dans les évaluations des risques et, en fonction de celles-ci, des mesures préventives et de protection nécessaires seront adoptées. Le travailleur a le droit à ne pas être employé dans les postes de travail pour lesquels leur état de santé chronique ou transitoire ne répond pas aux exigences psychophysiques[41]. De cette façon, dans les cas de diminution de la capacité physique, le travailleur a droit à un changement de poste de travail et à être employé dans un autre compatible avec son état[42]. Ainsi, avant de procéder à un licenciement objectif pour inaptitude, l'employeur doit épuiser les possibilités de reclassement à un poste adapté à ses capacités (Gil, 2003).

---

bonne foi : *cf.* J.-A. Sagardoy, J.-M. Valle et J.-L. Gil (2006). En somme, la bonne foi impose à l'employeur le devoir accessoire d'adapter le travail à la personne du travailleur, pour protéger sa sécurité et sa santé au travail. Un sens élémentaire de la justice veut que l'exécution du contrat de travail ne mette pas en danger la vie, la sécurité et la santé du travailleur. Dans la mesure du possible, l'employeur doit coopérer avec le travailleur pour sauvegarder ces biens protégés par la constitution : *cf.* J.-L. Gil (2003).

[41] *Cf.* l'article 25 de la loi de prévention des risques professionnels. De même, l'article 189 de l'ancienne Loi générale de Sécurité sociale, approuvée par décret 2065/1974, du 30 mai 1974, qui conserve une valeur réglementaire, précise : « sans porter préjudice aux normes spécifiques sur les travaux interdits aux femmes et aux mineurs, les personnes qui souffrent de défauts ou d'infirmités physiques, comme l'épilepsie, les crampes, les vertiges, la surdité, une vue défectueuse ou toute autre faiblesse ou maladie aux effets analogues, ne seront pas employées sur des machines ou pour des travaux où, à cause de ces défauts ou infirmités, elles pourraient, elles ou leurs collègues de travail, se mettre spécialement en danger ». Les principes cités respectent l'article 15 de la Directive 89/391/CEE du 12 juin 1989 selon lequel les groupes exposés à des risques spécialement sensibles devront être protégés contre les dangers qui les affectent de façon spécifique.

[42] *Cf.* une application de ce principe dans la décision du TSJ de Castilla y León (Burgos) du 20 de avril 2006 (Ar. 1155).

En somme, la prévention des risques psychosociaux revient avant tout à l'employeur qui doit évaluer les risques et planifier l'activité préventive. Si l'employeur connaissait une situation de risque psychosocial et n'adoptait pas de mesures pour les évaluer et les éviter, il serait responsable de ne pas appliquer l'article 16 de la loi de prévention des risques professionnels (LPRL) et les articles 3 et suivants du décret royal 39/1997 du 17 janvier 1997 qui contiennent le règlement des services de prévention des risques du travail. D'autres acteurs peuvent également participer à la prévention, en particulier les représentants des travailleurs et les délégués de prévention[43].

B. Réparation du dommage

La réparation du dommage peut s'obtenir au moyen de l'exercice obligatoire des pouvoirs de l'employeur (1) et de la mise en œuvre du principe de responsabilité (2).

1. Exercice obligatoire des pouvoirs de l'employeur

La bonne foi peut obliger l'employeur à exercer ses « pouvoirs patronaux » pour protéger les droits fondamentaux du travailleur. Le système reconnaît en effet à l'employeur certains pouvoirs afin qu'il défende ses propres intérêts, y compris au moyen d'actes d'auto-tutelle privé (Gil, 2004). L'employeur exerce donc ses pouvoirs de façon discrétionnaire, mais des interrogations demeurent. Ainsi, que se passe-t-il quand un tiers revendique l'exercice par l'employeur de ses pouvoirs patronaux ? La question se pose en particulier dans les hypothèses de comportements contraires à la dignité et à l'intimité du travailleur. Lorsque se produit un harcèlement sexuel ou moral dans l'entreprise, l'employeur peut-il rester inactif, malgré les plaintes de la victime ? L'employeur bénéficie-il dans de tels cas d'un pouvoir discrétionnaire, ou celui-ci doit-il être considéré d'usage obligatoire ?[44]

---

[43] Ainsi, on doit prendre en compte que le harcèlement horizontal peut prendre la forme de pratiques souvent souterraines, non connues de l'employeur ou de ses représentants. Dans ce sens, l'article 48.2 de la Loi organique 3/2007 du 22 mars 2007 pour l'égalité effective des femmes et des hommes établit que les représentants des travailleurs devront contribuer à prévenir le harcèlement sexuel et le harcèlement en raison du sexe au travail, par la sensibilisation des travailleurs et travailleuses face à celui-ci et l'information à la direction de l'entreprise des conduites ou comportements dont ils auraient connaissance et qui pourraient l'encourager.

[44] J.-L. Gil (1993) livre une analyse de l'exerce obligatoire des pouvoirs de l'employeur.

Il semble raisonnable de soutenir que, si un travailleur en harcèle un autre, l'employeur doit exercer les pouvoirs de direction et disciplinaires que lui reconnaît le système juridique[45]. L'employeur peut aussi adopter d'autres mesures, comme le changement de fonctions ou le transfert d'un travailleur. En particulier, l'employeur doit exercer le pouvoir disciplinaire, pour éviter une responsabilité par omission qui, d'une autre façon, pourrait lui être exigée (Alonso Olea, Casas, 2006 ; Rodríguez-Piñero, 1996)[46]. Par exemple, le travailleur a le droit à ce que l'employeur exerce ses pouvoirs pour prévenir ou pour réagir contre des agissements de harcèlement moral dans le travail. L'employeur peut, et même doit, sanctionner ou licencier le travailleur qui en harcèle un autre. Les sanctions disciplinaires doivent être proportionnelles à la gravité des fautes. En général, le licenciement doit être considéré comme une *ultima ratio* à laquelle aura recours l'employeur lorsque d'autres alternatives moins sévères ne sont pas possibles (Kollmer, 2007). En ce sens, le harcèlement moral suppose une inexécution des obligations du contrat de travail, grave et coupable, condamnable avec comme sanction un licenciement disciplinaire puisqu'il constitue une offense verbale ou physique (article 54.2 c) du Statut des travailleurs), une transgression de la bonne foi contractuelle (article 54.2 d) du Statut des travailleurs) ou un

[45] La solution est plus simple si une convention collective prévoit le licenciement disciplinaire du travailleur qui viole les droits fondamentaux d'un subordonné ou d'un collègue comme, par exemple, dans les cas d'atteinte à la dignité, à l'intimité, aux libertés publiques ou individuelles, ou du harcèlement ou harcèlement sexuel ou psychologique. Dans de tels cas, la norme conclue est destinée à tous les travailleurs de l'établissement et l'employeur assume le rôle de garant de l'effectivité de la norme. A partir de là, la doctrine a débattu pour savoir si la protection de telles valeurs ne transforme pas en une faculté à usage obligatoire, ce qui normalement est une faculté discrétionnaire, et si, plus qu'un devoir négatif de ne pas attenter lui-même aux droits fondamentaux du travailleur, la norme conventionnelle n'impose pas un devoir d'agir et empêcher l'attaque de ces droits par l'exercice du pouvoir disciplinaire. C'est pourquoi, on est parvenu à accepter, avec des nuances, la possibilité d'une utilisation obligatoire des pouvoirs d'entreprises pour protéger la violation des droits fondamentaux d'un travailleur de la part de ses supérieurs ou collègues : *cf.* M-F. Fernández López (1991), J.-L. Gil (1993) et A. Mazeaud (2002) ; *contra* A.-L. Martin-Serf (2001). Ainsi, dans les cas d'atteinte à un droit fondamental du travailleur, l'employeur perd la discrétion de sanction et doit faire obligatoirement usage d'un pouvoir qui a été conçu traditionnellement pour la défense exclusive de son propre intérêt.

[46] Dans le droit allemand, V. N. Kollmer (2007) sur le *Anspruch auf Disziplinierung des Mobbers*. S'il est confirmé qu'une situation de harcèlement ou de violence s'est produite, l'accord cadre européen prévoit l'adoption de mesures contre l'auteur, y compris des mesures disciplinaires, ainsi que le soutien et, si nécessaire, l'aide et la réintégration de la victime. Les employeurs établiront, reverront et superviseront de telles procédures en consultant les travailleurs ou leurs représentants, afin d'assurer qu'elles soient effectives aussi bien dans la prévention que dans le traitement des problèmes quand ils apparaissent.

harcèlement discriminatoire (article 54.2 g) du Statut des travailleurs). Le principe de la bonne foi condamne la non intervention de l'employeur en présence d'un harcèlement moral porté à sa connaissance. En définitive, l'employeur se trouve investi d'une mission de prévention, mais également de répression afin de protéger les droits de la personne dans l'entreprise. Il doit l'assurer par le pouvoir disciplinaire, ou le cas échéant, par l'exercice du pouvoir de direction ou de la mobilité fonctionnelle ou géographique. L'employeur qui n'exercerait pas ses pouvoirs pour faire cesser les comportements de harcèlement moral n'agit pas selon les exigences de la bonne foi.

L'employeur a toutefois une importante raison de prévenir et de faire face à des agissements de harcèlement en exerçant ses pouvoirs de direction ou disciplinaires. En effet, selon le nouvel article 8 chapitre 13 bis de la loi sur les infractions et les sanctions dans l'ordre social (LISOS), parmi les exigences qui doivent exister pour qu'il y ait une infraction du travail très grave suite à un harcèlement au travail, se trouve celle selon laquelle l'employeur n'aurait pas adopté les mesures nécessaires pour l'empêcher alors qu'il en avait connaissance. Parmi de telles mesures, on trouve la sanction ou le licenciement disciplinaire, le changement de fonctions ou le transfert dans un autre établissement. De cette façon, est renforcée l'idée selon laquelle le principe de la bonne foi impose à l'employeur le devoir de sauvegarder les droits fondamentaux du travailleur, de prévenir et de faire face aux situations de harcèlement dans l'entreprise. Même lorsque la norme suppose une avancée dans la lutte contre la violence au travail, la bonne foi a créé une dichotomie parmi les différentes formes de harcèlement qui renvoie les cas non prévus dans l'article 54.2 g) du Statut des travailleurs à une autre des causes de licenciement disciplinaire, comme les offenses verbales ou physiques ou la transgression de la bonne foi contractuelle.

2. Responsabilité

Les risques psychosociaux mettent en œuvre différents types de responsabilités selon l'auteur responsable des agissements incriminés ou de la gravité de sa conduite. Nous avons déjà vu que le travailleur pouvait avoir une responsabilité disciplinaire. Nous pouvons faire la différence maintenant entre la responsabilité contractuelle (a) et la responsabilité administrative ou pénale (b). En général, le sujet responsable sera l'employeur.

a. Responsabilité contractuelle[47]

Tout d'abord, les risques psychosociaux peuvent justifier la résiliation du contrat de travail à la demande du travailleur. Face à une grave inexécution d'une obligation contractuelle par l'employeur, comme des agissements de harcèlement moral, le travailleur peut en effet demander au juge la rupture de la relation contractuelle. Il pourra percevoir une indemnité pour rupture contractuelle pour motif disciplinaire irrégulier, et le cas échéant, une indemnisation supplémentaire pour dommages et intérêts (article 50 du Statut des travailleurs). À la différence de l'employeur, qui bénéficie d'un lien d'autorité, le travailleur ne peut pas résilier le lien juridique de façon unilatérale et extrajudiciaire. Il doit s'adresser au juge, pour que ce dernier déclare l'extinction des obligations contractuelles[48]. La position inégale des parties dans la relation de travail contraste avec la tendance moderne du droit des contrats qui reconnaît aux cocontractants la faculté de mettre fin au lien contractuel au moyen d'un acte unilatéral et extrajudiciaire si l'autre partie est responsable de l'inexécution d'une obligation essentielle[49].

Outre la question de la résiliation du contrat, d'autres interrogations demeurent. L'employeur peut-il se voir frappé d'une autre responsabilité contractuelle ? Le travailleur a-t-il le droit d'exiger le respect du contrat ou de demander une indemnisation pour les dommages ou préjudices qu'aurait produit le harcèlement moral ?

Le droit d'exiger le respect du contrat est la façon de préserver au mieux les intérêts du travailleur lorsqu'il demande l'accomplissement effectif de celui-ci ou la prévention du harcèlement. Les tendances les plus récentes du droit des contrats attribuent au créancier un droit d'exiger le respect des obligations non pécuniaires[50]. Dans le contrat de travail, et à cause du caractère personnel des prestations, il peut être difficile de contraindre l'employeur à respecter ses obligations. Malgré tout, si le travailleur décide

---

[47] Sur cette question, V. J.-A. Sagardoy (2005) et J.-A. Sagardoy, J.-L. Gil (2006).

[48] SSTSJ de Madrid du 20 mars 2003 (Ar. 3244) et Andalucía/Sevilla du 19 avril 2004 (Ar. 2051).

[49] *Cf.* l'article 7.3.1 des principes d'UNIDROIT relatifs aux contrats du commerce international et l'article 9:301 des *Principles of European Contract Law.*

[50] *Cf. les* articles 46 et 62 de la Convention de Vienne sur la vente internationale de marchandises, l'article 7.2.2 des principes d'UNIDROIT relatifs aux contrats du commerce international et l'article 9:102 des *Principles of European Contract Law* ; Lando y Beale (eds.) (2000: 395).

de rester dans l'entreprise, même s'il est victime de harcèlement moral, il peut engager une action pour violation des droits fondamentaux au travers de la procédure prévue dans les articles 175 et suivants de la Loi de procédure de travail (LPL). Il peut obtenir la fin immédiate du comportement fautif. En fonction des cas, la nullité de l'acte au moyen duquel se réalisent le harcèlement et le replacement de la victime à la situation antérieure à la violation peut être décidée. Des dommages et intérêts en réparation des agissements de harcèlement sont également possibles[51]. À ce propos, il convient d'avoir présent à l'esprit que la loi 62/2003 du 30 décembre 2003 a modifié l'article 181 LPL pour donner un contenu au harcèlement, mais sans le qualifier de discriminatoire. De cette façon, les demandes pour harcèlement devront être traitées conformément à la procédure de tutelle des droits fondamentaux, sauf lorsqu'elles doivent se faire par l'une des modalités de procédure que mentionne l'article 182 de cette même loi, comme celles de licenciement ou d'extinction de contrat de travail. Sur le fondement de l'article 50 du Statut des travailleurs, le travailleur peut demander au juge comme mesure provisoire avant la tenue du jugement la suspension de l'exécution de son obligation de fournir une prestation de travail.

D'un autre côté, le comportement de l'employeur peut donner lieu à une condamnation pour dommages et intérêts en réparation du dommage occasionné au travailleur. Traditionnellement, les indemnisations pour licenciement ou pour résiliation judiciaire du contrat sur demande du travailleur ont été considérées incompatibles avec une nouvelle indemnisation fondée sur les principes de droit civil[52]. Une telle solution n'est pas satisfaisante si une atteinte à un droit fondamental du travailleur se

---

[51] SSTSJ de Aragón du 30 juin 2003 (Ar. 2227) et Galicia du 8 avril et du 18 juin 2003 (Ar. 2893 et 1440/2004).

[52] SSTS du 20 janvier 1990 (Ar. 183), du 5 février 1996 (Ar. 849) et du 3 avril 1997 (Ar. 3047). La STS du 11 mars 2004 (Ar. 3401) a réitéré ce critère dans une hypothèse d'agissements qualifiés de harcèlement moral. À son tour, la STS du 31 mai 2006 (Ar. 6133) indique que cette doctrine vaut, à plus forte raison, pour le licenciement collectif autorisé. Et elle juge que, dans les cas de nullité de la résolution administrative qui autorise un licenciement collectif, il ne faut pas imposer à l'employeur une indemnisation sous la forme de dommages et intérêts pour les salaires qui ont cessé d'être perçus depuis la fin de la relation juridique, sur exécution de la résolution administrative, jusqu'à ce que soit respectée l'arrêt de l'ordre de contentieux administratif.

produit[53]. La jurisprudence sociale a reconnu qu'il fallait décider d'une condamnation supplémentaire sous la forme de dommages et intérêts lorsque le rapport juridique persistait à la suite de la réintégration du travailleur après la déclaration de nullité du licenciement[54], ou parce que le travailleur demandait des dommages et intérêts au lieu de la rupture du contrat[55]. Par conséquent, après des hésitations, la juridiction sociale a fini par admettre la compatibilité entre les indemnisations pour extinction de la relation juridique et pour dommages et intérêts, s'il est prouvé un harcèlement moral[56]. La loi organique 3/2007 du 22 mars 2007 pour l'égalité effective des femmes et des hommes a codifié cette doctrine dans les cas de discrimination ou de lésion des droits fondamentaux ou des libertés publiques du travailleur. Par ailleurs, dans certains cas, la juridiction civile a admis la compatibilité entre les indemnités de licenciement et les dommages et intérêts résultat de la responsabilité extracontractuelle[57]. En somme, pour que la tutelle des droits fondamentaux du travailleur soit effective, le comportement de l'employeur harceleur justifie des dommages et intérêts distincts de la responsabilité qui découle de l'extinction du contrat de travail. Les actions en responsabilité civile sont ainsi possibles dans les cas de non respect des normes en matière de sécurité et de santé au travail[58].

---

[53] La doctrine était peut-être justifiée dans le cas concret qu'instruisait la STS du 11 mars 2004 (Ar. 3401), car le travailleur n'avait pas réussi à prouver qu'il existait une relation de causalité entre la conduite de l'employeur et les maladies qui ont déterminé l'incapacité. Même ainsi, le critère du TS n'est pas convaincant lorsque le comportement de l'employeur porte atteinte aux droits fondamentaux du travailleur, comme c'est le cas pour le harcèlement moral. Dans ce cas, si le travailleur sollicite la rupture du contrat, le comportement de l'employeur peut justifier une indemnisation sous la forme de dommages et intérêts qui viendrait s'ajouter à celle commune du licenciement disciplinaire non recevable. Comme signale le vote particulier à la STS du 11 mars 2004, l'indemnisation pour licenciement a pour objet de réparer la perte d'emploi, mais pas les dommages psychiques et moraux que cause la conduite de l'employeur.

[54] SSTS du 23 mars 2000 (Ar. 3121) et du 12 juin 2001 (Ar. 5931).

[55] STSJ de Aragón du 30 juin 2003 (Ar. 2227).

[56] STS du 17 mai 2006 (Ar. 7176).

[57] SSTS du 10 avril 1999 (Ar. 1877) et du 17 septembre 2002 (Ar. 7692).

[58] Les articles 123.3 et 127.3 de la Loi générale de sécurité sociale et l'article 42.1 de la loi de prévention des risques professionnels (LPRL) indiquent que les responsabilités et les sanctions correspondantes sont compatibles avec les responsabilités civiles qui sont issues de l'inexécution par l'employeur de ses obligations. Il existe néanmoins une controverse pour savoir si la responsabilité est contractuelle ou extracontractuelle. De toute façon, on peut souscrire un contrat d'assurance pour garantir une telle responsabilité civile (art. 15.5 LPRL).

b. Responsabilité administrative et pénale

À part la responsabilité contractuelle, l'employeur peut être responsable administrativement. Ainsi, l'employeur harceleur est responsable d'une infraction administrative condamnable par l'Administration. La sanction administrative peut avoir comme effet de dissuader l'employeur, mais elle n'offre pas de remède pour la réparation du dommage dont a souffert le travailleur (R. Scognamiglio, 2004)[59].

Le harcèlement peut être intégré à l'infraction générale de manquement au respect de l'intimité et de la considération due à la dignité des travailleurs[60], ou celles spécifiques au harcèlement sexuel[61] ou au harcèlement discriminatoire. Le non respect des obligations contractuelles et publiques en matière de sécurité et de santé au travail fait entrer en jeu un ensemble de sanctions administratives.

Enfin, l'employeur ou le travailleur auteurs des agissements de harcèlement moral peuvent encourir une responsabilité pénale. Le code pénal espagnol sanctionne le harcèlement sexuel, mais pas le harcèlement moral. Le harcèlement moral peut toutefois s'intégrer dans divers types de délits, sans préjudice de son inclusion à l'intérieur des délits propres à la sécurité et à la santé au travail. Selon les cas, il peut constituer un délit de lésions (art. 147 et suivants du Code pénal), de menaces (art. 169 et suivants du Code pénal), de contraintes (art. 172 du Code pénal), contre l'intégrité morale (art. 173 Code pénal) ou contre l'intimité (art. 197 Code pénal) ou un délit contre les droits des travailleurs (art. 311.1 ou 316 Code pénal)[62]. Comme le rappelle l'article 42.1 de la loi de prévention des risques

---

[59] L'agence Randstad (2003) signale que, paradoxalement, dans le droit espagnol, l'action de l'inspection du travail posse des difficultés, dans la pratique, dans la lutte contre le harcèlement moral.

[60] En violant la dignité du travailleur, le harcèlement psychologique dans le travail s'intègre dans la teneur de l'article 8.11 de la loi sur les infractions et les sanctions dans l'ordre social (LISOS), qui considère comme infraction administrative très grave en matière de relations professionnelles « les actes de l'employeur qui ont été contraires au respect de l'intimité et à la considération due à la dignité des travailleurs ». Ainsi l'a confirmé la STSJ de la Comunidad Valenciana, Sala de lo contencioso-administrativo, du 25 septembre 2001 (RJCA 548/2002).

[61] L'article 8.13 de la loi sur les infractions et les sanctions dans l'ordre social (LISOS) qualifie de faute très grave « le harcèlement sexuel, lorsqu'il se produit dans le cadre concerné par les facultés de direction de l'entreprise, quel que soit son sujet actif ».

[62] L'agence Randstad (2003) constate que, dans la pratique, il est difficile que l'on parvienne à appliquer un de ces délits dans les cas de harcèlement moral.

professionnels, la responsabilité pénale est engagée dans les cas de non respect des normes de sécurité et de santé au travail.

Conclusion

Dans la lutte contre les risques psychosociaux et, en particulier, contre le harcèlement, les mesures de prévention sont plus utiles que les mesures de réparation du dommage. Les effets particulièrement pernicieux pour la santé et l'intégrité du travailleur, les difficultés de preuve et le préjudice irréparable que suppose la perte de l'emploi rendent la prévention particulièrement nécessaire. Dans ce sens, il est important d'élever le niveau de conscience et de compréhension des risques psychosociaux de la part des employeurs, des travailleurs et de leurs représentants ; d'où l'importance des accords européens sur le stress et sur le harcèlement et la violence au travail.

Dans la réparation du dommage, il est important d'avancer dans l'idée de l'exercice obligatoire des pouvoirs d'entreprise. Le droit espagnol a fait un pas décisif dans la lutte contre le harcèlement en reconnaissant la compatibilité des indemnisations pour licenciement ou extinction du contrat avec une indemnisation supplémentaire sous la forme de dommages et intérêts dans les cas d'atteinte aux droits fondamentaux du travailleur.

BIBLIOGRAPHIE

AGENCIA EUROPEA PARA LA SEGURIDAD Y LA SALUD EN EL TRABAJO, (2002), « Acoso moral en el trabajo », *Facts*, nº 23, 2 pp., http://agency.osha.eu

AGRA B., FERNÁNDEZ R., TASCÓN R. (2002), « El acoso moral en el trabajo (*mobbing*): Análisis sobre la limitada respuesta jurídica a un antiguo problema de reciente estudio y futura solución (legal) », *Revista de Trabajo y Seguridad Social*, Centro de Estudios Financieros, nº 233-234, agosto-septiembre 2002, p. 3-60

AGUSTÍ J. (dir.), (2005), *Riesgos psicosociales y su incidencia en las relaciones laborales y seguridad social*, Consejo General del Poder Judicial, Cuadernos de Derecho Judicial, XII (2004), Madrid, 460 p.

ALONSO OLEA M., CASAS M.-E., (2006), *Derecho del Trabajo*, 24ª edición, Civitas, Madrid, 1289 p.

AMNISTÍA INTERNACIONAL, (2005), *Derechos humanos para la dignidad humana. Una introducción a los derechos económicos, sociales y culturales*, Editorial Amnistía Internacional, Madrid, 91 pp.

ARAMENDI P., (2004), « El acoso laboral y el acoso moral: propuestas para su distinción conceptual y para su protección jurídica », manuscrit non publié.

ARAMENDI P., (2002), « Acoso moral: su tipificación jurídica y su tutela judicial », *Aranzadi Social*, nº 2, abril de 2002, p. 49- 86

ARANY TÓTH M., (2008), « The right to dignity at work: Reflections on article 26 of the revised European Social Charter », *Comp. Labor Law and Pol'y Journal*, Vol. 29, p. 275-316

ARROYUELO Ó., (2002), « La violencia psicológica en el lugar de trabajo en el marco de la Unión Europea », *Lan Harremanak*, 7, 2002-II, p. 279-296

BIANCA M., (1983), « La nozione di buona fede quale regola di comportamento contrattuale », *Rivista di Diritto Civile*, 1983, I, p. 205-216

BOUAZIZ P. (2000), « Harcèlement moral dans les relations de travail. Essai d'approche juridique », *Droit Ouvrier*, p. 192-216

CALVO F-J., (1995), *Contrato de trabajo y libertad ideológica. Derechos fundamentales y organizaciones de tendencia*, Consejo Económico y Social, Madrid, 295 p.

COMITÉ DE DERECHOS ECONÓMICOS SOCIALES Y CULTURALES, (2006), « El derecho al trabajo. Observación general nº 18, aprobada el 24 de noviembre de 2005. Artículo 6 del Pacto Internacional de Derechos Económicos, Sociales y Culturales », Consejo Económico y Social, Comité de Derechos Económicos, Sociales y Culturales, 35º periodo de sesiones, Ginebra, 7 a 25 de noviembre de 2005, E/C.12/GC/18, 6 de febrero de 2006

CONDE E., (2007), *La buena fe en el contrato de trabajo. Un estudio de la buena fe como elemento de integración del contrato de trabajo*, La Ley, Madrid, 446 p.

DÄUBLER W., (2004), *Arbeitsrecht. Ratgeber für Beruf, Praxis und Studium*, fünfte Auflage, Bund-Verlag, Frankfurt am Main, 392 p.

DI MARTINO V., HOEL H., COOPER L., (2003), *Preventing violence and harrassment in the workplace*, European Foundation for the Improvement of Living and Working Conditions, Dublin, 101 p.

FERNÁNDEZ LÓPEZ M.-F., (1991), *El poder disciplinario en la empresa*, Civitas, Madrid, 459 p.

FERNÁNDEZ LÓPEZ M.-F., (1985), « Libertad ideológica y prestación de servicios », *Relaciones Laborales*, II, p. 421-444

FONDATION EUROPÉENNE POUR L'AMELIORATION DES CONDITIONS DE VIE ET DE TRAVAIL, (2007), *Quatrième enquête européenne sur les conditions de travail*, Office des publications officielles des Communautés européennes, Luxembourg, 142 p.

FONDATION EUROPÉENNE POUR L'AMÉLIORATION DES CONDITIONS DE VIE ET DE TRAVAIL, (2002), *La qualité du travail et de l'emploi en Europe. Enjeux et défis*, Cahier de la Fondation, nº 1, janvier 2002, 38 p.

GARCÍA CALLEJO J.-M., (2003), *Protección jurídica contra el acoso moral en el trabajo o la tutela de la dignidad del trabajador*, UGT, Federación de Servicios Públicos de Madrid, 239 p.

GARCÍA HERRERA M.-A., MAESTRO BUELGA G., (2002), « Constitución y acoso moral », *Lan Harremanak*, 7, 2002-II, p. 69-84

GARCÍA-PERROTE I., (2008), « Acoso sexual, acoso por razón de sexo y acoso en la Ley de Igualdad de mujeres y hombres », *Relaciones Laborales*, 4/2008, febrero de 2008, p. 1743

GARCÍA VIÑA J., (2001), « La regulación actual de la buena fe en la figura del empresario », *Aranzadi Social*, nº 22, marzo 2001, p. 51-94

GIL J.-L., (2004), « El deber del empresario de renegociar el contrato de trabajo », *Relaciones Laborales*, nº 19, octubre de 2004, p. 51 à 81.

GIL J.-L., (2003), « El deber del empresario de salvaguardar los derechos fundamentales del trabajador », *Aranzadi Social*, nº 13, p. 57 à 74.

GIL J.-L., (2003), *Principio de la buena fe y poderes del empresario*, Consejo Andaluz de Relaciones Laborales, Sevilla, 402 p.

GIL J.-L., (1994), *Autotutela privada y poder disciplinario en la empresa*, Ministerio de Justicia, Madrid, 178 p.

GIL J.-L., (1993), « Les pouvoirs de l'employeur », *Bulletin de Droit Comparé du Travail et de la Sécurité Sociale*, Université Bordeaux I, Faculté de Droit, des Sciences Sociales et Politiques, p. 6 à 19

GUTIÉRREZ-SOLAR B., (1999), *El deber de seguridad y salud en el trabajo. Un estudio sobre su naturaleza jurídica*, Consejo Económico y Social, Madrid, 281 p.

KAWAGUCHI M., (2000), « Le harcèlement sexuel sur le lieu de travail en droit japonais », *Bulletin de Droit Comparé du Travail et de la Sécurité Sociale*, COMPTRASEC, Université Montesquieu-Bordeaux IV, p. 65-76

KOLLMER N., (2007), *Mobbing im Arbeitsverhältnis. Was Arbeitgeber dagegen tun können – und sollten*, 4. Auflage, rehm, Heidelberg, 218 p.

LANDO O., BEALE H. (eds.), (2000), *Principles of European Contract Law. Parts I and II Combined and Revised*, Prepared by the Commission on European Contract Law, Chairman: Professor Ole Lando, Kluwer Law International, The Hague y otras ciudades, 561 p.

LAPÉROU-SCHENEIDER B., (2002), « Les mesures de lutte contre le harcèlement moral », *Droit Social*, nº 3, mars, p. 313-320

LEHTO A.-M., PÄRNÄNEN A., (2007), *Violence, bullying and harassment in the workplace*, European Foundation for the Improvement of Living and Working Conditions, Dublin, 21 p, en www.eurofound.europa.eu.

LICARI S., (2000), « De la nécessité d'une législation spécifique au harcèlement moral au travail », *Droit Social*, nº 5, mai, p. 492-506

LOY G., (2005), « Il "mobbing" : profili giuslavoristici », *Diritto del Lavoro*, 2005, Fasc. 3, Parte I, p. 251-281

MARTIN-SERF A.-L., (2001) « Sur le harcèlement sexuel. Huit années d'application des articles L. 122-46 à L. 122-48 du Code du travail », *Droit Social*, n° 6, juin, p. 610-623

MARTÍNEZ GIRÓN J., (2003), « Dignidad del trabajador y acoso moral », in AA.VV., *Derecho vivo del trabajo y Constitución. Estudios en homenaje al profesor doctor Fernando Suárez González*, Ministerio de Trabajo y Asuntos Sociales, La Ley, Madrid, p. 91-104

MAZEAUD A., (2002), « Harcèlement entre salariés: apport de la loi de modernisation », *Droit Social*, n° 3, mars, p. 321-324

MOLINA B., (2002), « *Mobbing* o acoso moral en el lugar de trabajo. (Comentario a la STSJ Navarra de 18 de mayo de 2001) », *Relaciones Laborales*, 2002, I, p. 783-795

MOLINA NAVARRETE CRISTOBAL (2007), *La tutela judicial frente al acoso moral en el trabajo: de las normas a las prácticas forenses*, Editorial Bomarzo, Albacete, 100 p.

MOLINA NAVARRETE C., (2002), « La tutela frente a la "violencia moral" en los lugares de trabajo: entre prevención e indemnización », *Aranzadi Social*, n° 18, enero 2002, p. 49- 90

MOLINA NAVARRETE CRISTOBAL (2001), « Una "nueva" patología de gestión en el empleo público: el acoso institucional (*mobbing*). Reflexiones a propósito de la STS 3ª, Sección 6ª, de 23 de julio de 2001 », *La Ley*, 2001, 7, D-270, p. 1553-1571

MONTOYA A., (1999), « Prólogo » à GUTIÉRREZ-SOLAR, B. (1999), *El deber de seguridad y salud en el trabajo. Un estudio sobre su naturaleza jurídica*, Consejo Económico y Social, Madrid, p. 13-16

MUÑOZ RUIZ A.-B., (2001), « Accidente de trabajo y acoso moral: reflexiones al hilo de las sentencias del Tribunal Superior de Justicia de Navarra de 30 de abril, 18 de mayo y 15 de junio de 2001 », *La Ley*, 2001, 7, D-284, p. 1646-1648

NAVARRO F., (2007), *La tutela jurídica frente al acoso moral laboral*, Aranzadi, Cizur Menor, 284 p.

NIEDHAMMER I., (2006), « Les facteurs psychosociaux et la violence psychologique au travail », *adsp*, n° 57, décembre, p. 50-52

PEDRAJAS A., (1992), *Despido y derechos fundamentales. Estudio especial de la presunción de inocencia*, Editorial Trotta, Madrid, 396 p.

PONTIFICIO CONSEJO « JUSTICIA Y PAZ », (2005), *Compendio de la doctrina social de la Iglesia*, Biblioteca de Autores Cristianos y Editorial Planeta, Madrid, 420 p.

RANDSTAD, (2003), *Informe Randstad sobre acoso moral (mobbing)*, elaborado por el Instituto de Estudios Laborales de ESADE, 28 de octubre, 82 p.

REY GUANTER S. (DEL), (1992), « Contrato de trabajo y derechos fundamentales en la doctrina del Tribunal Constitucional », in ALARCÓN CARACUEL R. (coord.), *Constitución y derecho del trabajo: 1981-1991. (Análisis de diez años de jurisprudencia constitucional)*, Marcial Pons, Madrid, p. 31-92

ROMERO M.-J., (2004), *Protección frente al acoso en el trabajo*, Editorial Bomarzo, Albacete, 94 p.

RODRÍGUEZ-PIÑERO M. (1996), « Constitución, derechos fundamentales y contrato de trabajo », *Relaciones Laborales*, 1996, I, p. 107-116.

RODRÍGUEZ-PIÑERO M., FERNÁNDEZ LÓPEZ M.-F., (1986), *Igualdad y discriminación*, Tecnos, Madrid, 341 p.

SAGARDOY J.-A., (2005), *Los derechos fundamentales y el contrato de trabajo*, Civitas, Cicur Menor, 109 p.

SAGARDOY J.-A., GIL J-L., (2006), « El acoso psicológico en el trabajo », in CASAS, MARÍA EMILIA; DURÁN, FEDERICO; CRUZ, JESÚS (coord.), *Las transformaciones del Derecho del Trabajo en el marco de la Constitución Española*, La Ley, Madrid, p. 803-842

SAGARDOY J.-A.; GIL J-L., (2003), « Los derechos laborales del empresario », in SEMPERE NAVARRO A. (dir.) et MARTÍN JIMÉNEZ R. (coord.), *El modelo social en la Constitución Española de 1978*, Ministerio de Trabajo y Asuntos Sociales, p. 361-396

SAGARDOY J.-A.; VALLE, J.-M. (DEL), GIL J.-L. (2006), *Prontuario de Derecho del Trabajo*, 8ª edición, Civitas, Cizur Menor, 532 p.

SALCEDO Mª C., (2000), *El deber de protección empresarial de la seguridad y salud de los trabajadores*, Tirant lo Blanch, Valencia, 148 p.

SAVATIER J. (1998), « Note à Cour de Cassation (Chambre sociale), 24 mars 1998, *M. Azad c/ Chamsidine M'Ze* », *Droit Social*, nº 6, juin, p. 614-616

SCOGNAMIGLIO, RENATO (2004), « A proposito del *mobbing* », *Rivista Italiana di Diritto del Lavoro*, 2004, I, p. 489-519

SINZHEIMER H., (1927), « La esencia del derecho del trabajo », in *Crisis económica y derecho del trabajo. Cinco estudios sobre la problemática humana y conceptual del derecho del trabajo*, Madrid, Instituto de Estudios Laborales y de la Seguridad Social, p. 67-77

L'accueil théorique du droit italien

Gianni LOY
Université de Cagliari

Ce sujet sera analysé à partir des références que le système italien donne aux différentes hypothèses relatives aux risques psychosociaux, mais aussi eu égard à leur rareté en indiquant les normes qui permettent une protection. Seront examinés *in fine* les concepts mis en place par la convention collective et destinés à la prévention des évènements préjudiciables ou à l'assistance aux victimes.

En premier lieu, en Italie, tout ce qui concerne la protection des travailleurs se fonde sur la « fatalité ». Cela signifie que ceux qui connaissent le milieu professionnel sont conscients qu'il existe un risque inévitable, sous-entendu que le risque doit être assumé par le travailleur. Or, le phénomène dit des « risques psychosociaux au travail » n'est pas nouveau dans la littérature et la recherche et ne constitue pas non plus un problème d'ordre philosophique. Il s'agit en réalité d'un problème politique, notamment concernant l'encouragement du droit à traduire les acquisitions des sciences en matière de risques psychosociaux en langage juridique.

En deuxième lieu, il n'existe en Italie aucune loi qui, spécifiquement, se réfèrent aux risques psychosociaux dans leur ensemble et qui en donnerait une définition. Ils sont par conséquent décrits en référence à la littérature internationale en matière de sciences humaines et en référence aux premiers textes communautaires qui commencent notamment à aborder le sujet du stress et du *mobbing*.

Toutefois, l'Italie a connu plusieurs tentatives visant à doter certains de ces phénomènes, comme le *mobbing,* d'un régime législatif. Depuis deux législatures, toute une série de projets et de propositions de loi ont été déposés avec comme finalité l'établissement d'une réglementation législative du *mobbing*, tant du point de vue civil que du point de vue pénal. Plus de dix propositions ont été déposées au bureau du Parlement, mais aucune de celles-ci n'ont connu de développement à cause de la fin anticipée de la législature au cours des premiers mois de 2008. Néanmoins de son côté, la région du Latium a approuvé une loi en matière de *mobbing*[1], mais qui a été déclarée inconstitutionnelle par la Cour constitutionnelle. Cette dernière a en effet considéré que la région du Latium avait dépassé les limites de sa propre compétence en légiférant sur une matière qui, selon la Cour, touche aux droits fondamentaux[2]. L'initiative de l'Institut national italien d'assurance contre les accidents du travail et les maladies (INAIL) de rédiger en 2003 une circulaire décrivant, de fait, une pathologie attribuable au *mobbing* doit être soulignée[3]. Cette tentative a toutefois également subi un sort analogue à la loi de la région du Latium à la suite d'une décision datant de 2005 du Tribunal administratif.

Aussi, en l'absence d'un cadre juridique de référence plus précis, les situations relatives aux risques psychosociaux au travail font l'objet de protection dans la mesure où elles constituent une atteinte à la santé. Selon les acceptions les plus modernes, cette atteinte à la santé comprend aussi la simple perte du bien-être psychophysique et l'altération des rythmes normaux dans les rapports sociaux. Cependant, le système juridique italien du travail ne contient pas de définition des risques psychosociaux ; ce qui souligne par là-même des carences en la matière (I). L'étude du régime de réparation des dommages causés par la faute de l'employeur et les mesures de prévention des risques et d'assistance aux victimes permettront néanmoins de déboucher sur un accueil théorique par le droit italien du concept des risques psychosociaux (II).

I. Les carences du système italien en matière de risques psychosociaux au travail

Le système juridique italien ne comporte pas de définition de la notion des risques psychosociaux proprement dit (A). Outre cette absence de définition, seules quelques rares dispositions juridiques peuvent s'appliquer à des éléments intégrant le concept des risques psychosociaux tout en leur offrant cependant un accueil théorique (B).

---

[1] Loi régionale Lazio n° 16/2002, Dispositions pour prévenir et traiter le phénomène de mobbing dans les lieux de travail.

[2] *Corte Cost.* 10-19 décembre 2003, n° 359.

[3] Circulaire INAIL n° 71 du 17 décembre 2003, Dérangements psychiques dus à l'organisation du travail.

A. L'absence d'une définition juridique des risques psychosociaux

Les phénomènes recouverts par le concept de « risques psychosociaux » comprennent d'importantes différences. Pour certains, comme le stress et le syndrome de *burn out* (épuisement professionnel), il y a un manque de définition absolue, ce qui ne signifie pas pour autant un manque de protection absolue, référence étant faite exclusivement aux définitions données par les sciences sociales. Il n'existe que dans une seule configuration une définition juridique. Il s'agit de celle relative au harcèlement sexuel qui a été récemment introduite. En effet, tout en livrant une définition précise, le législateur italien a assimilé en 2005 le harcèlement sexuel au travail aux discriminations, en rendant par là-même applicable la réglementation s'y rapportant.

Par harcèlement sexuel, le système italien entend les « comportements non désirés à connotation sexuelle, exprimés sous forme physique, verbale ou non verbale, ayant pour but ou pour effet de porter atteinte à la dignité d'une travailleuse ou d'un travailleur, et de créer un climat intimidant, hostile, dégradant, humiliant ou offensant »[4]. Le législateur en a profité pour considérer comme discriminatoire les « traitements défavorables, mis en œuvre par l'employeur, qui constituent une réaction à une réclamation ou à une action visant à obtenir le respect du principe d'égalité de traitement entre hommes et femmes »[5].

Enfin, concernant le *mobbing*, aucune définition juridique n'est prévue. Les propositions et les projets de loi n'en donne d'ailleurs aucune définition commune. Toutefois, à plusieurs reprises et malgré l'absence d'une définition législative explicite, la jurisprudence a fourni une définition du *mobbing*. Celle qui fait le plus autorité, au demeurant inspirée par la jurisprudence des juridictions du fond et par celle contenue dans la loi régionale du Latium[6], est celle de la Cour constitutionnelle qui définit le *mobbing* comme « une série d'actes et de comportements vexatoires »[7].

Le *mobbing* n'étant pas réglementé au niveau législatif, une définition de ce phénomène par la Cour constitutionnelle pourrait paraître étrange. Cela

---

[4] Décret Législatif n° 145/2005, art. 2 *ter*.
[5] *Ivi*. art. 2 *quater*.
[6] Trib. Torino, 18 décembre 2002.
[7] Cour constitutionnelle 19 décembre 2003, n° 3.

s'explique pourtant par le fait que la décision contenant cette définition a été rendue lors de la déclaration d'inconstitutionnalité de la loi de la région du Latium.

Du reste, en l'absence d'une loi, ainsi qu'il a été justement remarqué par un Tribunal, « il n'y aura *mobbing* que si des conduites déterminées présentent les critères requis par la psychologie du travail internationale (notamment grâce aux travaux du professeur Heinz Leymann) et nationale (grâce aux travaux du professeur Ege) pour pouvoir parler de ce phénomène »[8].

Il serait trop long et fastidieux d'examiner spécialement le processus d'adaptation au droit de la définition « sociale » du *mobbing* au travers des jugements de la jurisprudence, désormais nombreux et qui dénotent, contrairement au législateur, une prise en compte par les juridictions italiennes du phénomène de *mobbing*. Le choix se portera donc sur l'examen de deux cas d'espèces ayant une signification particulière du point de vue juridique.

Le premier a trait au fait que, ainsi qu'il a été confirmé par la Cour constitutionnelle, le *mobbing* consiste en des comportements qui « peuvent être, si examinés individuellement, tout à fait licites, légitimes ou insignifiants du point de vue juridique, mais qui peuvent acquérir de l'importance en tant qu'éléments d'une conduite complexe »[9]. Celle-ci est, à notre sens, l'hypothèse de *mobbing* la plus typique. Dans le cas où le *mobbing* serait constitué de comportements illicites, à ce moment là on pourrait appliquer les régimes prévus pour l'accomplissement de tels actes illicites. Toutefois, la réitération de comportements en soi licites rendrait la qualification juridique plus difficile. Naturellement, dans le cas où il serait question d'une série d'actes, certains étant légitimes et d'autres pas, dès lors que l'ensemble des conduites incriminées serait qualifié de *mobbing*, les régimes juridiques correspondant aux différentes conduites seront appliqués sans que les unes n'excluent les autres. Autrement dit, aussi bien les conduites illicites que celles considérées comme relevant du *mobbing* seront concernées.

---

[8] Trib. Forlì, 15 mars 2001. La plupart des sentences des Tribunaux citées dans ce texte sont recueillies dans l'ouvrage de S. Mazzamuto, *Il mobbing*, Giuffré, Milano 2004. Les sentences les plus récentes sont consultables sur le site : http://www.mobbingonline.it.

[9] Cour consitutionelle n° 359/2003.

Le deuxième aspect des cas d'espèces examinés tient au fait que l'ensemble des conduites considérées doivent, pour pouvoir être qualifiées de *mobbing*, potentiellement causer un dommage à la victime supposée. Mais cela ne signifie pas que tout comportement qui pourrait causer un dommage au travailleur soit considéré comme du *mobbing*. Le travailleur pourrait en effet subir un dommage psychologique aussi en présence de comportements absolument légitimes de l'employeur, peut-être par la perception de ces comportements par une personne de sensibilité particulière. Il faut donc, et c'est le troisième élément, que la conduite mise en œuvre ait un caractère intentionnel. En d'autres termes, le *mobbing* doit nécessairement se caractériser par une intention de nuire (*animus nocendi*).

B. Les rares dispositions juridiques applicables aux risques psychosociaux

Le système italien ne prévoit pas actuellement de norme de protection spécifique aux risques psychosociaux si ce n'est celle relative au harcèlement mise en œuvre pour des motifs discriminatoires liés au sexe et celle du harcèlement sexuel. La loi dispose que tous les actes, les accords ou les mesures concernant le rapport de travail entre travailleurs et travailleuses victimes de harcèlement à connotation sexuelle sont nuls s'ils sont adoptés consécutivement à un refus ou à une soumission de la victime à l'auteur de ces comportements[10]. Les conséquences juridiques de tels agissements peuvent être naturellement très sérieux aussi bien au plan civil que pénal. Le harcèlement sexuel est en effet pénalement incriminé sous les formes d'un délit de harcèlement et d'un délit d'agression sexuel prévus respectivement par les articles 660 et 609 bis du Code pénal italien.

Pour l'heure, toutes les autres hypothèses liées aux risques psychosociaux ne font l'objet d'aucune disposition spécifique dans le système juridique italien. Néanmoins, elles sont protégées par une norme générale du Code civil. L'article 2087 se prête en effet à être utilisé en matière de risques psychosociaux comme un outil de protection incisif en l'absence d'une réglementation spécifique.

L'article 2087 du Code civil énonce que « l'employeur est tenu d'adopter, dans l'exploitation de son entreprise, les mesures qui, selon la

---

[10] Décret législatif n° 145/2005, art. 2 *quater*.

particularité du travail, l'expérience et la technique, sont nécessaires pour protéger l'intégrité physique et la personnalité morale de son employé ». L'employeur est donc dans l'obligation d'adopter ces mesures, le travailleur étant, de son côté, titulaire d'un droit subjectif à ce que ces mesures soient appliquées. Selon l'essentiel de la doctrine, l'article 2087, du Code civil fonde une véritable obligation de protection capable de pénétrer dans le *synallagma* contractuel (Montuschi, 1989). Par conséquent, la responsabilité de l'employeur serait établie même si celui-ci ne violerait aucune des normes de sécurité prévues par le système juridique. Sur la base de l'expérience et de la technique, l'employeur doit en tout cas adopter les mesures visant à la protection de l'intégrité psychophysique et morale du travailleur. Le système italien exige l'adoption de mesures de sécurité opportunes chaque fois que celles-ci sont techniquement faisables, à la différence de ce que prévoient d'autres systèmes qui exigent aussi l'« accommodement raisonnable » de ces mesures comme le système britannique.

Toutefois, il s'agit d'une responsabilité contractuelle qui ne requiert pas l'existence d'une responsabilité objective. L'employeur doit être défaillant pour ne pas avoir adopté de mesures de sécurité susceptibles de protéger la santé du travailleur. Quand cela est prouvé, il n'y a nul besoin de démontrer que les troubles résultants par exemple de la survenance de risques psychosociaux se sont produits par la faute de l'employeur (Loy, 2005).

Parmi les obligations de l'employeur attenantes à l'article 2087 du Code civil et concernant les risques psychosociaux, doit être prise en compte celle de garantir une organisation et un milieu de travail qui ne portent pas atteinte à la santé psychophysique des travailleurs. L'employeur doit également tenir compte de la qualité des relations interpersonnelles entre ses salariés. En somme, l'employeur doit garantir un milieu de travail qui n'est pas une source de stress et qui ne connaît pas de comportements vexatoires, lesquels, quand ils sont répétés, peuvent s'interpréter comme du *mobbing*.

Dans le cas des risques à caractère psychosocial, et notamment dans le cas du *mobbing*, le travailleur devra démontrer « aussi bien l'existence d'une série répétée de comportements symptomatiques de *mobbing* selon l'*id quod plerumque accidit*[11], que le lien de causalité par rapport à l'atteinte à sa

[11] « Ce qui arrive communément ».

personnalité morale »[12]. L'employeur, de son côté, devra démontrer qu'il a mis en œuvre « les précautions dues et nécessaires pour éviter la réalisation du processus de *mobbing* », et donc que l'évènement lésionnaire « dépend d'un fait qui ne lui est pas imputable, mais anormal et imprévisible » (Maretti, 2007).

Ce raisonnement vaut aussi pour le préjudice causé par le stress lié au type d'organisation du travail. D'ailleurs, l'intérêt porté sur ce point par les juridictions est de plus en plus important. En ce sens, l'information ouverte par le Parquet de Turin sur les conditions de travail dans plusieurs usines Fiat est emblématique parce qu'elle vise non seulement des phénomènes particuliers ayant déterminé la survenue de troubles diffus parmi les ouvriers, mais bien le système d'organisation du temps de travail adopté par Fiat dans ses usines. Il s'agit du « TMC-2 », qui littéralement signifie : « *Temps des mouvements reliés - deuxième version* ». En d'autres termes, l'appréciation du risque et des éventuelles responsabilités en résultant repose directement sur ce système d'organisation des temps de travail adopté par l'entreprise. D'ailleurs, l'Institut national italien d'assurance contre les accidents du travail a récemment reconnu « suivant une interprétation spécifique à l'évolution des formes d'organisation des processus de production et à l'attention croissante concernant la sécurité dans les lieux de travail » que, parmi les causes de travail, doivent être comprises non seulement la nocivité des usinages, mais aussi celle relative à l'organisation d'entreprise et des activités professionnelles[13].

Une partie de la doctrine et de la jurisprudence considèrent que les dommages psychologiques, et notamment ceux résultant du *mobbing*, peuvent aussi faire l'objet d'une responsabilité civile extracontractuelle sur le fondement des articles 2043 et 2059 du Code civil italien[14]. Ce courant estime également que les deux responsabilités civiles, contractuelle et extracontractuelle, peuvent être cumulées à l'encontre de l'employeur. Ce cumul paraît justifié par le fait que, de cette manière, la protection du

---

[12] Cour de cassation, 5 février 2000, n° 137.

[13] INAIL, Circulaire n° 71 du 17 décembre 2003.

[14] Art. 2043 du Code civil : « Quiconque par un fait dolosif ou par imprudence cause à autrui un dommage injuste oblige celui qui a commis la faute ce dommage ; art. 2049 du Code civil : « Les maîtres et les commettants sont responsables des dommages causés par les faits illicites de leurs domestiques ou de leurs préposés dans l'exercice des tâches auxquelles ils sont affectés ».

travailleur serait plus large. L'avantage résulterait de la possibilité de pouvoir cumuler les avantages de chacun de ces deux modes de responsabilité, surtout en matière de régime et de preuve[15].

Ce raisonnement ne convainc guère car l'article 2087 du Code civil italien paraît un parapluie protecteur suffisamment large et, qu'une fois vérifié que la conduite est imputable à une inexécution (ce qui se produit quasiment toujours), celle-ci ne saurait, au même moment, être qualifiée comme responsabilité extracontractuelle. Comme le souligne S. Mazzamuto (2004), La règle du cumul semble donc « tout à fait dépourvue de bases dogmatiques, constituant plutôt le produit de la tentative, au demeurant méritoire, de la jurisprudence d'offrir à la victime la plus grande protection possible ». La responsabilité extracontractuelle pourrait toutefois trouver une application dans certaines hypothèses, mais seulement au cas où la conduite de l'employeur ne pourrait être rattachée à la responsabilité contractuelle résultant de l'inexécution des obligations résultant de l'article 2087 du Code civil. C'est dans ce sens que s'est finalement définitivement orientée la jurisprudence de la Cour de Cassation qui, en reprenant une définition de *mobbing* « large » (« toute hypothèse de pratiques vexatoires mises en œuvre par une ou plusieurs personnes différentes »), n'exclut pas un recours éventuel aux solutions visées par l'art. 2043 du Code civil italien. En somme, la responsabilité extracontractuelle peut fonctionner dans le cas où la conduite incriminée constituerait une « violation d'obligations contractuelles spécifiques résultant du rapport dans l'emploi ». Ce cas de responsabilité correspondrait à la violation de ces normes « indépendamment de la nature des dommages subis »[16].

---

[15] Le Tribunal de Fordi semble adopter cette position lorsqu'il retient qu'il peut être reconnu « aussi bien la nature contractuelle que celle extracontractuelle du droit à l'indemnisation dérivant directement pour le donneur de travail non seulement de prévenir les accidents du travail, mais aussi en tenant compte d'une optique globale de prévention psychophysique en vertu de la combinaison de l'article 32 de la Constitution et de l'article 2043 du Code civil. En terme de répartition de la charge de la preuve, il sera appliqué le critère le plus favorable qui est sûrement celui qui dérive de la responsabilité contractuelle » ; Trib. Forlì, 15 mars 2001. Dans le même sens, Trib. Como, 22 mai 2001 ; Trib. Pinerolo, 6 février 2003. Ce principe a été confirmé par un arrêt de la Cour de cassation, Cass. 20 janvier 2003, n° 9909 et Cass. 22 mars 2003, n° 4129. En doctrine, le cumul de responsabilités est soutenu par D. Garofalo, *Mobbing e tutela del lavoratore tra fondamento normativo e tecnica risarcitoria*, in "*Italian Labour Law e-journal*", Opinioni e commenti – *Articles*, p. 4, *op. cit.*

[16] Cour de cassation, 4 mai 2004, n° 8438.

Il apparaît en conséquence qu'hormis les mesures relatives au harcèlement sexuel, il n'existe ni de définition ni de règle spécifique applicables aux risques psychosociaux au travail. La protection contre ces derniers résulte plutôt d'une théorisation de la mise en œuvre de la responsabilité civile dans un sens de réparation du dommage subi et dans l'adoption de mesures législatives et conventionnelles adaptées.

II. L'accueil théorique des risques psychosociaux au travail par le droit italien

Le droit italien peine à saisir le concept des risques psychosociaux au travail. Cependant, la réglementation en matière de dommages et intérêts laisse entrevoir quelques solutions sans pour autant être suffisantes (A). Pour cette raison, des mesures adaptées de prévention des risques professionnels et d'assistance aux victimes doivent être adoptée (B).

A. Les protections offertes par la réglementation en matière de dommages et intérêts

L'article 2087 du Code civil italien, malgré son avantage de reconnaître au travailleur un droit subjectif imposant à l'employeur de mettre en œuvre toutes les mesures de sécurité susceptibles de le protéger, a toujours été utilisé essentiellement à des fins de dédommagement. En principe, l'employeur est tenu de réparer le dommage subi par le travailleur dont l'état de santé a été altéré. Sa responsabilité est en effet engagée dès lors qu'il est prouvé qu'il n'a pas appliqué les mesures de protection qu'il aurait dû mettre en place.

La prise de conscience des situations liées aux risques psychosociaux au travail a cependant motivé une extension des protections offertes par la norme. Les dommages causés à la santé des travailleurs par les risques psychosociaux ont été pris en compte dans un sens plus large que celui entendu jusqu'alors concernant les situations altérant la santé physique.

Aussi, il est à souligner que des comportements préjudiciables pour le travailleur étaient jusque là dépourvus de mesure de protection ou de sanction car ils correspondaient à une attitude considérée en soi comme légitime de la part de l'employeur. Or, examiné à la lumière des caractéristiques du *mobbing*, notamment en ce qui concerne la continuité du phénomène et la volonté de nuire, ces comportements peuvent être qualifiés d'illicites et entrer ainsi dans le champ de protection de l'article 2087 du Code civil italien

La preuve de la violation par l'employeur des mesures de protection et de sécurité peut ainsi donner lieu à l'annulation des effets d'actes préjudiciables pour le travailleur. Cela est possible seulement qu'en présence de mesures spécifiques tels que le licenciement, la démission, la mutation, la « mise au placard », etc. Dans ce dernier cas, typique du *mobbing*, la présence d'une conduite vexatoire contribue à la qualification de la nature de l'acte. C'est dans ce sens qu'il est qualifié d'illégitime car il est déterminé par la conduite illicite de l'employeur.

Quant au dédommagement, il importe de rappeler que les conséquences dans le cas des risques psychosociaux[17] peuvent comporter un dommage à la santé, fréquemment une souffrance psychologique, qui, dans certaines circonstances, détermine la survenue d'une véritable maladie. Il n'est toutefois pas exigé la survenue d'une véritable pathologie[18] ou d'un dommage susceptibles d'une protection d'un autre point de vue. Dans le *mobbing*, en effet, « indépendamment même de la survenance d'une pathologie appréciable du point de vue clinique, il y a néanmoins un dommage résultant d'une atteinte aux valeurs personnelles » (Lazzari, 2001).

Si la survenance d'un dommage spécifique était nécessaire, nous serions contraints d'admettre qu'une même conduite est apte à produire des effets juridiques selon que la personne succombe face à celle-ci ou qu'elle soit en mesure de la tolérer. Bien au contraire, l'élément subjectif de la victime est en soi indifférent pour ce qui concerne la qualification de la conduite de l'employeur. Ce qui doit constituer un point ferme, en définitive, c'est le fait que, tant par rapport au *mobbing* qu'au stress, l'atteinte est constituée par ledit *mobbing*[19] ou par le stress. La victime, en somme, devra se concentrer non pas sur la recherche du dommage, mais sur la recherche du *mobbing*. En

[17] La jurisprudence les a examinées surtout du point de vue du *mobbing*, mais elles sont valables dans tous les cas.
[18] On sait, d'ailleurs, qu'elle est bien mince, surtout au niveau psychologique quant à la distinction entre état de bien-être et état de maladie.
[19] Trib. Como, 22 mai 2001.

effet, quand des agissements de *mobbing* sont démontrés, il y aura un dommage.

Le système italien connaît néanmoins d'autres hypothèses dans lesquelles « le dommage est *in re ipsa* (en soi-même) du seul fait d'avoir exposé la personne protégée au risque attenant à ce dommage »[20]. C'est le cas par exemple des dispositions de l'article 28 de la loi n° 300 du 30 mai 1970 relative au Statut des Travailleurs, qui réprime la conduite antisyndicale, mais aussi de l'article 44 de l'Acte législatif n° 286 du 25 juillet 1998, « Recueil des dispositions sur l'immigration » et de l'article 38 de l'Acte législatif n° 198 du 11 avril 2006 portant sur le « Code de l'égalité des chances entre hommes et femmes ».

Le *mobbing* peut en effet causer des dommages patrimoniaux ou être préjudiciable à la vie relationnelle, « mais il peut aussi s'épuiser en lui-même, en ne provoquant (comme dans la plupart des cas déjà soumis à l'attention des juges) qu'un malaise résultant de la "pression" excessive de l'employeur et, donc, de la compromission de la personnalité du travailleur »[21].

Dans les cas avérés de *mobbing*, la jurisprudence italienne admet désormais de plus en plus fréquemment la réparation du « dommage existentiel ». À partir des années 2000, la Cour de cassation a en effet explicitement reconnu comme indemnisables non seulement les dommages patrimoniaux *stricto sensu*, mais aussi tous les préjudices qui « entravent les activités participant à l'accomplissement de la personne humaine »[22]. Aussi, le dommage non patrimonial n'est pas limité au seul dommage moral subjectif, mais il est entendu comme un dommage résultant d'une atteinte aux droits inviolables de la personne constitutionnellement garantis[23]. En ce sens et sont considérés comme tel, c'est-à-dire indemnisables, le préjudice professionnel, le dommage à la sérénité de la vie familiale et, dans la communauté de travail, l'atteinte à l'épanouissement par le travail, à la reconnaissance dans les relations interpersonnelles et les rapports sociaux dans le travail (Meucci, 2004). Ce dommage consiste par exemple en des

[20] D. Garofalo, *op. cit.*, p. 4.
[21] Trib. Pisa, 10 avril 2002.
[22] Cassazione 7 juin 2000, n° 7713.
[23] Così Cass. sez. III, 31 mai 2003, n° 8827 e Cass. sez. III, 31 mai 2003, n° 8828. Dans le même sens : Cass. sez. IV, 22 janvier 2004, n° 2054.

souffrances endurées pour avoir travaillé pendant plusieurs mois dans un milieu professionnel hostile[24].

L'utilisation de la notion de « dommage existentiel », qui ne fait pas l'unanimité dans la doctrine, est parfois contestée. Il ne fait cependant aucun doute que le recours à ce concept peut « remplir un espace vide ou une aire entière de dommages dépourvus, de fait, de la protection de dédommagement ». Cela s'articule avec les « hypothèses dans lesquelles l'acte illicite du tiers, tout en ne pesant ni sur la santé ni sur le patrimoine de la victime, lui entrave l'exercice d'une activité non rémunératrice, jusqu'alors habituelle, qui constituait une source de gratification subjective pour la victime » (Meucci, 2002).

L'obligation pour l'employeur d'adopter des mesures de sécurité, la réglementation spécifique en matière de harcèlement sexuel et le recours au principe de la responsabilité extracontractuelle ne sont absolument pas suffisants pour prévenir d'un phénomène qui serait selon les statistiques l'objet d'un développement alarmant. Des mesures de prévention des risques et d'assistance aux victimes doivent ainsi être pensées de manière à appréhender juridiquement et concrètement ce phénomène.

B. Les mesures de prévention des risques professionnels et d'assistance aux victimes

Même si elles sont plus difficiles à mettre en œuvre que les mesures relatives à la santé physique au travail, il faudrait penser à édicter des dispositions susceptibles d'aider à la prévention des risques psychosociaux et à l'assistance des victimes. Ces mesures peuvent être adoptées au niveau législatif (1) ou être mises en œuvre par la convention collective (2).

1. La réglementation visée par l'Acte législatif n° 626/1994

L'article 4 de l'Acte législatif n° 626/194 modifié par l'article 21 de la loi n° 39 du 1er mars 2003 est particulièrement important car il énonce des mesures générales de protection visant la santé des travailleurs dans leur milieu de travail. Ces dispositions concernent entre autres :

---

[24] Trib. Tempio Pausania, 10 juillet 2003.

a) *L'évaluation de tous les risques pour la santé et la sécurité.* Cette évaluation doit aussi comprendre ceux connexes à l'organisation du travail *lato sensu*. En d'autres termes, ce document obligatoire d'évaluation des risques professionnels doit tenir compte des risques psychosociaux au travail et prévoir des mesures pour leur élimination.

b) *Le respect des principes ergonomiques dans la conception des postes de travail, dans le choix des équipements et dans la définition des méthodes de travail et de production, y compris pour le travail monotone et répétitif.* Cette mesure résulte de la présomption que ladite activité professionnelle, de par ses rythmes et malgré la présence de toutes les conditions générales de sécurité dans le milieu de travail, peut causer des dommages au bien-être des travailleurs. Il est donc fait référence aux acquisitions de l'ergonomie et aux variables de temps de manière à limiter les risques possibles pour les travailleurs, notamment concernant le stress. Dans ce cas, ne pouvant totalement éliminer ni la pénibilité ni le stress qui sont intrinsèquement présents dans certaines activités professionnelles, le législateur vise néanmoins une réduction de leurs effets néfastes potentiels sur la santé des travailleurs.

c) Enfin, la fonction préventive des risques professionnels peut être facilitée par une obligation d'information, de formation, de consultation et de participation des travailleurs ou de leurs représentants, sur les questions concernant la sécurité et la santé au sein du lieu de travail.

Avec la modification opérée dans le texte en 2003 concernant l'évaluation de « tous » les risques professionnels, le législateur a exprimé une volonté claire de prévenir, ou à tout le moins de réduire au minimum les risques à caractère psychosocial, principalement le stress, mais aussi les phénomènes de *mobbing* ou de *burn out* pouvant être induits ou facilités par l'organisation du travail. Cependant, la modification apportée au texte d'origine par le législateur a été guidée par l'arrêt de la Cour de justice européenne du 15 novembre 2001 qui a jugé l'Italie défaillante pour n'avoir pas correctement indiqué, dans sa transposition de l'article 6 de la Directive 89/391/CE, l'obligation des employeurs d'évaluer « tous » les risques professionnels[25].

---

[25] Cour de Justice CE, 15 novembre 2001, C-49/00.

Une seconde tentative législative d'encadrement des risques psychosociaux a été réalisée au niveau régional. Par la loi n° 16 de 2002, la Région du Latium a prévu une série de mesures visant à prévenir les phénomènes de *mobbing* dans le milieux de travail et à offrir assistance aux victimes. Cette loi a cependant été déclarée inconstitutionnelle[26] car, en donnant une définition du *mobbing*, elle a envahi le champ de compétence de l'État, ce qui, selon la Cour, n'est pas tolérable, y compris en l'absence d'une intervention législative. Nombreux ont été ceux qui ont considéré comme excessive la déclaration d'inconstitutionnalité de cette loi dans son entier, et pas seulement concernant la définition du *mobbing*, étant donné que l'adoption d'initiatives de type préventif, informatif et d'assistance n'exige pas forcément une définition législative du *mobbing*. Les initiatives prévues visent en effet une pluralité de comportements préjudiciables pour le travailleur parmi lesquels est compris le *mobbing*. Par la suite, la Cour constitutionnelle[27] a considéré en revanche constitutionnellement légitime une loi analogue de la Région d'Abruzzes, justement parce qu'en ne précisant aucune définition du *mobbing*, elle n'envahit pas la sphère de compétence de l'État.

2. Les interventions de la Convention collective

La carence d'outils opérationnels de prévention et d'assistance en matière psychosociale est progressivement comblée, en Italie, par l'action de la convention collective et par les interventions adoptées par les employeurs dans le cadre de la Fonction publique. Il convient de rappeler, à cet égard, que le *mobbing* est diffus, surtout au sein de la Fonction publique.

De nombreuses conventions collectives de travail, notamment dans la Fonction publique, prévoient des outils contractuels visant à l'information, à la prévention et à la protection contre le *mobbing*. Dans ces contrats, ce phénomène est défini comme une « forme de violence morale ou psychique à l'occasion du travail – mise en œuvre par l'employeur ou par d'autres salariés – à l'égard d'un travailleur. Il est caractérisé par une série d'actes, d'attitudes ou de comportements différents et répétés dans le temps de manière systématique et habituelle, ayant des connotations agressives, dénigrantes et vexatoires telles qu'elles provoquent une dégradation des

[26] *Cf.* supra.

[27] Cour constitutionnelle, sent. 23 janvier 2006, n° 22.

conditions de travail et sont susceptibles de compromettre la santé ou le caractère professionnel ou la dignité du travailleur dans le cadre de son établissement d'appartenance ou, même telles, qu'elles l'excluent du contexte professionnel de référence ». Les dispositions auxquelles il est fait référence peuvent figurer aussi bien dans les conventions collectives nationales que dans les accords d'entreprise. Elles peuvent également être structurées au sein de véritables « Codes de Conduite ».

Presque toutes les conventions collectives nationales relatives à la Fonction publique prévoient la mise en place d'un Comité paritaire sur le phénomène du *mobbing* constitué d'un représentant de chaque association syndicale signataires et d'un nombre égal de représentants de l'Organisme cocontractant. Ce Comité a pour tâche de collecter des données qualitatives et quantitatives relatives au phénomène de *mobbing*, d'identifier les causes possibles et de formuler des propositions d'actions positives pour prévenir ou supprimer la situation incriminée. Ces résultats, associés à des initiatives de formation et de mise à jour du personnel en la matière, visent surtout à favoriser la cohésion et la solidarité des salariés. L'organisme cocontractant de la convention est chargé de leur mise en œuvre. Parmi les initiatives dans la Fonction publique, il importe de souligner la directive du 24 mars 2004 du Ministère de la fonction publique sur le bien-être dans l'organisation du travail qui vise à supprimer les facteurs de conflictualité au sein de ce secteur.

Un deuxième type d'initiative, présente dans quelques contrats, prévoit la mise en place d'un « Conseiller *ad hoc* » qui exerce une activité de conseil et qui traite les cas qui lui sont soumis. Ces derniers sont signalés par des victimes d'épisodes de *mobbing*, de harcèlement et de discrimination. En outre, quelques Codes, essentiellement en matière de harcèlement sexuel, prévoient des régimes particuliers permettant aux travailleurs qui se considèrent victimes de harcèlement sexuel, de choisir entre une procédure informelle et menée par le conseiller de son choix, d'avoir recours à une forme arbitrale de règlement du conflit ou de déposer une plainte formelle[28].

[28] *Cf.* Le Code adopté par les associations de coopératives de la région de Toscane AGCI, Lega delle cooperative e Confcooperative e CGIL, CISL e UIL le 10 mai 2001.

BIBLIOGRAPHIE

LAZZARI C., (2001), « Il mobbing tra norme vigenti e prospettive di intervento legislativo », *Rivista giuridica del lavoro*, 2001, p. 65

LOY L., (2005), « Il mobbing, profili giuslavoristici », *Il diritto del lavoro*, fasc. 3, parte I, p. 272

MARETTI S., (2007) « Mobbing, fattispecie e strumenti di tutela », *Diritto e pratica del lavoro*, n° 32

MEUCCI M., (2004), « Il danno esistenziale nel rapporto di lavoro », *Rivista italiana di diritto del lavoro*, , p. 438

MEUCCI M., (2002), *Danni da mobbing e loro risarcibilità*, Ediesse, Roma

MAZZAMUTO S., (2004), *Il mobbing*, Giuffré, Milano

MONTUSCHI L., (1989), *Diritto alla salute e organizzazione del lavoro*, Angeli, Milano

Les possibilités de mobilisation en droit portugais

Antonio Monteiro Fernandes
ISCTE, Université de Lisbonne

L'expression « risques psychosociaux » n'est pas connue du langage législatif portugais. Pour être reçue en droit, il faut attendre qu'elle devienne la traduction d'une notion juridique bien dessinée. Pour cela, l'influence du droit communautaire contribue à « juridiciser » – sans pour autant les définir avec précision – les notions de « stress », de harcèlement et de violence au travail. Ces phénomènes sont en effet des notions dont les dimensions médicales, psychosociologiques et éthiques ont été plus ou moins assimilées par la loi.

La manifestation de ces phénomènes au travail se situe toutefois en amont de la notion de « risque psychosocial » en ce qu'elle reflète des effets immédiats sur la personne du salarié et sur l'environnement de travail. Ces effets dépendent aussi de certaines caractéristiques de l'activité ou de certains comportements des personnes avec lesquelles le salarié entre en contact.

Par ailleurs, notre thème mobilise une autre notion – celle des « *troubles* psychosociaux » – qui n'est pas, elle non plus, « juridicisée » par le droit portugais. Pourtant, nous verrons que plusieurs situations comprises dans cette notion – celles qui identifient des entités pathologiques individualisées, c'est-à-dire des maladies typées – sont reconnues et différenciées par le législateur. La loi reconnaît donc les « facteurs » de risque et les conséquences de l'occurrence des risques, mais ne s'occupe pas, de façon spécifique, ni des risques eux-mêmes, ni des modalités de leur prévention.

La sécurité et la santé « physique » au travail impliquent des mesures de prévention technique dont la nature est déterminée, de façon plus ou moins précise, par la réglementation. Celle-ci est d'ailleurs très détaillée, aussi bien au niveau communautaire qu'au niveau de chaque État membre de l'Union Européenne.

En revanche, la santé psychique ou mentale, au-delà de certaines mesures spécifiquement préventives – contre le bruit, la monotonie, par exemple –

met en cause les conditions de travail, mais aussi la qualité des relations de travail et de l'emploi, la teneur des rapports interpersonnels au travail, le degré de participation, les modes d'exercice de l'« autorité patronale ». À la limite, l'équilibre psychologique des salariés peut être bouleversé par des comportements intentionnels de l'employeur en violation de la loi, soit parce qu'ils expriment des abus de pouvoir, soit parce qu'ils se traduisent par des atteintes directes à la dignité et à l'intégrité de la personne des travailleurs.

La spécificité des « risques psychosociaux » conduit à établir une passerelle entre la démarche de la protection de la santé au travail et celle de la promotion de la qualité des relations de travail. C'est surtout à partir de ce deuxième point de vue que le droit portugais approche notre thème qui mérite quelques précisions conceptuelles (I) avant de l'aborder sous l'angle de la reconnaissance par le droit portugais (II) et plus particulièrement par le droit du travail (III)

I. Quelques précisions conceptuelles

Les « risques » auxquels se réfère un thème comme « le droit portugais confronté aux risques psychosociaux » ont pour objet certains troubles de la santé des salariés liés au travail. Il s'agit donc de « risques professionnels », de risques entraînés par la nature, les modalités ou les circonstances de l'activité exercée. La notion de « troubles psychosociaux » y est fortement impliquée. L'expression « troubles psychosociaux » signale, en même temps, un état de perturbation psychologique sérieuse et un rapport entre cet état et, d'une part, des causes situées sur le plan des relations personnelles dans un cadre social donné et, d'autre part, certaines modifications négatives du comportement de la personne dans le même cadre.

Ces phénomènes peuvent se produire en étant la conséquence de certaines circonstances vérifiables dans le cadre des relations de travail. Pourtant, ce qui nous intéresse, c'est surtout la considération juridique des causes de ces « troubles », soit du point de vue des obligations de prévention, soit en ce qui concerne les responsabilités pour la réparation du dommage subi par la victime de ces troubles. Plus précisément, concernant ce dernier point, il s'agira d'une réparation de certains préjudices non patrimoniaux qui trouvent leur source dans la souffrance inhérente aux « troubles psychosociaux » causés par le travail.

Suivant le critère des « causes », les troubles psychosociaux liés à l'exécution du contrat de travail peuvent appartenir à deux catégories. D'une part, celle des troubles psychosociaux qui sont la conséquence des caractéristiques de la prestation de travail, du degré d'exigence professionnelle qu'elle implique, de son environnement physique (nature de l'activité, rythme ou cadence nécessaire, bruit, odeurs, éclairage, etc.), ce qu'on peut, en général, rapporter à la notion de « stress ». D'autre part la catégorie des troubles psychosociaux qui découlent de facteurs inhérents aux rapports personnels (violence, *mobbing*), au climat social (tension sociale, absence d'information, style autoritaire de la direction) ou aux perspectives d'avenir envisagées par le travailleur (blocage de la carrière, mobilité géographique, crainte de perte d'emploi).

La première catégorie de troubles psychosociaux appartient à la « normalité » du monde du travail et relève surtout des régimes de protection de la sécurité et de la santé au travail, aussi bien que de celui de la réparation des maladies professionnelles. Il s'agit des conséquences de la prestation de travail dans les conditions régulières et normales qui caractérisent l'activité. On peut penser aux travaux répétitifs, ou ceux qui exigent une concentration extrême et continue ou caractérisés par des cadences intenses ou qui impliquent le contact permanent avec des matières dangereuses ou répugnantes. Il s'agit aussi de travaux qui sont réalisés à une grande hauteur, dans un environnement très bruyant ou dans un isolement complet. Toutes ces caractéristiques peuvent contribuer à provoquer des « troubles psychologiques » divers.

La deuxième catégorie de troubles psychosociaux est, en général (mais pas toujours), dû à des comportements illicites, ou au moins moralement blâmables, plus ou moins évidents, de la part de l'employeur ou d'autres travailleurs. Ce sont les cas de harcèlement moral ou sexuel, notamment sous la forme de non occupation, de décisions arbitraires avec incidence sur la situation personnelle ou professionnelle du salarié, de l'action disciplinaire non fondée mais à caractère infamant. Cependant, des troubles similaires peuvent être déclenchés par des décisions légitimes de l'employeur comme la modification des horaires de travail en conformité avec les dispositions législatives et conventionnelles, le changement du lieu de travail, la réorganisation des services et des fonctions ou encore la modification radicale de la technologie utilisée. Les procédures de privatisation, de fusion-acquisition non accompagnées par des représentants des travailleurs et obéissant à des critères non révélés produisent aussi, d'une façon typique, des effets psychosociaux négatifs sur les plans individuel et collectif.

Mais c'est seulement dans les comportements illicites ou moralement blâmables que les effets nocifs sur l'équilibre psychologique du travailleur peuvent ouvrir la mise en œuvre des dispositifs de la responsabilité contractuelle ou extracontractuelle de l'employeur pour le préjudice causé. Cela se fait notamment dans le cadre des effets de la rupture du contrat de travail à l'initiative de salarié, mais aux torts de l'employeur.

Le législateur exprime une certaine réserve pour reconnaître les conséquences des risques psychosociaux et leur prise en charge. L'argument porte sur les caractéristiques des troubles psychosociaux qui seraient surtout le fait que leur révélation peut se produire en dehors du cadre physique et chronologique des relations de travail. En outre, le législateur craint un phénomène de simulation ou d'exagération qui rend parfois très difficile leur détection et la mesure de leur gravité. Cet argumentaire s'appuie également sur la jurisprudence, les juridictions du travail portugaises ayant pendant longtemps refusé la reconnaissance des préjudices non patrimoniaux liés aux licenciements injustifiés. Néanmoins, au-delà de ces réserves, le système juridique portugais laisse filtrer quelques éléments laissant entrevoir des possibilités de mobilisation du droit dans le sens d'une reconnaissance des risques psychosociaux.

II. Les risques psychosociaux au travail reconnus par le droit portugais

L'article 59 de la Constitution de la République Portugaise du 2 avril 1976 consacre le droit de « tous » les travailleurs à une « organisation du travail dans des conditions qui les rendent socialement dignes, en vue de permettre leur épanouissement individuel et de concilier leur activité professionnelle avec leur vie de famille ». La mention de « *tous* les travailleurs » sert le propos d'affirmer les principes d'égalité et de non discrimination. En outre, le même article définit le droit des travailleurs « à effectuer leur travail dans des conditions respectant l'hygiène, la sécurité et la santé. Enfin, cette dispositions précise aussi le droit des travailleurs « à une assistance et une juste indemnisation, lorsqu'ils sont victimes d'un accident du travail ou d'une maladie professionnelle ». Ces principes constitutionnels servent de toile de fond aux régimes de la prévention des risques professionnels et de la réparation des accidents et des maladies liés au travail.

Le régime de la prévention des risques professionnels, contenu dans le Code du Travail est nettement dominé par les risques de lésion physique et de troubles biologiques. Toutefois, il n'est fait aucune distinction qui autoriserait l'idée de la dévalorisation des risques psychosociaux. On peut même affirmer que l'application de presque toutes les règles du système normatif portugais de prévention à ce type de risques est parfaitement envisageable, au moins implicitement. Mais le manque, presque absolu, de précisions relatifs aux risques et aux troubles psychosociaux est évident. Il existe néanmoins pourtant une exception : l'article 128/2 du Code du travail attribue en effet à l'employeur l'obligation « d'organiser le travail de façon à réduire le travail monotone ou cadencé en fonction du type d'activité ».

S'il est vrai que le système normatif de prévention des risques professionnel n'est *a priori* pas pensé pour incorporer la prévention des risques psychosociaux, ces risques sont cependant pris en compte, mais d'une façon implicite dans le cadre du régime des relations individuelles de travail. Le Code du Travail en donne plusieurs illustrations notamment sur le plan de la définition des droits et des obligations mutuelles impliqués dans le contrat de travail. L'employeur est tenu de « respecter et traiter avec humanité » le travailleur et de lui offrir de « bonnes conditions de travail, du point de vue physique et moral » (art. 127). Les salariés qui occupent des postes hiérarchiques ont des obligations similaires (art. 128). Un autre ensemble de règles du Code interdit à l'employeur de « s'opposer (...) à ce que le travailleur exerce ses droits » ; il ne peut pas « le licencier, lui appliquer d'autres sanctions, ou lui donner un traitement défavorable à cause de l'exercice de ses droits » ; il ne peut pas « empêcher, sans justification objective, la prestation effective de travail » ; il doit s'abstenir d'« exercer des pressions sur le travailleur pour que celui-ci agisse d'une façon négative sur ses propres conditions de travail et sur celles des autres salariés » (art. 129).

Ces règles ont des ramifications dans le domaine de la rupture du contrat de travail. Pour les cas où le sujet est un travailleur, l'article 351 du Code du travail, qui fournit le critère de la « juste cause » disciplinaire, prévoit deux types de « justes causes » justifiant la rupture du contrat de travail qui semblent être étroitement liées aux risques psychosociaux : la « provocation répétée de conflits avec d'autres travailleurs de l'entreprise » et la « pratique (...) de violences physiques, injures ou d'autres offenses punies par la loi sur des travailleurs de l'entreprise (...) ». Ces comportements d'un travailleur – qui exerce souvent des fonctions hiérarchiques – peuvent très bien s'insérer dans des manœuvres du type « *bullying* »[1], même parfois dans l'intérêt de l'employeur. Cela relativise ainsi considérablement la prévision comme « juste cause » de licenciement. Par ailleurs, l'article 394 du Code du travail considère comme juste cause de rupture du contrat par le travailleur l'« offense à l'intégrité physique ou morale, à la liberté, à l'honneur ou à la dignité du travailleur (...) pratiquée par l'employeur ou son représentant ».

Cette approche contractuelle des risques psychosociaux apparaît renforcée en ce qui concerne le harcèlement. À ce sujet, l'article 15 du Code du travail consacre en effet le « droit à l'intégrité physique et morale »[2]. L'article 28 du même Code étend au harcèlement exercé vis-à-vis du travailleur le régime de la discrimination. Cette disposition fournit aussi une définition de harcèlement comme étant : « le comportement non désiré, [*notamment en rapport avec l'un des facteurs de discrimination indiqués dans l'art. 24*] adopté au moment de l'accès à l'emploi ou dans l'emploi lui-même, le travail ou la formation professionnelle, dans le but ou avec l'effet de perturber ou contraindre la personne, d'affecter sa dignité ou de lui créer une ambiance intimidante, hostile, dégradante, humiliante ou déstabilisante ». Par ailleurs, le harcèlement sexuel est défini comme « tout comportement non désiré à caractère sexuel, sous forme verbale, non verbale ou physique, dans le but ou avec les effets mentionnés dans l'alinéa antérieur ».

Cette « contigüité » entre harcèlement et discrimination est assez discutée du point de vue conceptuel, mais elle devient compréhensible et acceptable lorsqu'on tient compte des effets des deux comportements justement sur la santé et l'équilibre psychologique du travailleur. Il s'agit, dans les deux types de situations, de modalités de traitement personnel et professionnel différencié, et surtout personnalisé, c'est-à-dire dirigé contre un individu déterminé en fonction de ses caractéristiques propres. Tant le harcèlement que la discrimination deviennent des formes de pression et d'atteinte à la

[1] Violence à long terme, physique ou psychologique, qui est perpétrée par un ou plusieurs agresseurs à l'encontre d'une victime dans une relation de domination.

[2] Droit d'ailleurs reconnu d'une manière étrangement symétrique au travailleur et à l'employeur.

liberté personnelle de la victime, des causes de mal-être et de déséquilibre, soit sur le plan psychologique, soit sur celui de la convivialité dans le cadre de l'organisation du travail.

Au sein de la législation portugaise sont ainsi repérées plusieurs indications d'une « sensibilité » législative face aux risques psychosociaux associés au travail. Néanmoins, ces risques ne sont pas identifiés directement en tant que tels ; ils ne méritent pas le même degré de reconnaissance explicite que les risques professionnels « classiques », c'est-à-dire ceux qui menacent la sécurité et la santé physique des travailleurs.

Ce constat incite pourtant à une explication complémentaire. Le « Tableau National des Incapacités pour Accident de Travail ou Maladie Professionnelle », dont la version la plus récente a été publiée en 1993[3], identifie les maladies qui peuvent être causées par le travail et définit le degré d'incapacité indemnisable que le juge peut associer à chacun des niveaux de gravité vérifiables. Or ce « Tableau » prévoit et décrit des troubles mentaux relatifs aux psychoses, aux névroses (y compris l'angoisse et la dépression) et à d'autres troubles mentaux dus à des lésions cérébrales. Ce tableau s'abstient cependant d'établir des rapports de cause à effet et, surtout, il omet de contenir les références concernant les causes possibles et susceptibles d'association avec l'exécution ou l'environnement du travail.

La notion de « risque » apparaît donc sous forme implicite. Certains comportements (des employeurs et des dirigeants d'entreprise) peuvent en effet être qualifiés d'illicites, en partie parce qu'ils sont susceptibles de provoquer des conséquences négatives sur la santé psychologique et l'équilibre personnel du travailleur. Il y a aussi des troubles mentaux qui sont à la fois liés au contexte relationnel du travail et susceptibles d'affecter le comportement des personnes dans ce contexte. Ces troubles sont reconnus par la loi comme des causes possibles d'incapacité de travail et de gain. Ils sont ainsi considérés en tant que tel comme indemnisables. Toutefois, le rapprochement entre la reconnaissance, même implicite, d'un droit à la protection contre les risques psychosociaux et le droit du travail n'a pas encore été effectué par la loi.

[3] Décret-loi n° 341/93 du 30 septembre 1993.

Il faut en tout cas souligner que de nouveaux développements pourront se produire surtout en conséquence des discussions motivées par la mise en œuvre de l'accord cadre européen sur le *stress* au travail et animées par le rapport de l'Agence Européenne pour la Santé au Travail. Ce débat, non seulement au sein du conseil économique et social, mais aussi dans le cadre de la négociation collective, se poursuit toujours ; il est susceptible d'engendrer une sensibilité juridique spécifique sur le thème et déterminer des prévisions législatives moins centrées sur la mesure de la capacité de travail et de gain.

III. Les risques psychosociaux et le droit du travail

La prévention des risques professionnels fait l'objet d'une large panoplie d'instruments réglementaires dont la plupart dérive de la réglementation communautaire. Mais les risques psychosociaux n'y sont pas pris en considération. Toute cette vaste législation spécialisée est concentrée sur les facteurs *physiques* de l'environnement du travail et sur les mesures nécessaires pour prévenir les conséquences *physiques* ou *physiologiques* des risques concernés. Même les règles susceptibles de s'appliquer à la prévention des risques psychosociaux comme celles concernant le bruit ne sont pas inspirées par la protection de la santé mentale, mais essentiellement par le but de prévenir des lésions auditives.

Dans le domaine de la réglementation générale du contrat de travail, on a vu que la loi imposait certaines obligations et interdictions à l'employeur. Celles-ci ont été inspirées par un souci de protection de l'intégrité morale, de la dignité et, par là-même, de l'équilibre psychologique des travailleurs. Le non accomplissement de ces devoirs contractuels (dont le fondement est pourtant légal) entraîne des sanctions diverses. En général, il justifie la démission immédiate du travailleur en lui conférant le droit d'être indemnisé pour tous les préjudices patrimoniaux et non patrimoniaux subis et consécutifs de l'infraction. Concernant le cas spécifique du harcèlement, le droit à une indemnité ne dépend pas de la démission car selon l'article 28 du Code du travail, elle peut être exigée sans rompre la relation contractuelle de travail.

Par ailleurs, quelques unes de ces obligations contractuelles sont aussi garanties par des sanctions de nature administrative contenues dans les mêmes articles. C'est à nouveau le cas du harcèlement (qualifié comme infraction « très grave ») et celui des violations de l'occupation effective du salarié, ou d'autres formes de pressions illicites subies par le travailleur qui en est victime qui sont aussi qualifiées d'infractions « très graves ».

En ce qui concerne les « troubles psychosociaux » résultant de ces comportements illicites de l'employeur, des dirigeants ou des collègues de travail, le « Tableau National des Incapacités » est appliqué et le montant de l'indemnité est déterminé par le juge. Il faut remarquer cependant que l'objet essentiel de cette indemnité est la perte totale ou partielle de la « capacité de travail et de gain » subie par le travailleur en conformité avec la gravité de la situation.

Le régime de la réparation des conséquences des accidents et des maladies professionnelles repose sur le principe du transfert de la responsabilité de l'employeur. En effet, concernant les cas de maladies, c'est une institution appartenant à la structure de la Sécurité Sociale qui assume cette charge. Il s'agit du « Centre National de Protection Contre les Risques Professionnels ». C'est à ce dernier qu'incombe l'évaluation, la graduation et la réparation des maladies professionnelles, et ce, toujours sous le point de vue strict de la diminution ou de la perte de capacité de gain et de travail.

Mais en vertu de l'article 303 du Code du travail de 2003 (article qui est resté provisoirement en vigueur après la révision de 2009), ce mécanisme ne fonctionne pas dans les cas où c'est l'employeur qui a provoqué la maladie de façon intentionnelle. C'est alors l'employeur qui doit supporter la charge de l'indemnité. Le montant de celle-ci ne doit pas se limiter à la « capacité de travail et de gain ». Elle doit couvrir « la totalité des préjudices, patrimoniaux et non patrimoniaux subis par le travailleur et sa famille » en respectant le droit commun de la responsabilité civile. Cette responsabilité n'est pas transférable car c'est seulement en cas d'incapacité économique de l'employeur que l'institution de Sécurité Sociale interviendra au titre de garantie de l'indemnité.

On peut donc résumer la capacité de mobilisation du droit du travail concernant les « risques psychosociaux » de la façon suivante :

a) il n'y a pas de dispositifs spécifiques dans le domaine de la « prévention technique » ;

b) les « risques psychosociaux » sont couverts, de manière indirecte, au travers des obligations et des interdictions adressées à l'employeur, aux dirigeants et aux travailleurs en général, dans le cadre du contrat de travail, sur le fondement des droits fondamentaux à la dignité et à l'intégrité physique et morale au travail ;

c) le phénomène auquel la loi attribue un rapport plus évident avec les risques psychosociaux est le harcèlement (moral ou sexuel) qui est assimilé à la discrimination ;

d) la violation de ces obligations et les interdictions justifient la démission du travailleur avec le droit de percevoir une indemnité qui englobe les préjudices patrimoniaux et non patrimoniaux ;

e) dans le cas particulier du harcèlement, la loi prévoit le droit à une indemnité (pour les préjudices patrimoniaux et non patrimoniaux) sans la faire dépendre de la rupture du contrat de travail à l'initiative du travailleur ;

f) les violations des obligations mentionnées peuvent aussi impliquer une responsabilité pénale et administrative traduite dans le paiement d'une amende plus ou moins importante ;

g) si les « troubles psychosociaux » dont est victime le travailleur ont le caractère de maladie professionnelle, le système de réparation lié à la Sécurité Sociale fonctionne sur la base de la perte totale ou partielle de la capacité de travail et de gain ;

h) quand les troubles psychosociaux sont provoqués de manière intentionnelle par l'employeur, leur réparation doit être supportée directement par l'employeur fautif ;

i) enfin, dans les autres situations, la réparation est assurée par une institution spécifique du système de Sécurité Sociale.

L'esquisse d'encadrement par le droit grec

Costas PAPADIMITRIOU
Faculté de Droit
Université d'Athènes

La protection de la sécurité physique des salariés constitue la préoccupation majeure du droit du travail grec (Supiot, 2007). Le développement du machinisme, la révolution industrielle, l'utilisation de nouvelles méthodes de production et de produits nocifs ont retenu l'intérêt de l'État qui ne pouvait ignorer des conditions de travail ruinant les forces de la Nation. La protection de la sécurité physique intéressait l'ordre public notamment pour des raisons militaires (Pélissier, Supiot, Jeammaud, 2008). La prévention et la réparation des accidents de travail et des maladies professionnelles ont ainsi constitué l'objet d'une réglementation détaillée. C'était pourtant uniquement le bien-être physique des travailleurs qui retenait l'attention (Maggi-Germain, 2002).

Or, la période contemporaine est marquée par l'intensification du travail et l'augmentation de la charge mentale des salariés, ainsi que par l'apparition des risques psychosociaux liés au milieu et aux méthodes d'organisation de travail. Les technologies de production massive, l'automatisation de travail, la chasse au profit des entreprises constituent certaines raisons majeures de la détérioration de l'« environnement » psychologique au sein de l'environnement professionnel. Le stress au travail est aujourd'hui le deuxième problème de santé du travail le plus répandu, touchant 28 % des travailleurs dans l'Union européenne (Institut hellénique d'hygiène et sécurité du travail, 2002). La lutte contre ces risques constitue une préoccupation nouvelle, mais aussi majeure. De ce constat, une prise en conscience se développe ainsi au niveau national et international.

Avant d'examiner la réglementation juridique des risques psychosociaux en droit grec (II), le contexte de la réglementation juridique dans lequel ils se développent doit être abordé (I).

I. Le contexte de la réglementation juridique des risques psychosociaux

Les risques psychosociaux au travail constituent une nouvelle catégorie de risques qui fait l'objet d'une toute récente attention (A). Les troubles psychosociaux liés au travail, résultant de la survenance du risque, sont par ailleurs très divers ce qui rend difficile leur catégorisation (B). Il faut pourtant s'interroger sur les causes de ces risques et de ces troubles tout en examinant leurs conséquences (C).

A. La notion de « risques psychosociaux »

Les risques psychosociaux ne sont pas définis par la loi grecque. Il est en fait difficile de saisir les risques psychosociaux rencontrés lors de l'exercice d'une activité professionnelle. D'une part, les troubles provoqués par les risques psychosociaux couvre un ensemble de manifestations extrêmement diverses et mal reconnues. D'autre part, ces troubles sont liés à des causes différentes dont la nature et la provenance varient.

Puisqu'il est difficile de saisir ces troubles, il est encore plus ardu d'en esquisser une définition juridique. On ne peut alors que concevoir les risques psychosociaux comme un terme générique englobant plusieurs risques plus déterminés et plus concrets. Chacun de ces risques nécessiterait d'ailleurs une réglementation particulière, même si on pourrait déterminer certains régimes communs de protection.

Quelques catégories des risques menaçant la santé mentale des salariés sont toutefois repérables. Tout d'abord le « stress » qui constitue l'état de déséquilibre entre la perception qu'une personne a des contraintes que lui impose son environnement et la perception qu'elle a de ses propres ressources pour y faire face. Ensuite, le « harcèlement moral » constitué par les pressions morales, directes ou indirectes, dirigée de manière répétée contre le salarié par son employeur ou son supérieur. Enfin, « l'épuisement professionnel » (*burn out*) s'exprime par un ensemble de réactions d'ordre physique, mental ou émotionnel consécutives à des situations de stress prolongé et survenant après un investissement personnel et affectif important dans l'activité professionnelle.

B. Les causes provoquant les troubles psychologiques au travail

Les causes provoquant les troubles psychologiques au travail sont extrêmement variées (Fondation européenne pour l'amélioration des conditions de vie et de travail, 2005). Tout d'abord une augmentation de la charge mentale est entraînée par le fait que les activités mentales prennent la place des activités manuelles. Plus le travail devient mental, plus des troubles d'ordre psychologique apparaissent.

Il y a ensuite des causes liées aux particularités de l'organisation du travail : demandes croissantes, manque de liberté, responsabilité accrue, devoir de travailler dans l'urgence, sentiment d'être l'objet d'une attention appuyée (Maggi-Germain, 2002). En effet, l'intensité de travail ne cesse de croître. Le travail est souvent monotone et l'individu reste extérieur à la conception de la production. Le travailleur n'a pas le sentiment que ses capacités soient prises en compte et manque de reconnaissance. Il est soumis au développement de pressions de plus en plus fortes. En somme, ce qu'on sent alors gagner quant aux conditions physiques, semble être perdu quant aux conditions psychologiques de travail.

Par ailleurs, l'accroissement la concurrence économique entre entreprises avec une tendance à la réduction du coût du travail entraînent dans le même temps une intensification de la réalisation du travail. Le rythme devient opprimant avec souvent comme mot d'ordre la sauvegarde de l'entreprise et non le développement du bien être des salariés dans leur rapport avec le milieu professionnel. Avec de telles conditions de travail, l'apparition d'un certain nombre de troubles d'origine psychosocial ne pourra être évitée.

L'environnement socioéconomique semble aussi souvent changer d'une façon dramatique, ce qui pourrait constituer un risque particulier. Le sentiment d'insécurité gagne de plus en plus de terrain parmi les travailleurs. L'emploi à vie devenant de plus en plus rare, ces travailleurs se sentent menacés. Les pratiques des entreprises se développent vers des modes d'emploi instables, comme le contrat à durée déterminée, le travail temporaire ou le travail à l'appel. La flexibilité des horaires de travail provoque, d'ailleurs, un bouleversement du rythme de vie quotidienne, ce qui peut avoir des conséquences sur la capacité des salariés à accomplir leurs devoirs familiaux. Autant la demande en termes de flexibilité du travail et d'horaires augmente, autant la vie privée s'en trouve bouleversée. La conciliation de la vie professionnelle avec la vie familiale est souvent loin d'être satisfaisante. Les travailleurs, et plus particulièrement les travailleuses, ressentent ainsi une difficulté majeure pour accomplir les tâches familiales d'une façon satisfaisante. Ce contexte provoque souvent de l'angoisse ou de l'anxiété.

En outre, un certain nombre de changements technologiques menacent d'ailleurs des postes de travail, tandis que d'autres appauvrissent les connaissances professionnelles. Les salariés affrontant ces situations ne savent pas s'ils seront en mesure de satisfaire les nouvelles exigences de l'organisation de travail, même après l'accomplissement de stages de formation professionnelle. Ils n'ont plus l'impression de maîtriser leur savoir-faire. Permettant une forte autonomie professionnelle, réciproquement le développement du télétravail s'accompagne de la perte de l'autonomie personnelle. Cette forme de travail se réalise en effet au sein du foyer personnel qui est le dernier bastion de l'autonomie personnelle. Le contrôle patronal peut parfois s'y manifester de manière envahissante.

Enfin, il faut prendre en compte des causes liées principalement à la personne du travailleur comme la faible capacité ou l'incapacité à affronter les difficultés. Même si dans une telle situation l'entreprise ne peut pas être retenue comme responsable, ces situations particulières ne doivent pas être ignorées.

En conséquence, si on veut classifier les principaux facteurs provoquant des troubles psychosociaux, on peut s'essayer à établir une certaine classification (Levi, 1998). Tout d'abord la « surcharge quantitative de travail » : on demande plus que ce qu'on peut produire. Ensuite, la « pauvreté qualitative des tâches » relative au contenu sans intérêt du travail, l'absence de responsabilité et de créativité. Le « mauvais climat social » représente les conflits des rôles, la concurrence parmi les salariés et l'autoritarisme. Les « facteurs physiques exerçant une influence négative directement au niveau physique et indirectement au niveau psychologique » doivent également être retenus : bruit, température, humidité, odeurs. Les « conflits des rôles dans la vie privée et la vie professionnelle » sont une autre catégorie possible. Enfin, les « risques inhérents à l'exécution même de la tâche » sont la dernière catégorie englobant les possibilités d'erreur, les agressions verbales ou les violences physiques de la part de personnes extérieures à l'entreprise. Certains clients-sont par exemple des personnes particulières à gérer).

C. Les conséquences des risques psychosociaux au travail

Les conséquences négatives des risques psychosociaux au travail pour la santé des travailleurs comme celle de l'entreprise et de l'économie sont très importantes, même si on ne peut pas les mesurer d'une manière concrète (Fondation européenne pour l'amélioration des conditions de vie et de travail, 2005). Ces conséquences sont très variées sur la santé physique et psychologique, allant des maladies cardiovasculaires et gastro-intestinales aux maladies mentales. Dans le même temps, le traitement et la prise en charge des salariés malades engagent des sommes importantes pour la Sécurité sociale.

Le risque d'accidents de travail et de maladie augmente tandis que les désordres psychologiques représentent une des causes principales de l'absentéisme. Les effets négatifs ne concernent alors pas seulement les salariés au niveau individuel, ils concernent aussi le collectif ainsi que l'ensemble de l'économie. Pour autant, même si la société en tant que telle est finalement concernée, le droit grec du travail éprouve des difficultés à saisir le phénomène des risques psychosociaux tout en esquissant quelques contours.

II. L'esquisse de réglementation juridique des risques psychosociaux

En examinant la réglementation juridique potentielle des risques psychosociaux, on constate qu'il existe des difficultés liées au fait que ces risques sont peu analysés et souvent mal compris (A). Cela n'empêche pas qu'ils pourront être affrontés en recourant aux principes généraux du droit du travail (B) ainsi qu'aux règles relatives à la protection de l'hygiène et de la sécurité dans l'entreprise (C). On constate pourtant que certains aspects des risques psychosociaux au travail commencent à être timidement réglementés par le droit (D), ce qui donne l'occasion de s'interroger sur l'opportunité de les réglementer (E).

A. Les difficultés inhérentes à la réglementation des risques psychosociaux

Pendant longtemps l'attention des travailleurs, des employeurs et de l'État était orientée vers les « conditions naturelles de travail ». La santé physique y occupait une place prépondérante puisqu'historiquement c'était le corps qu'il a fallu protéger des agressions du travail industriel. Les conditions psychosociales sont ainsi rarement prises en compte. De la même façon les risques psychosociaux sont mal reconnus par le droit grec.

Cette absence de réglementation est due au fait que ces conditions sont mal comprises et peu analysées. Tandis qu'on peut percevoir certaines manifestations indésirables, on ne peut pas établir d'une façon certaine un lien de causalité avec les conditions de travail. Et comme facteur aggravant, quand un tel lien est établi, il n'est pas certain que ces conditions de travail soient qualifiées d'inacceptables (Levi, 1998). En d'autres termes, il est souvent admis que les conditions de travail provoquent certaines réactions psychologiques chez le travailleur. Certaines de ces réactions sont même parfois perçues comme positives, dans le sens où elles constituent des facteurs de mobilisation et de productivité du salarié. Le stress et la motivation peuvent ainsi être considérés comme deux aspects de la même réalité. C'est ainsi que certains systèmes de rémunération et de politiques managériales sont fondés sur de telles réactions et amènent à une augmentation du salaire en cas d'une mobilisation du travailleur qui irait dans cette direction.

De cette façon, il est parfois difficile de déterminer si le stress, qui est une des manifestations majeures des risques psychosociaux, constitue une bonne ou une mauvaise situation. Ou encore, à partir de quel degré de stress peut-on commencer à s'inquiéter et comment peut-on le mesurer ?

D'ailleurs, les réactions des individus, même face à une situation particulièrement stressante, varient d'un extrême à l'autre. Avec une même personne, parfois la réaction à une situation identique diffère selon le moment de sa survenance. La réaction dépend alors tant du facteur la provoquant que de la situation de la personne qui y est exposée. Même des facteurs extérieurs au travail, comme la situation familiale de l'individu, peuvent jouer un rôle considérable. Pour ces raisons, la tendance est majoritairement de ne pas établir un lien de causalité entre les troubles psychosociaux et le travail, mais plutôt entre ces troubles et la personne du salarié. C'est pourquoi, au sein du contexte juridique grec sur le sujet, le premier moyen pour le système juridique de prendre en compte les risques psychosociaux en termes de conditions de travail est de se référer aux principes généraux du droit.

B. Les principes généraux du droit et la protection de l'équilibre psychologique des salariés

Le système juridique grec reconnaît d'une façon solennelle le principe de la protection de la dignité humaine[1] et le principe du libre développement de la personne[2]. Il reconnaît également le droit à l'intimité des personnes[3]. En vertu de l'article 25 de la Constitution grecque, ces principes constituent des valeurs d'ordre constitutionnel susceptibles d'être appliquée dans des rapports interpersonnels comme les rapports de travail.

L'article 662 du Code civil reconnaît également un principe général de « prévention patronale ». Selon ce principe, l'employeur doit prendre toutes les mesures pour protéger la santé du salarié. Ce principe est interprété largement de façon à comprendre la protection de la santé physique, de la santé mentale ainsi que de la moralité des personnes. Il comprend ainsi le très important principe de l'obligation de veiller à « adapter le travail à l'homme » (Koukiadis, 2005).

De cette façon, en exerçant ses pouvoirs, l'employeur doit respecter la dignité et la personnalité des travailleurs. L'application de ces principes s'exerce de plusieurs manières. L'employeur ne doit pas, normalement, utiliser des moyens audiovisuels pour contrôler l'activité des salariés. Il ne doit pas non plus procéder à des fouilles corporelles, sauf dans des cas déterminés et dans des conditions respectant la dignité des personnes (Papadimitriou, 1985). En général toute la doctrine, la législation et la jurisprudence développées autour de l'obligation de l'employeur de ne pas nuire à la personnalité des salariés sont directement liées à la volonté de lutter contre les risques psychosociaux au travail.

[1] Art. 2 de la Constitution du 7 juin 1975.
[2] Art. 5 de la Constitution du 7 juin 1975.
[3] Art. 9 de la Constitution du 7 juin 1975.

Ce qui est particulièrement important de signaler ici est que l'obligation patronale de respecter la personne du travailleur n'a pas des aspects seulement négatifs, mais également positifs (Papadimitriou, 1985). Certes, l'employeur doit s'abstenir de tous les actes susceptibles de porter atteinte à la personnalité et la dignité du salarié, mais en outre, il doit, selon ces principes, prendre toutes les mesures afin que l'organisation de travail soit telle que la personnalité du salarié puisse se développer de manière constructive. Le travail doit non seulement ne pas porter atteinte à la santé physique du salarié, non seulement laisser du temps libre pour ses activités privées, mais il doit aussi permettre le développement de ses capacités personnelles. En d'autres termes, l'employeur doit organiser le travail de façon à de pas porter atteinte à la santé du salarié comprise tant comme santé physique que mentale.

Or, nous avons peu d'applications de ces principes dans leur aspect positif. Les juristes ont en effet du mal à déterminer d'une façon certaine ces manifestations et à imposer des obligations concrètes. Néanmoins, on ne peut pas nier l'importance de ces dispositions qui restent toujours susceptibles de riches développements. La même raison, qui est également un élément d'imprécision, constitue un facteur de régulation flexible de plusieurs situations dans le domaine des relations de travail. Le domaine des troubles psychosociaux est aussi un terrain d'application d'excellence des principes susmentionnés. Ces troubles sont en fait liés à la personne humaine. Ce lien pourrait ainsi justifier la qualification d'illicites de certains actes ou omissions patronales provoquant des troubles d'ordre psychosocial (tolérance des violences ou des insultes envers des salariés, *mobbing*, etc.)[4]. En outre, l'employeur doit se plier à la réglementation relative à l'hygiène et à la sécurité.

C. La réglementation de l'hygiène et de la sécurité au travail et les risques psychosociaux

À partir de la directive du 12 juin 1989 concernant la mise en œuvre de mesures visant à promouvoir l'amélioration de la sécurité et de la santé des travailleurs au travail[5], la Grèce, comme d'ailleurs tous les autres pays européens, a introduit un ensemble de dispositions relatives à la protection

[4] CA d'Athènes 4937/2001, ElDik 2001, p. 1384. CA d'Athènes 68/1997, EErgD 1998, p. 235.

[5] Directive 89/391/CEE du 12 juin 1989, *JOCE* L. 183 du 29 juin 1989, p. 1.

de l'hygiène et de la sécurité des salariés. Cette protection constitue sans doute la pierre angulaire du droit du travail. Ce qui explique qu'elle s'étend aussi au niveau européen et international (Teyssié, 2006 ; Valticos, 1983).

Le législateur grec déclarant d'une façon solennelle l'obligation patronale de protection de la santé des salariés[6] ne procède à aucune distinction entre la santé physique et la santé mentale. La notion de santé englobe alors la dimension physique et mentale, même si ces qualificatifs n'ont normalement pas besoin d'être ajoutés. On peut alors conclure, en tenant compte de la généralité de la formule, que tous les aspects de la santé sont recouverts. En principe, il n'y a aucun doute quant à l'interprétation du principe de l'obligation patronale de ne pas nuire et de protéger la santé mentale des salariés.

Or, le problème porte plutôt sur le fait que cette obligation générale ne soit pas accompagnée par les précisions qui permettraient d'apporter une protection adéquate. Le contraste avec la protection de la santé physique est considérable. Dans ce dernier cas, le principe de l'obligation générale de prévention est accompagné par la spécification de limites déterminées au pouvoir de l'employeur et d'obligations concrètes adaptées à la particularité du risque. Des contrôles sont prévus et la violation de ces règles est relativement facile à constater. À l'inverse, des mesures semblables ne sont pas prévues en matière de protection de la santé mentale des travailleurs qui introduit également une dose de subjectivité.

Toutefois, certaines références indirectes existent. La législation grecque comprend ainsi certains éléments de manifestations de reconnaissance des risques psychosociaux. Cependant, ces signes ne sont pas d'un grand nombre. Ils ne font pas non plus partie d'un ensemble coordonné, mais elles sont plutôt un corps de règles éparses sans aucun lien intrinsèque.

L'article 9 de la loi 1568/1985 sur la sécurité et l'hygiène du travail prévoit que le médecin de travail conseille l'employeur concernant les mesures nécessaires pour la protection de la santé physique et *psychologique* des salariés. Il les conseille également sur des matières relatives à la *psychologie* du travail. Par ailleurs, non seulement l'employeur doit respecter les principes généraux du droit en matière de prévention des

[6] Art. 32 de la loi 1568/1985.

risques pour la santé des travailleurs, mais il est aussi tenu par l'article 7 du décret présidentiel 17/1996 relatif aux mesures pour améliorer la santé et la sécurité au travail pour se conformer aux directives communautaires 89/391/EU et 91/383/EU. Ces dernières prévoient plus particulièrement d'« adapter le travail à l'homme » en ce qui concerne la mise en place des postes de travail et le choix des méthodes de travail et de production. Le but de cette disposition est d'atténuer le travail monotone ou cadencé et de réduire ses conséquences négatives sur la santé.

Il existe également des outils susceptibles d'aider à prévenir la survenance de risques psychosociaux au travail. Ainsi, le rapport sur les risques au travail que le médecin de travail et l'ingénieur de sécurité doivent établir et mettre à la disposition de l'employeur doit examiner tous les risques menaçant la santé des salariés. Parmi ces risques, l'article 8 du décret présidentiel 17/1996 énonce expressément ceux qui sont liés à l'organisation du travail, laquelle peut engendrer des risques psychosociaux.

D'un autre côté, certains textes qui règlementent la prévention de risques professionnels visant en principe la santé physique protègent en même temps des aspects de l'équilibre psychologique des salariés. Il s'agit des règles destinées à la prévention de certains risques susceptibles de constituer des sources de stress comme le bruit[7]. En effet, la réglementation contre le bruit vise le risque de surdité, mais aussi les dangers menaçant le psychisme des salariés. Le travail sur écran[8] et certains modes d'organisation de travail (travail de nuit, travail posté) sont d'autres exemples.

On pourrait aussi aller plus loin et concevoir qu'un ensemble des règles du droit du travail protège indirectement l'équilibre psychologique des salariés, même s'il a principalement d'autres objectifs. La réglementation concernant le temps de travail vise ainsi cet équilibre et, d'une façon encore plus apparente, la réglementation sur les congés payés. Il est évident que beaucoup d'autres exemples pourraient être apportés. La jurisprudence grecque commence d'ailleurs à s'inscrire dans cette interprétation en reconnaissant notamment le caractère d'accident du travail à des troubles psychosociaux. Selon le droit grec, le salarié victime d'un accident de travail a droit à une réparation pécuniaire spéciale[9]. L'accident de travail est défini

---

[7] Décret présidentiel 149/2006.
[8] Décret présidentiel 398/1994.
[9] Loi 551/1915.

comme une altération de la santé provoquée par un événement brusque lié aux particularités de travail. Or, la jurisprudence grecque estime que des troubles mentaux pourraient être qualifiés d'accident de travail s'ils sont provoqués par des conditions de travail exceptionnelles[10]. De la même façon le suicide est considéré comme un accident de travail s'il est lié aux conditions particulières de travail ayant perturbé l'équilibre psychique du salarié[11].

La jurisprudence a également retenu la responsabilité de l'employeur ayant créé ou laissé perdurer une ambiance humiliante, opprimante ou étant la source de troubles psychosociaux. Ces conditions de travail peuvent en effet être qualifiées par les juges de modification unilatérale des conditions de travail, ce qui signifie que le salarié pourra soit s'abstenir de travailler tout en conservant le droit au salaire tant que la situation demeure, soit démissionner en obtenant la rupture du contrat de travail aux torts de l'employeur et percevoir une indemnité de licenciement[12]. Le salarié conserve par ailleurs la possibilité de demander une indemnisation pour son préjudice moral en raison des actes ou des omissions patronales illicites ayant provoqué des troubles d'ordre psychosocial (article 932 du Code civil).

D. Les aspects des risques psychosociaux reconnus et protégés en vertu de règles particulières

Un des rares aspects des risques psychosociaux particulièrement reconnus et protégés par le droit positif grec est le harcèlement sexuel dont les conséquences peuvent se révéler désastreuses pour l'équilibre psychologique de la victime. Selon la loi 348/2006, le harcèlement sexuel constitue un « comportement indésirable de caractère sexuel se manifestant par voie verbale, non verbale ou corporelle, qui a pour objet ou effet l'atteinte de la dignité de la personne ». Plus particulièrement, le texte précise la création d'une ambiance intimidante, hostile, humiliante ou agressive envers la victime. Cette forme de harcèlement est directement interdite et elle est soumise au régime de la discrimination sexuelle dont le régime de preuve est

[10] Cass. 250/1995, EErgD 1996, p. 25 ; Trib d'Athènes 947/1991, EErgD 1991, p. 780.
[11] Cass. 71/1991, EErgD 1992, p. 809 ; Cass. 339/1976, EErgD 1976, p 65 ; Cass. 1026/1975, EErgD 1976, p. 171 ; Cass .301/1977, EErgD 1977, p. 506.
[12] Cass. 605/1996, ElDik 1999, p. 110 ; Cass. 967/1991, DEN 1991, p. 932 ; Cass. 1227/1993, DEN 1994, p. 403.

aménagé en faveur de la victime. Celle-ci bénéfice également d'une protection pour agir en justice.

De la même façon, le contrôle des salariés par la voie des moyens audiovisuels nuisant à leur personnalité et pouvant provoquer parfois des troubles psychologiques est soumis à des conditions particulières de manière à respecter la dignité des travailleurs. À cet effet, l'article 12 de la loi 1767/1988 fonde un droit de cogestion de la politique de contrôle des salariés par des moyens audiovisuels dans l'entreprise.

En revanche, le harcèlement moral n'a pas encore été érigé en nouvelle catégorie juridique, même si certains signes de reconnaissance sont déjà apparus. C'est ainsi que la convention collective nationale interprofessionnelle 2004/2005 prévoyait que les parties signataires s'engageaient à instituer un « comité *ad hoc* » pour examiner les questions relatives au harcèlement moral. Or, dans les faits, aucune suite n'a été donnée à cette disposition. Cet épisode donne l'occasion de s'interroger sur l'opportunité de réglementer les risques psychosociaux au travail.

E. De l'opportunité de réglementer les risques psychosociaux au travail

L'examen des particularités d'une réglementation spécialement dédie aux risques psychosociaux au travail permet de se questionner sur les principes et la méthodologie qu'il faudrait suivre (1) ainsi que sur le rôle qu'il faudrait confier aux syndicats de salariés (2).

1. Les méthodes juridiques de protection des risques psychosociaux au travail

Le domaine des risques psychosociaux est encore trop récent pour d'ores et déjà mettre en œuvre une législation contraignante. En effet, il faut prendre en compte les causes, la nature et les effets de ces risques qui sont complexes et varient selon les emplois, les entreprises et les personnes. Il est alors nécessaire d'entamer une réflexion sur des procédures souples qui seraient adaptables aux situations multiformes inhérentes aux risques psychosociaux. Il n'existe pas de solutions « prêtes à l'emploi ». Des recherches et des consultations doivent être menées afin de trouver des solutions spécifiques aux particularités de chaque entreprise et établissement. L'instauration d'un dialogue social sur le sujet est alors indispensable.

Le principe de prévention est solennellement reconnu comme la méthode la plus adaptée en matière de problèmes liés à la protection de santé des salariés (Pélissier, Supiot, Jeammaud, 2008). Cette reconnaissance concerne le niveau juridique national, européen et international. L'employeur doit organiser la prévention afin de réduire les risques liés au travail et organiser les conditions de travail de manière à ce qu'elles ne deviennent pas pathogènes. Ce principe a un caractère large englobant tous les stades de l'activité de l'entreprise et tous les aspects de la santé. Il est alors évident que la meilleure façon de réagir même face aux risques psychosociaux est la prévention. Le stress au travail, plus particulièrement, était pendant longtemps considéré comme un problème personnel demandant des interventions réparatrices et occasionnelles. Or, des recherches récentes montrent qu'il est toujours possible de le réduire par la voie d'actions de prévention (Fondation européenne pour l'amélioration des conditions de vie et de travail, 2005).

La prévention des risques psychosociaux demande un travail de recherche et de la souplesse. Les actions à mettre en œuvre dépendent de l'évaluation préalable de chaque situation. La plupart de mesures seront déterminées au cas par cas après un diagnostic préliminaire. Combattre alors le risque à la source en promouvant des méthodes d'organisation de travail qui ne sont pas nuisibles à la santé mentale des salariés constitue une priorité.

Un dilemme apparaît pourtant. Les interventions doivent-elles être orientées vers l'individu ou vers la collectivité des salariés ? Certes, l'approche individualiste a l'avantage de permettre l'adaptation de l'environnement et de l'organisation du travail à l'individu. Étant donné que les réactions de la personne ne sont pas les mêmes face aux difficultés de travail, une telle approche a l'avantage de l'effectivité. En même temps, elle permet d'arriver au résultat souhaité sans provoquer des changements d'organisation de travail très importants. Or, une telle approche pourrait amener à la stigmatisation et à la marginalisation du travailleur dont la situation particulière nécessiterait des interventions plus vastes et importantes. En outre, même si au début ils paraissent satisfaisants, certains programmes formant les salariés à gérer le stress n'ont pas d'effet à long terme.

Pour ces raisons, la prévention individuelle ne doit pas être séparée de la prévention collective. Il convient de donner une priorité aux interventions collectives afin de s'attaquer aux risques à la source, même si des mesures axées sur les travailleurs peuvent venir en complément. Il faut bien prendre en charge les salariés en souffrance, renforcer leur résistance au stress, mais surtout il faut appliquer les principes généraux de prévention et prévenir l'état de stress. Autrement dit, il convient d'encourager les mesures visant à adapter le travail aux capacités des salariés, à rendre le travail stimulant, à donner la possibilité de participer aux décisions, à définir clairement les rôles, à améliorer les relations sociales au sein de l'entreprise. Il s'agit aussi d'évaluer constamment les risques afin de disposer de la meilleure base de connaissances possible de ces risques dans l'entreprise.

Enfin, la réussite des projets de prévention des risques psychosociaux appelle à prévoir une procédure demandant la mobilisation de tous les acteurs de l'entreprise. La prévention de ces risques constitue une procédure complexe et de longue haleine. L'entreprise doit être préparée à s'engager dans une démarche complète et inscrite dans le long terme. Une culture de la santé-sécurité au travail est ainsi indispensable. Le recours à des experts extérieurs sera souvent nécessaire. Le concours des acteurs institutionnels de la prévention, internes et externes à l'entreprise (CHSCT, médecin de travail, ingénieur de sécurité, inspecteur de travail, syndicat) sera sans doute requis. Enfin la direction de l'entreprise doit être prête à changer éventuellement son mode d'organisation s'ils sont liés aux risques psychosociaux, ce qui n'est pas toujours facile. Toutefois, l'aide des syndicats pourrait s'avérer utile à la réalisation de ces démarches.

2. Les syndicats et la gestion des risques psychosociaux

Les syndicats grecs réalisent actuellement que les troubles psychosociaux au travail constituent un des problèmes majeurs de l'hygiène et de la sécurité au travail. Le développement de la problématique chez les organisations syndicales en Grèce n'en est encore qu'au début. Les instituts de recherche liés directement ou indirectement aux syndicats n'ont commencé que récemment certaines investigations. Les syndicats commencent aussi timidement à présenter des revendications concernant les risques psychosociaux au travail. C'est ainsi le cas de la Confédération Générale des Travailleurs Grecs qui a porté une telle revendication pendant les négociations collectives de 2006 sans cependant lui en donner un caractère prioritaire. Au-delà de l'aspect de la négociation, les syndicats ont un rôle important d'information, de sensibilisation, de recherche et de revendication à jouer. Or, concernant la Grèce, il y a encore un long chemin à parcourir.

Il faut enfin souligner que les discussions dans l'entreprise liées aux problèmes du stress ou des risques psychosociaux constituent un terrain de conflit. Beaucoup d'employeurs et de dirigeants ont tendance à ne pas les reconnaître. Nombreux sont ceux qui pensent que ces troubles ne sont pas liés à l'organisation de travail telle qu'ils l'ont conçue, mais aux problèmes personnels (Fondation européenne pour l'amélioration des conditions de vie et de travail, 2005). Outre une prise de conscience, un changement de mentalité est alors nécessaire.

BIBLIOGRAPHIE

FONDATION EUROPÉENNE POUR L'AMÉLIORATION DES CONDITIONS DE VIE ET DE TRAVAIL, (2005), *Work-related stress*, Dublin

INSTITUT HELLÉNIQUE D'HYGIÈNE ET SÉCURITÉ DU TRAVAIL, (2002), *Les sources du stress du travail*, Athènes

KOUKIADIS J., (2005), *Droit du Travail*,

LEVI L., « Psychosocial factors, stress and health », *in* Stellman JM, éd. ILO. Encyclopedia of Occupational Health and Safety. 4 th ed. Vol.2., 1998

MAGGI-GERMAIN N., (2002) « Travail et santé : le point de vu d'une juriste », *Droit Social*, p. 486

PAPADIMITRIOU C., (1985), « Les libertés individuelles du salarié en France en Italie et en Grèce », thèse droit, Paris X-Nanterre

PÉLISSIER J., SUPIOT A., JEAMMAUD A., (2008), *Droit du travail*, Dalloz, 24e éd., 1387 p.

SUPIOT A., (2007), *Critique du droit du travail*, PUF, 280 p.

TEYSSIÉ B., (2006), *Droit européen du travail*, Litec, 390 p.

VALTICOS N., (1983), *Droit international du travail*, Dalloz, 683 p.

CHAPITRE III

Les approches inégales des droits de la sécurité sociale

Le droit de la Sécurité sociale correspond au volet de la prise en charge des dommages liés à la survenance des risques psychosociaux. Ces derniers peuvent se traduire par des « troubles psychosociaux ». Selon le système juridique étudié, le droit de la Sécurité sociale peut également se charger d'une partie de la prévention des risques psychosociaux. Une des questions qui sous-tend la confrontation du droit de la Sécurité sociale des pays de l'Europe du Sud aux risques psychosociaux est celle de la nécessité ou non de définir la notion de « santé mentale ». Il s'agit aussi de s'interroger sur l'adaptation de la branche « accidents du travail-maladies professionnelles » actuelle à ces « nouveaux risques » dits « psychosociaux ».

Le droit de la Sécurité sociale représente le « parent pauvre » du droit social en matière de reconnaissance de l'existence du phénomène des risques psychosociaux au travail. En effet, contrairement au droit du travail qui représente plutôt le volet de la prévention des risques professionnels, le droit de la Sécurité sociale ne bénéficie pas ou très peu de la dynamique créée par le droit communautaire concernant l'amélioration des conditions de travail. Il semble que certains dispositifs existants ont la capacité de couvrir quelques éléments liés aux risques psychosociaux, mais à des degrés divers selon le pays étudié.

Le droit français est marqué par un certain pragmatisme dans son approche des phénomènes liés aux risques psychosociaux tandis que le droit espagnol connaît davantage de difficultés d'appréhension de ce concept. Le système italien de Sécurité sociale est plutôt caractérisé par la récente introduction d'une relative souplesse en matière de reconnaissance des accidents du travail et des maladies professionnelles qui souligne des potentialités d'évolution sur le sujet des risques psychosociaux. En revanche, les droits grecs et portugais de la Sécurité sociale sont encore réticents à les prendre en compte.

Le pragmatisme du droit français

Maryse BADEL
COMPTRASEC UMR CNRS 5114
Université Montesquieu - Bordeaux IV

Risques psychosociaux... Les termes communément employés pour désigner les troubles psychiques qui affectent les salariés du fait de leur travail sont peu aisés à définir car ils mélangent et recouvrent, sous un même vocable, les risques, leurs causes et leurs effets. En outre et c'est là une difficulté supplémentaire, ces risques, en se développant à la frontière des sphères privée et sociale et en étant au cœur de conflits nombreux, sont marqués par des oppositions d'intérêts qui entraînent la multiplication des points de vue et des approches et, au bout du compte, une certaine confusion dans les concepts et leurs modes d'analyse[1].

Le droit français de la sécurité sociale ne fait pas des risques psychosociaux une catégorie juridique. Il ne les identifie pas de façon autonome et ne leur confère aucun régime juridique spécifique. Pour autant, il ne les ignore pas. Sans les traiter de façon particulière, il les prend en charge au titre de la maladie, de l'invalidité ou des risques professionnels. De façon marginale et subsidiaire, il comporte encore une allocation pour adulte handicapé qui relève des minima sociaux et garantit des ressources aux personnes atteintes de pathologies pouvant relever des risques psychosociaux, quand elles n'ont droit à aucune prestation contributive de sécurité sociale.

Il existe en conséquence plusieurs mécanismes d'indemnisation, non unifiés car dépendants de la catégorie de risque auquel le risque psychosocial est rattaché. À cette différence s'en ajoute une autre, résultant des dissemblances de prises en charge entre les régimes de sécurité sociale (salariés, indépendants, assurés du régime agricole et assurés des régimes spéciaux comme les fonctionnaires, les cheminots, les travailleurs des

---

[1] Le rapport sur « la détermination, la mesure et le suivi des risques psychosociaux au travail », réalisé par Ph. Nasse et P. Légeron et remis le 12 mars 2008 au ministre du travail Xavier Bertrand, tend à clarifier ce concept.

industries électriques et gazières....)[2]. Schématiquement, on observe que la réparation la plus complète est assurée quand le risque psychosocial est accident du travail ou maladie professionnelle, tant du point de vue des prestations en espèces qui indemnisent l'incapacité de travail que des prestations en nature qui compensent les frais de santé et des prestations versées aux survivants quand la victime est décédée. Lorsqu'il relève de l'assurance maladie, il donne aussi lieu au versement de prestations en espèces (indemnités journalières) et en nature (remboursement partiel des soins), mais elles sont d'un niveau moins élevé. Tout au plus peut-on relever que si le risque psychosocial coïncide avec une maladie de longue durée, la victime perçoit les indemnités journalières pendant une durée maximale de trois ans[3]. L'assurance invalidité, enfin, sert une allocation dont le mode de calcul est peu avantageux pour l'assuré[4]. Dans ces trois séries de cas, il n'est aucunement question pour le droit de la sécurité sociale de réparer intégralement les conséquences du risque psychosocial. L'indemnisation est toujours forfaitaire donc incomplète, mais elle présente l'avantage d'être automatique. La possibilité d'obtenir une réparation complémentaire dépend de la qualification que le droit de la sécurité sociale donne au risque psychosocial : le régime juridique de la réparation complémentaire diffère pour la maladie et l'invalidité d'une part, pour l'accident du travail et la maladie professionnelle d'autre part. En outre, seul le traitement du risque psychosocial comme risque professionnel est satisfaisant pour les victimes qui, désireuses de faire reconnaître le lien entre leur mal et leur travail, obtiennent ainsi la consécration de l'origine professionnelle. En conséquence, sous la pression des faits, le droit du risque professionnel a accueilli les risques psychosociaux (I) et les organismes de sécurité sociale les ont intégrés dans leurs actions de sensibilisation (II).

---

[2] Seul le régime général sera envisagé car il couvre les deux tiers de la population et se présente comme un régime moyen sur le plan des prestations servies (il est plus avantageux que les régimes des indépendants et moins complet que les régimes spéciaux), ce qui en fait un régime de référence.

[3] Pour la maladie ordinaire, elle a droit à 365 indemnités journalières pour 3 ans.

[4] Pour les assurés dont l'état de santé, stabilisé, entraîne une invalidité permanente. Elle est versée sans limitation de durée jusqu'à 60 ans.

I. La réception des risques psychosociaux par le droit de la Sécurité sociale

Aucune disposition légale n'est venue adapter le Code de la sécurité sociale et viser de façon spécifique les risques psychosociaux. C'est sous l'impulsion des actions des victimes qu'ils ont été admis comme risque professionnel (A) et indemnisés comme tels (B).

A. L'admission du risque psychosocial comme risque professionnel

Historiquement et communément, l'accident du travail et la maladie professionnelle sont perçus comme une lésion physique, le salarié étant davantage perçu comme un corps que comme un esprit. Pourtant, les risques psychosociaux sont devenus une réalité du monde du travail que le droit de la sécurité devait reconnaître. Aussi, leur qualification de risque professionnel, non prévue expressément par la loi, a été progressivement admise par les juges à partir des définitions légales de l'accident du travail (1) et des maladies professionnelles (2).

1. Le risque psychosocial comme accident du travail

Selon l'article L. 411-1 du Code de la sécurité sociale, « est considéré comme accident du travail, quelle qu'en soit la cause, l'accident survenu par le fait ou à l'occasion du travail à toute personne salariée ou travaillant, à quelque titre que ce soit ou en quelque lieu que ce soit, pour un ou plusieurs employeurs ou chefs d'entreprise ». L'accident du travail est ainsi un fait accidentel à caractère professionnel (Dupeyroux, 1964 ; Millet, 2001 ; Badel, 2006 ; Lerouge, 2007) et, selon une jurisprudence nourrie et constante, ce fait se matérialise par une lésion soudaine.

La soudaineté demande que l'événement ait une date certaine, permettant de le localiser dans le temps et dans l'espace. Cette exigence a pour effet d'exclure de la qualification les actions lentes qui n'ont pas leur origine dans un fait précis identifiable, par exemple la répétition d'un geste[5]. Elle conduit aussi à donner aux qualifications d'accident et de maladie un caractère alternatif de principe. Pour autant, lorsque la maladie déclarée a son origine

[5] Soc. 26 juin 1980, *Bull.* V, n°535.

dans un fait accidentel, les juges la qualifient d'accident du travail, même quand la pathologie n'apparaît pas de façon simultanée, mais différée[6].

Les caractéristiques de l'événement soudain ont évolué, précisées au fil des arrêts. Alors que les juges exigeaient initialement l'unicité du fait, ils admettent désormais qu'une pluralité de faits peut être à l'origine de la lésion. Selon la formulation nouvelle, « constitue un accident du travail un événement ou une série d'événements survenus à des dates certaines dont il est résulté une lésion corporelle »[7], ce qui peut sans doute autoriser la qualification d'accident du travail dans des cas où elle était auparavant exclue et s'appliquer à la répétition des actes constitutifs du harcèlement. Par ailleurs et pour surprenant que ce soit, le fait accidentel ne doit pas nécessairement être anormal. Si une explosion ou une attaque à main armée est à l'évidence un accident[8], un fait relevant de la vie professionnelle du salarié et ne présentant pas d'anormalité particulière peut aussi être à l'origine d'un accident du travail. Les juges considèrent ainsi qu'une maladie déclarée après une vaccination professionnellement justifiée[9] et une dépression soudaine apparue après un entretien d'évaluation doivent être pris en charge comme accident du travail[10].

La lésion, consubstantielle de l'accident du travail, pose essentiellement le problème de sa nature et de sa relation avec le fait accidentel. L'accident consiste dans une atteinte à l'organisme humain, dans son sens le plus large, quelles que soient sa nature et sa gravité. La lésion peut donc être interne ou externe, profonde ou superficielle, apparente ou non, physique ou psychologique. Une circulaire du 2 août 1982 indique qu'un accident du travail peut résulter d'une lésion psychique à la suite de menaces ou d'agressions. La santé au travail qui a longtemps souffert d'une perception réductrice, limitée à une dimension physique (Bonnechère, 1994), bénéficie donc aujourd'hui d'une approche plus riche (Buzzy, 2006 ; Lerouge, 2005 ; Héas, 2005). Malgré tout, si le concept de santé mentale a intégré le droit du

---

[6] Lésions oculaires ou auditives résultant de l'exposition à des agents lumineux ou acoustiques, complications pulmonaires liées à l'exposition à des produits chimiques, Soc. 24 mars 1982, *Bull.* V, n° 216.

[7] Soc. 2 av. 2003, *Dr. soc.* 2003. 673, *D.* 2003. 1724, note Kobina Gaba.

[8] Attaque à main armée, circulaire CNAMTS/DGR 2 août 1982, n°82-1329, *Bull. jurid. UNCANSS* 2 août 1982, n°82-36 ; Civ. 2e, 15 juil. 2004, *JSL* 2004, n°149-3 ; Soc. 15 juin 1995, *Bull.* V, n°199.

[9] Soc. 2 avr. 2003, op. cit.

[10] Civ. 2e, 1er juil. 2003, *Liaisons sociales*, Bref social, n°13967, 12 sept. 2003, p.1.

travail[11], il est toujours absent du droit de la sécurité sociale, certainement parce que cette branche du droit social, qui ne peut se référer à la santé mentale sans s'engager sur sa prise en charge, ne peut s'accommoder d'une référence générale à ce concept et impose une identification des maladies qui s'y rapportent. Le droit de la sécurité sociale exige donc une approche objective de la pathologie et une manifestation tangible de l'affection pour organiser son indemnisation (Badel, 2006). De plus l'emploi du terme « lésion », en renvoyant presque naturellement à une approche physique, est peu propice à l'intégration des pathologies psychiques, même s'il ne l'interdit pas[12]. Les juges admettent en effet qu'un stress post-traumatique ou une dépression (Bardot, Huez, 2003)[13] relèvent de l'accident du travail.

La relation avec le travail – Pour être imputable au travail et donc, professionnel, l'accident doit avoir un lien suffisant avec le travail. Le Code de la sécurité sociale donne deux indications à cet égard : l'accident doit être survenu *par le fait* ou *à l'occasion du travail.* Le fait du travail, restrictif et assez facile à définir, renvoie à la blessure avec l'outil de travail ou à celle due à l'action d'un autre ouvrier. La notion d'occasion du travail, moins précise, est plus riche en potentialités. Aussi, dès 1962[14], la Cour de cassation l'a rattachée au lien de dépendance qui unit le salarié à son employeur : si le salarié est sous l'autorité de l'employeur au moment des faits, l'accident doit être considéré survenu par le fait ou à l'occasion du travail. Cette causalité donne à l'accident son caractère professionnel. Une jurisprudence considérable existe sur la question et la Cour de cassation a posé une règle de preuve simple et avantageuse pour les victimes : le travailleur est présumé sous la dépendance de son employeur quand il est aux temps et lieu de travail. L'accident survenu dans ces circonstances doit donc être présumé accident du travail. À défaut, la preuve du caractère professionnel de l'accident doit être rapportée.

---

[11] Art. L. 1152-1 et s. du Code du travail..

[12] Remplacer « lésion » par « affection » serait peut-être favorable à une modernisation de l'approche.

[13] Soc. 1er juil. 2003, *Liaisons soc.* n°13967, 12 sept. 2003 ; Civ. 2e, 15 juin 2004, *JSL* 2004, n°149-3 ; circulaire CNAMTS/DGR du 2 août 1982 selon laquelle l'accident du travail peut résulter d'une lésion psychique à la suite de menace ou d'agression ; mais la circulaire CNAMTS/DRP n°37/99 du 10 déc. 1999 sur la prise en charge des traumatismes psychologiques au titre du risque professionnel, dit qu'en cas d'incivilités répétées, la notion d'accident disparaît faute de pouvoir déterminer le fait générateur de l'état psychologique.

[14] Ch. Réunies, 28 juin 1962, *JCP* 1962. II. 12822, concl. R. Lindon.

Bien que non spécifique aux risques psychosociaux, ce mécanisme leur est néanmoins applicable. Ainsi, la jurisprudence admet que le suicide au temps et au lieu de travail est présumé accident du travail, sauf si celui qui le conteste démontre que le geste a une cause totalement étrangère au travail. Il faut alors que la preuve soit faite d'un état préexistant au travail et qu'aucun doute ne subsiste sur la cause du mal, les juges du fond appréciant souverainement l'ensemble des faits soumis à leur examen. Une incertitude, aussi mince soit-elle, ne permettrait pas d'affirmer que le travail n'a joué aucun rôle dans la réalisation de l'accident, et donc, d'écarter la présomption d'accident du travail[15].

Outre le problème du lien avec la faute intentionnelle que le suicide soulève[16], il renouvelle la question du caractère pathogène de la relation de travail (Badel, 2006 ; Boquillon, 2000 ; Saint-Jours, 1970)[17]. La jurisprudence, particulièrement réceptive au phénomène du harcèlement au travail, refuse d'écarter l'accident du travail quand le suicide est intervenu dans un contexte de harcèlement moral[18] ou de dégradation des conditions de l'emploi[19]. Lorsqu'il est en revanche démontré que le geste est un acte réfléchi, volontaire et totalement étranger au travail, l'accident du travail est écarté. C'est le cas quand le suicide est exclusivement lié à un état dépressif antérieur[20], quand le salarié avait des problèmes strictement personnels[21] ou quand le traumatisme n'est pas lié au travail, mais à une pathologie préexistante[22]. Pour clarifier de tels cas, le rapport de mars 2008 sur « la détermination, la mesure et le suivi des risques psychosociaux au travail » préconise de s'inspirer de l'exemple du Royaume-Uni et de systématiser l'« autopsie psychologique » du salarié prenant en compte aussi bien ses conditions de travail que ses difficultés d'ordre personnel, quand le suicide survient sur le lieu de travail. Dans le même ordre d'idées, la dépression du salarié confronté à des incidents de bureau ne relève pas de l'accident du

[15] Civ. 2e, 21 déc. 2006, n°05-20520, inédit ; Civ. 2e, 25 oct. 2006, n°05-10656, inédit.

[16] Soc. 20 av. 1998, *Bull.* V, n°241. Il n'est ni faute intentionnelle, ni faute inexcusable.

[17] Même si la question n'est pas totalement nouvelle.

[18] TASS des Vosges, 28 fév. 2000, *LPA*, n°209, 2000, p.15, note O. Gulli.

[19] CA Riom, 22 fév. 2000, *Dr. soc.* 2000. 805, obs. L. Millet. Elle n'existe pas quand tout le personnel subit la dégradation des conditions du travail, Civ. 2e, 3 av. 2003, n°01-14160, inédit.

[20] Soc. 4 fév. 1987, *D.* 1987. Somm. 325, note X. Prétot ; Soc. 20 déc. 2001, *CSBP* n°138, 2002, A18, note F.G. Pansier.

[21] En raison du licenciement de son mari, CA Paris, 15 juin 1995, *D.* 1995. IR. n° 64.

[22] CA Dijon, 1er av. 1997, *Gaz. Pal.* 1997, somm. p. 466.

travail[23], contrairement aux troubles psychiques du directeur d'une agence bancaire victime d'un braquage[24]. L'importance de l'enjeu rend la charge de la preuve particulièrement lourde, tant pour le contestataire de la présomption qui doit établir la cause totalement étrangère que pour la victime qui, en défense, a tout intérêt à démontrer la cause professionnelle. Or, le plus difficile est de distinguer l'inadmissible de l'acceptable, de différencier le harcèlement ou la dégradation intolérable des conditions de travail des moments de forte pression professionnelle, des relations conflictuelles inhérentes aux rapports de travail ou des modifications liées à des contraintes de gestion. Le salarié peut en effet ressentir à tort des exigences nouvelles comme une agression, alors qu'elles sont simplement liées à la vie de l'entreprise évoluant dans un environnement concurrentiel (Maggi-Germain, 2002 ; Hirigoyen, 2004)[25].

Lorsque le geste ne se produit pas au temps et au lieu de travail ou que la lésion intervient trop tard pour permettre à la présomption d'imputabilité au travail de s'appliquer, le demandeur de la qualification d'accident du travail doit établir le caractère professionnel. Cela passe généralement par le lien entre les faits et l'autorité de l'employeur[26] ou aussi, de façon extensive, par le lien entre les faits et le travail[27]. La référence à ce lien, peu propice à une définition rigoureuse et objective et en déclin ces dernières années, semble pourtant ressurgir avec les risques psychosociaux. En février 2007 en effet, la Cour de cassation a considéré que le suicide à son domicile du salarié en arrêt de travail pour un symptôme anxio-dépressif était un accident du travail car l'équilibre psychologique du salarié avait été gravement compromis par la dégradation continue des relations de travail et le comportement de l'employeur[28].

---

[23] Faute d'avoir prouvé le lien entre la brutale altération des facultés mentales et les faits, Civ. 2e, 24 mai 2005, *Bull.* II, n°132.
[24] Pour le directeur d'une agence bancaire, Soc. 15 juin 2005.
[25] TGI Paris, 25 oct. 2002, cit. in J. Delga, *RAJS-JDJ* avr. 2005.
[26] Civ. 2e, 16 juil. 2006, *Bull.*II, n°193, Civ. 2e, 22 mars 2005, *Bull.* II, n°75.
[27] Soc. 11 juil. 1996, *RJS* 1996, obs. Saint-Jours ; Soc. 18 déc. 1999, *JCP* 2001, II, 10464, note M. Badel.
[28] Civ. 2e, 22 février 2007, *LPA* 6 av. 2007, n°70, p. 16, note L. Lerouge.

2. Le risque psychosocial comme maladie professionnelle

Le droit français de la sécurité sociale assoit la reconnaissance de la maladie professionnelle sur un double dispositif dans lequel le risque psychosocial a réussi à se couler.

Le premier dispositif, instauré en 1919, est fondé sur des tableaux qui posent une présomption simple de maladie professionnelle pour plusieurs pathologies (Badel, 2007) Ces tableaux sont publiés à l'issue d'études épidémiologiques mettant en évidence la fréquence anormale d'une pathologie chez des travailleurs présentant le même profil, soit du fait du travail effectué, soit du fait des matériaux ou outils employés. Ils énoncent la liste limitative des maladies nées du travail et, pour chacune d'entre elles, les conditions de leur reconnaissance (durée d'exposition, de prise en charge, nature de l'activité professionnelle). Ces tableaux qui évoluent lentement du fait de leur mode d'élaboration et des conséquences qu'ils produisent sont centrés sur une approche physique de la lésion qui ne laisse aucune place au trouble psychique. Pour autant, il serait excessif d'affirmer qu'ils sont totalement hermétiques aux manifestations des risques psychosociaux car, en reconnaissant les troubles musculo-squelettiques dont on sait qu'ils sont amplifiés par la mauvaise santé psychique, ils peuvent aussi en connaître. Mais il faut bien avoir conscience qu'il ne s'agit là que d'une prise en charge très indirecte, imparfaite et très peu satisfaisante puisque l'affection psychique en tant que telle n'est pas prise en compte.

Le second dispositif, ajouté en 1993, admet la preuve du caractère professionnel de la maladie quand les exigences des tableaux ne sont pas satisfaites, soit que les conditions de la reconnaissance de la maladie ne sont pas remplies, soit que la maladie n'est pas recensée. Lorsque la maladie n'est dans aucun tableau, comme c'est le cas pour les risques psychosociaux, elle peut être reconnue d'origine professionnelle s'il est établi qu'elle *est directement et essentiellement causée* par le travail *habituel* de la victime et qu'elle entraîne le décès ou une incapacité permanente au moins égale 25 %. Une procédure contraignante est alors imposée[29]. L'intéressé doit saisir la Caisse primaire d'assurance maladie (CPAM) d'une demande motivée de reconnaissance dans les deux ans de la cessation de travail ou de la constatation médicale de la maladie. La CPAM doit constituer un dossier

[29] Art. L. 461-1, R. 461-1 et s. du Code de la Sécurité sociale

formé d'éléments médicaux et professionnel auquel sont annexées les observations des parties, et saisir le Comité régional de reconnaissance des maladies professionnelles (Leroy, 1994)[30]. Celui-ci, après avoir entendu la victime et son employeur, rend un avis motivé qui s'impose à la caisse et lui permet de reconnaître l'origine professionnelle de la maladie. La contestation éventuelle relève du contentieux général de la sécurité sociale et le tribunal des affaires de sécurité sociale ne peut trancher le différend qu'après avoir recueilli l'avis d'un autre Comité régional, en général celui de la région la plus proche[31]. Pour les maladies hors tableau, la causalité adéquate et une gravité suffisante de l'incapacité sont donc requises, ce qui témoigne d'une certaine réserve - méfiance ?- à leur égard. Cette exigence accrue autorise néanmoins la reconnaissance de maladies professionnelles hors tableau[32] et elle a même permis récemment que des troubles psychologiques soient qualifiés de maladies professionnelles (Tourreil, 2006)[33].

B. L'indemnisation du risque psychosocial comme risque professionnel

L'indemnisation du risque professionnel obéit à des règles spécifiques qui se démarquent nettement du droit de la responsabilité civile. Elle est automatique, ce qui dispense la victime d'avoir à prouver une responsabilité quand elle a établi l'existence du risque professionnel. Elle est seulement forfaitaire, ce qui implique qu'elle ne compense pas nécessairement le dommage réel et qu'elle n'est pas orientée vers la réparation intégrale (1). En outre l'accès à l'indemnisation complémentaire est restreint (2). Le risque psychosocial ne bénéficie d'aucun traitement particulier ou dérogatoire.

[30] Art. L. 461-1 al. 5 et D. 461-26 à D. 461-31 du Code de la Sécurité sociale.

[31] Art. L. 461-1, 5e et R. 142-24-2 CSS ; Civ. 2e, 17 janv. 2007, *RDSS* 2007. 359, obs. T. Tauran.

[32] Soc. 18 janv. 2001, *RJS* 2001, n°508.

[33] Civ. 2e, 14 sept. 2006, n°05-11110, inédit ; Soc. 15 nov. 2006, n°05-41489, *Bull.* V. Même si le caractère professionnel n'était pas au cœur du problème juridique ; M. Badel, note sous Soc. 15 nov. 2006, *RDSS* 2007, p. 356.

1. La réparation forfaitaire commune à l'ensemble des risques professionnels

Elle comporte des prestations en nature et de prestations en espèces.

Les prestations en nature doivent permettre à la victime de se soigner et, si nécessaire, de recouvrer ses aptitudes physiques et professionnelles. La prise en charge des soins médicaux est particulièrement favorable à la victime[34]. Celle-ci, bénéficiant de la technique du tiers-payant, est dispensée de l'avance des frais et de la participation aux frais. Elle a également droit à la fourniture d'appareils de prothèse ou d'orthopédie nécessaires à raison de son infirmité, et à la réparation ou au remplacement de ceux que l'accident a rendus inutilisables. Pour autant, la gratuité n'est pas totale. La prise en charge se fait dans la limite du tarif opposable à l'assurance maladie, ce qui demande à la victime de supporter les frais supplémentaires et le coût des soins pour lesquels aucune tarification n'existe. D'autres prestations, spécifiques, sont destinées à donner à la victime les moyens de retrouver son aptitude physique ou, s'il lui est impossible d'occuper son ancien emploi, d'avoir un emploi adapté à ses aptitudes nouvelles. Il s'agit de la réadaptation fonctionnelle et de la rééducation professionnelle.

Les prestations en espèces sont versées à la victime directe et, si elle est décédée du fait du risque professionnel, à ses ayants droit.

Le salarié victime perçoit des indemnités journalières pendant la durée de son incapacité temporaire. Versées dès le premier jour de l'arrêt de travail consécutif à l'accident, sans délai de carence, elles sont calculées à partir du salaire de référence. Si le salaire est mensuel, on tient compte du dernier salaire perçu et le salaire journalier brut est fixé à 1/30 du montant de la dernière paye, accessoires inclus (avantages en nature, pourboires, primes à certaines conditions...). Pendant les 28 premiers jours de l'arrêt de travail, l'indemnité journalière est égale à 60 % du salaire journalier de base et, partir du 29e jour, à 80 %. Ainsi, contrairement à une idée reçue, la victime du risque professionnel ne bénéficie pas de la compensation intégrale de la perte de salaire. De plus, les indemnités journalières, plafonnées, ne peuvent pas dépasser un montant fixé par décret. En cas d'incapacité permanente, la victime perçoit une rente dont le montant résulte d'un calcul complexe

---

34 Art. L. 432-1 et s. du Code de la Sécurité sociale.

effectué à partir de son salaire (corrigé) et de son taux d'incapacité (corrigé). Elle a droit à une majoration de 40 % de la rente quand son incapacité la contraint à recourir à l'assistance d'une tierce personne pour effectuer les actes ordinaires de la vie.

En cas de décès de la victime, les ayants droit perçoivent des indemnités funéraires dans la double limite des frais exposés et d'un plafond[35]. Ils peuvent aussi prétendre à des pensions, à condition d'avoir été reconnus par la loi. Le conjoint, le concubin et la personne liée par un pacte civil de solidarité, ont droit à une rente viagère égale à 40 % du salaire utile[36]. Par ailleurs les enfants de la victime légitimes, naturels ou adoptifs, ont droit à une rente jusqu'à l'âge limite de 16 ans, et jusqu'à 20 ans en cas de poursuite d'études ou d'impossibilité de travailler par suite d'infirmités ou de maladies chroniques. La pension est fixée à 25 % du salaire utile pour chacun des deux premiers enfants, et à 20 % au-delà. Enfin, chaque ascendant reçoit une rente viagère égale à 10 % du salaire de la victime s'il établit qu'il aurait pu obtenir de la victime une pension alimentaire ou qu'il était à sa charge[37]. Le bénéfice de la qualité d'ayant droit n'étant pas alternatif, tous peuvent simultanément bénéficier des pensions de survivant. Toutefois, le total des rentes ainsi allouées ne peut dépasser 85 % du salaire, sous peine de faire l'objet d'une réduction proportionnelle[38].

2. L'accès à la réparation complémentaire

Quand le risque professionnel est dû à l'intervention d'un tiers, la victime peut agir en réparation complémentaire selon les règles de la responsabilité civile. Quand un membre de l'entreprise y a participé, l'action de la victime n'est possible que si sa faute est intentionnelle ou inexcusable.

Faute intentionnelle de l'employeur ou d'un co-préposé de la victime – La définition de la faute intentionnelle est invariable et très stable : « La faute intentionnelle de l'employeur ou de l'un de ses préposés suppose un acte volontaire accompli avec l'intention de causer des lésions corporelles et

---

[35] Art. L. 435-1 et D. 435-1 du Code de la Sécurité sociale.

[36] Art. L. 434-8 CSS. La rémunération de base retenue est la même que pour la rente de la victime.

[37] Le total de leurs rentes ne peut excéder 30%.

[38] Art. R. 434-17 du Code de la Sécurité sociale. Les rentes sont dues à compter du lendemain du décès.

ne résulte pas d'une simple imprudence, si grave soit-elle » (Saint-Jours, 1970)[39]. Pour que l'acte volontaire soit faute intentionnelle, il doit être commis dans l'intention de causer des lésions corporelles, ce qui impose de rechercher l'intention de nuire. Aussi, en application du principe de l'autorité de la chose jugée au pénal sur le civil, l'auteur condamné pour coups et blessures volontaires par le juge pénal est coupable d'une faute intentionnelle[40]. Le concept jouit donc d'une belle unité, mais on peut se demander si elle résistera à la jurisprudence sur le harcèlement. En effet, alors que le harceleur commet un délit intentionnel au plan pénal (Malabat, 2007 ; Monteiro, 2003)[41], c'est plutôt sa faute inexcusable qui est recherchée en droit de la sécurité sociale[42]. Ensuite, alors que le harcèlement peut consister dans un acte intentionnel isolé en droit pénal (pour le harcèlement sexuel) (Malabat, 2003), la définition du droit du travail ne repose pas sur une analyse subjective de la volonté du harceleur et se fonde essentiellement sur la conjonction et la répétition de faits (Frouin, 2005 ; Delga, Rajkumar, 2005, Lardy-Pélissier, 2006)[43], même si, dans ses arrêts, la chambre sociale souligne la conscience du fautif (Badel, 2006). Il faudra donc que la jurisprudence de sécurité sociale précise si elle se contente d'un acte unique ou si elle exige la répétition du comportement. Enfin, l'affection due au harcèlement est par nature psychique alors que la définition de la faute intentionnelle, visant les lésions corporelles, semble privilégier les lésions physiques. Mais pour le coup, il ne s'agit pas d'un obstacle véritable car l'approche large de la lésion actuellement en vigueur permet d'envisager son extension aux conséquences de la faute intentionnelle.

La faute intentionnelle ainsi définie ouvre aux victimes une action en réparation du préjudice « conformément aux règles du droit commun »[44]. Les victimes peuvent donc agir sur le fondement de la responsabilité du fait personnel ou de la responsabilité du fait d'autrui, par exemple sur le fondement de l'article 1384, al. 5 du Code civil, ce qui présente un intérêt évident depuis qu'en 1987, la loi permet à l'employeur de s'assurer contre

---

[39] Soc. 13 janv. 1966, *Bull.* IV, n°63, *Dr. soc.* 1966. 600, note R. Jambu-Merlin ; X. Prétot, *Les grands arrêts du droit de la sécurité sociale*, éd. Dalloz, n°55, p. 427.

[40] Crim. 22 av. 1959, *Bull. crim.*, n°239.

[41] Crim. 21 juin 2005, *JCP G* 2005. IV. 2824.

[42] Soc. 21 juin 2006, n°05-43914, *SSL* n°1268, 2006. 10, *JSL* n°193, 2006. 193, *JCP S* 2006. II. 1566 ; Soc. 15 nov. 2006, n°05-41489, *Bull.* V, *RDSS* 2007. 356, note M. Badel.

[43] Art. L. 1152-1 suiv. du Code du travail ; Soc. 27 oct. 2004, *Bull.* V, n°267, *Dr. soc.* 2005. 100, obs. Roy-Loustaunau.

[44] Art. L. 452-5 CSS.

les fautes intentionnelles de ses préposés. Les victimes peuvent donc éviter le risque d'insolvabilité du préposé, qui ne peut s'assurer contre sa faute intentionnelle, et trouver un garant dans la personne de l'employeur assuré, à condition toutefois que l'acte commis par le préposé ne soit pas indépendant du lien de préposition l'unissant à son employeur.

Faute inexcusable de l'employeur ou du substitué dans les pouvoirs de direction – L'article L. 452-2 du Code de la sécurité sociale vise la faute inexcusable de « l'employeur ou de ceux qu'il s'est substitué dans les pouvoirs de direction », permettant l'immunité du simple salarié auteur de la faute inexcusable. Le substitué est la personne investie par l'employeur d'un pouvoir de direction, un rôle de simple surveillance étant insuffisant. Pour avoir cette qualité, le préposé n'a pas besoin d'exercer habituellement des fonctions de commandement dans l'entreprise. Il suffit qu'il les assume lors de l'exécution des travaux au cours desquels l'accident s'est produit.

La faute inexcusable n'est pas définie par le Code de la sécurité sociale. Jusqu'en 2002, sa définition était fondée sur cinq éléments cumulatifs. Les quatre premiers, dégagés en 1941[45], faisaient de la faute inexcusable un acte ou une omission volontaire, d'une exceptionnelle gravité, commis avec la conscience du danger et dépourvu de cause justificative. Cette définition devait s'enrichir d'un cinquième élément en 1950, la composante causale (Cœuret, 1987 ; Jaillet, 1980 ; Blaise, 1985 ; Saint-Jours, 1985)[46], qui imposait à la faute inexcusable d'être la cause déterminante du risque professionnel. En conséquence, en cas de coexistence de fautes, seule était inexcusable celle qui était la cause explicative de l'accident. Cette conception de la faute inexcusable a volé en éclats avec les arrêts « amiante » de 2002 (Vachet, 2007 ; Millet, 2003 ; Coursier, 2002)[47]. Désormais, en vertu du contrat de travail, l'employeur est tenu envers le salarié d'une obligation de sécurité de résultat, « lorsqu'il avait ou aurait dû avoir conscience du danger auquel était exposé le salarié et n'a pas pris les mesures nécessaires pour l'en préserver ». Deux arrêts de 2002 ont encore précisé la définition en disant que si la faute inexcusable de l'employeur doit être la cause nécessaire de l'accident pour que sa responsabilité soit engagée,

[45] Ch. Réunies 15 juil. 1941, *JCP* 1941. II. 1705, note Mihura, X. Prétot, *Les grands arrêts du droit de la sécurité sociale*, *op. cit.*, n°54, p. 414.
[46] Soc. 17 fév. 1950, *Bull.* III, n°168 ; Ass. plén., 18 juil. 1980, *JCP* 1980. II. 19642, note Y. Saint-Jours.
[47] Soc. 28 fév. 2002, *D.* 2002. IR. 1009, *RJS* 2002, n°618.

elle n'a plus à être sa cause déterminante. Ils vont aussi admettre que l'employeur peut échapper à sa responsabilité en prouvant qu'il n'avait pas conscience du danger[48]. Enfin, la Chambre sociale va admettre que la faute inexcusable de l'employeur peut coexister avec la faute inexcusable du salarié victime (Badel, 2002)[49]. Pour autant, la victime ne bénéficie d'aucune présomption générale de faute inexcusable[50]. La seule survenance de l'accident, si elle montre que le résultat n'a pas été atteint et rend inutile la preuve de l'exceptionnelle gravité, ne dispense pas la victime d'établir que l'employeur avait ou aurait dû avoir conscience du danger auquel le salarié était exposé ou qu'il avait omis de prendre les mesures nécessaires pour l'en préserver[51]. La nouvelle définition n'en est pas moins favorable aux victimes et elle a permis de retenir la faute inexcusable de l'employeur d'un salarié harceleur, alors qu'il l'avait changé de poste et engagé à son encontre une procédure de licenciement (Radé, 2006)[52].

Le Code de la sécurité sociale ne disant rien de l'évaluation de la majoration de la rente en cas de faute inexcusable de l'employeur, les juges ont admis après quelques hésitations que la majoration doit être maximale, la réduction ne pouvant intervenir qu'en cas de faute inexcusable de la victime (Badel, 2004)[53]. La CPAM propose la majoration au bénéficiaire de la rente et, à défaut d'accord, le contentieux relève du Tribunal des affaires de sécurité sociale. Enfin, la victime peut demander à son employeur ou à son substitué, devant les juridictions de la sécurité sociale, réparation de chefs de préjudices limitativement énumérés par le Code de la sécurité sociale (Saint-Jours, 1989)[54] et interprétés rigoureusement[55]. Il s'agit des souffrances physiques et morales, des préjudices esthétiques et d'agrément, de la perte

---

[48] Soc. 31 oct. 2002, *Bull.* V, n°336 et n°335, *JCP E* 2003. 903, obs. D. Asquenazi-Bailleux, *D.* 2003. 644, note Y. Saint-Jours, *Dr. soc.* 2003. 282, obs. P. Chaumette.

[49] Soc. 11 déc. 2002, *Bull.* V, n°400 ; Ass. pl. 24 juin 2005, *JCP S* 2005. 1056, note P. Morvan.

[50] À l'exception des rares présomptions légales : salariés sous contrat de travail à durée déterminée ou mis à disposition par une entreprise de travail temporaire, accident survenu alors que l'employeur avait été alerté du danger.

[51] Civ. 2e, 22 mars 2005, *Bull.* II, n°74, *TPS* 2005, comm. 148, obs. X. Prétot ; Civ. 2e, 15 fév. 2005, n°03-30431, inédit ; Civ. 2e, 14 déc. 2004, *RJS* 2005, n°211.

[52] Soc. 21 juin 2006, *JCP S* 2006. II. 1566.

[53] Art. L. 452-2 du Code de la Sécurité sociale ; Soc. 19 déc. 2002 ; Soc. 31 mars 2003, *Bull.* V, n°119, *RJS* 2003. 532, n°804 ; Civ. 2e, 27 janv. 2004, *RJS* 2004. 314, n°457 ; Civ. 2e, 23 nov. 2006, n°05-13426, inédit ; Civ. 2e, 14 sept. 2006, n°04-30418, inédit.

[54] Art. L. 452-3 du Code de la Sécurité sociale.

[55] Soc. 11 mars 2003, *RJS* 2003, n°803 ; Soc. 16 nov. 1988, *Bull.* V, n°603.

ou de la diminution des possibilités de promotion professionnelle. Pour les ayants droit, la possibilité de demander une réparation complémentaire n'existe qu'en cas de décès de la victime et concerne le seul préjudice moral. Qu'il s'agisse de la victime ou de ses ayants droits, la faute inexcusable de l'employeur ou de son substitué de permet donc en aucun cas l'obtention d'une réparation intégrale.

II. La sensibilisation aux risques psychosociaux par la Sécurité sociale

Même si ce n'est pas là sa fonction majeure, la Sécurité sociale joue un rôle dans la sensibilisation aux risques psychosociaux. Son action se déploie sur deux axes principaux, la prévention (A) et la sanction (B), ce qui est du reste commun à l'ensemble des risques professionnels.

A. Prévention des risques psychosociaux et Sécurité sociale

Les organismes de Sécurité sociale mettent en œuvre des campagnes de sensibilisation aux risques psychosociaux car les chiffres attestent aujourd'hui de leur gravité pour le monde du travail[56]. Même si la France ne dispose pas d'enquête nationale spécifique sur le stress au travail, les enquêtes périodiques « conditions de travail » de la DARES donnent des indications édifiantes sur les facteurs de stress au travail. Plus d'un salarié sur deux travaillerait dans l'urgence, plus d'un sur trois recevrait des ordres ou des indications contradictoires. En outre, un tiers des travailleurs déclare vivre des situations de tension dans les rapports avec les collègues ou la hiérarchie. Ce phénomène n'est pas spécifique aux salariés non qualifiés puisque 70 % des cadres estiment être tendus en raison de leur travail. Face à un niveau de stress croissant, 46 % se sentent découragés et 30 % envisagent de quitter leur poste[57]. Le phénomène n'est pas non plus propre à la France car, selon une étude de la Fondation de Dublin sur les conditions de travail, 27 % des salariés européens estiment que leur santé pâtit des problèmes de stress au travail, ce qui en fait, derrière les maux de dos, le deuxième problème de santé au travail déclaré. Enfin, ces troubles entraînent des dépenses considérables. En 2003, en France, 20 % des arrêts maladie longue durée étaient liés à des troubles mentaux. En Europe, le stress serait la cause

[56] http://calypso-iprp.com.

[57] Le journal du management 16/03/2005.

de plus de 50 % de l'absentéisme au travail, soit un coût 20 milliards d'euros. Il serait à l'origine de 30 % des arrêts maladie et de plus de 600 millions de journées de travail perdues[58].

Depuis 1947, la Sécurité Sociale est chargée de gérer l'ensemble du risque professionnel. En liaison avec les CPAM qui versent les prestations aux victimes et les URSSAF qui perçoivent les cotisations patronales destinées à les financer, les Caisses Régionales d'Assurance Maladie (CRAM) assurent le suivi statistique des accidents du travail et des maladies professionnelles, la tarification des entreprises, et développent des actions de prévention. Pour accomplir cette dernière mission, les CRAM disposent d'équipes d'ingénieurs-conseils et techniciens-conseils issus du monde industriel. Ceux-ci sont chargés de détecter les risques de chaque activité, d'étudier les moyens de prévention adaptés, d'informer les entreprises des risques encourus et des solutions applicables, de veiller à l'application des mesures demandées, de favoriser la prise de conscience des employeurs et des salariés face aux problèmes de sécurité. Ils utilisent à cette fin différents moyens : incitations financières, brochures techniques, affiches, films, documents de sensibilisation, publication périodique du journal de la santé et de la sécurité en entreprise, organisation de stages de formation à la sécurité pour les employeurs.

Au titre de la prévention, les CRAM proposent aux dirigeants d'entreprises la signature de contrats de prévention établis après le diagnostic des risques dans l'entreprise, avec des techniciens. L'employeur s'engage à supprimer ou réduire les risques détectés, à améliorer les conditions de travail, à y consacrer les moyens convenus et obtenir les résultats attendus dans les délais fixés. De son côté, la CRAM s'engage à verser à l'entreprise des avances au fur et à mesure des investissements et à les transformer en subvention après constat des réalisations, évaluation des mesures de prévention et contrôle des dépenses. L'expérience est notamment menée par la CRAM d'Ile de France où les employeurs bénéficient d'aides financières pour réaliser les projets visant à préserver la santé et la sécurité des salariés. Ces aides, attribuées à hauteur de 15 à 70 % des investissements prévus par l'entreprise, facilitent la prise de décision, mais la définition et la réussite des programmes de prévention reposent aussi sur les apports de la CRAM en matière technique, juridique, ergonomique, et sur la formation.

[58] Fondation européenne pour l'amélioration des conditions de vie et de travail, 2001.

Depuis 2007, les organismes nationaux de sécurité sociale sont enfin associés à la réflexion sur la santé au travail et intégrés aux groupes de travail formés avec les partenaires sociaux et les représentants des ministères du travail, de la santé et de l'agriculture. Ces groupes, notamment chargés de travailler sur l'amélioration de la prévention des risques psychosociaux, doivent aussi mener une réflexion sur la place des acteurs de la prévention, dont les comités d'hygiène, de sécurité et des conditions de travail présents dans les entreprises employant au moins cinquante salariés.

B. Sanctions des risques psychosociaux et Sécurité sociale

Le droit de la sécurité sociale ne prévoit aucun régime spécifique pour sanctionner les comportements à l'origine des troubles psychosociaux. Ce sont donc les sanctions classiques qui vont s'appliquer, qu'elles se traduisent par une augmentation de la cotisation due par l'employeur ou par la mise en œuvre de sa responsabilité.

La survenance du risque professionnel produit des conséquences financières pour l'entreprise du salarié victime, le taux de cotisation accidents du travail dépendant de variables destinées à responsabiliser l'employeur[59]. La fonction de responsabilisation est particulièrement nette pour les entreprises employant au moins 200 salariés au plan national. Leur tarification, individuelle et réelle, est déterminée a posteriori et prend en compte le nombre d'accidents pour inciter les entreprises à se préoccuper de l'impact économique interne de la sécurité au travail. Pour les autres entreprises en revanche, le mode de calcul des cotisations, beaucoup moins lisible, n'est pas favorable à leur responsabilisation. Aussi, plusieurs propositions ont été formulées et en 2004, le Parlement a voulu inciter les partenaires sociaux à négocier une réforme. Selon la loi du 13 août 2004 relative à l'assurance maladie (art. 54) « les organisations professionnelles d'employeurs et les organisations syndicales de salariés représentatives au plan national sont invitées, dans un délai d'un an après la publication de la présente loi, à soumettre au Gouvernement et au Parlement des propositions de réforme de la gouvernance de la branche accidents du travail et maladies professionnelles et, le cas échéant, d'évolution des conditions de prévention, de réparation et de tarification des accidents du travail et des maladies professionnelles ». Les négociations engagées depuis 2005 portent

[59] Arrêté du 22 déc. 2006, *JO* 30 déc. 2006 ; art. D. 242-6-4 du Code de la Sécurité sociale.

particulièrement sur la tarification qui devrait devenir plus incitative à la prévention, grâce à un mécanisme de bonus/malus qui reste à préciser, en portant une attention particulière aux PME et aux très petites entreprises (TPE). Dans le protocole d'accord du 12 mars 2007, les partenaires sociaux ont émis des propositions pour une tarification plus simple, favorable à la prévention. Ils envisagent la possibilité de ristournes aux entreprises qui sont engagées dans des actions de prévention avec la CRAM et ont obtenu des résultats individuels. Ils proposent aussi de mettre en œuvre un dispositif de cotisation supplémentaire AT/MP en cas de risque exceptionnel ou répété, révélé par une infraction constatée aux règles de santé et sécurité au travail prévues par la réglementation.

Les partenaires sociaux veulent par ailleurs rendre plus équitables les conditions d'indemnisation des victimes de risques professionnels, tout en maintenant le principe de la réparation forfaitaire et la présomption d'origine professionnelle favorables aux victimes[60]. Ils proposent une « réparation forfaitaire personnalisée » qui conduirait à fixer le taux d'incapacité permanente de la victime d'après la nature de son infirmité, son état général et la détérioration de ses facultés *physiques* et *mentales*, ainsi qu'en fonction de ses aptitudes professionnelles et de sa qualification au poste de travail. Par ailleurs, les victimes devraient être mieux remboursées des frais d'appareillages dentaires, optiques ou auditifs... actuellement pris en charge dans la limite de plafonds insuffisants au regard des sommes engagées.

Enfin, la responsabilité de l'employeur existe à l'égard des organismes sociaux qui peuvent agir en récupération des sommes versées aux victimes en cas de faute intentionnelle ou inexcusable. La faute intentionnelle de l'employeur, comme celle du co-préposé de la victime[61], produit ainsi une double conséquence. Outre la possibilité pour la CRAM de lui imposer une cotisation complémentaire[62], elle permet à la CPAM d'agir en remboursement des prestations versées contre « l'auteur de l'accident »[63]. Si le co-préposé a commis la faute, aucune action n'est donc possible contre l'employeur, quand bien même il serait déclaré civilement responsable des

[60] Protocole d'accord sur la prévention, la tarification et la réparation des risques professionnels (12 mars 2007) que la CGT et la CFE-CGC n'ont toutefois pas signé. *SS Lamy*, 19 mars 2007, n° 1299, p. 2.
[61] Art. L. 452-5 du Code de la Sécurité sociale.
[62] Art. L. 242-7 du Code de la Sécurité sociale.
[63] Art. L .452-5 du Code de la Sécurité sociale.

agissements de ses salariés envers la victime[64]. Dans le cas des risques psychosociaux, l'action en récupération de la caisse ne peut donc être dirigée que contre l'auteur de la faute, alors que l'action de la victime en réparation de son préjudice peut être dirigée contre l'auteur de la faute sur le fondement de la responsabilité du fait personnel, ou contre celui qui en est responsable sur le fondement de la responsabilité du fait d'autrui. Quant à la faute inexcusable de l'employeur, récemment retenue à la charge de l'employeur d'un salarié harceleur[65], elle entraîne une majoration de la cotisation d'accidents du travail en plus de sa responsabilité à l'égard de la victime.

[64] Soc. 12 oct. 1989, *Bull.* V, n°589.
[65] Soc. 21 juin 2006, C. Radé, *Dr. soc.* 2006, 826, op. cit.

BIBLIOGRAPHIE

BADEL M., (2007), *Droit de la sécurité sociale*, éd. Ellipses, coll. Universités, 2007, 368 p.

BADEL M., (2006), « Souffrance au travail et risque professionnel : la difficile appropriation du mal-être au travail par le droit de la sécurité sociale », *RDSS*, p. 918

BADEL M., (2004), « la notion de risque professionnel : état des lieux à la lumière des dernières évolutions », *RDSS*, p. 208

BADEL M., (2004), « Nouvelle étape dans l'indemnisation des victimes d'accident du travail : calcul de la rente et fautes inexcusables », *LPA*, 22 avril, p. 12

BADEL M., « Le contrat de travail, l'obligation de sécurité de résultat et la faute inexcusable dans le risque professionnel, suite », *Revue Lamy Droit des affaires*, n°52, sept. 2002, p. 13

BARDOT F., HUEZ D., (2003), « Clinique médicale du travail et souffrance au travail : les dépressions réactionnelles professionnelles », *Trav. et Emploi* n° 96, p. 55

BLAISE H., (1985), « La faute inexcusable de l'employeur ou de son substitué », *BS F. Lefebvre*, p. 459

BONNECHÈRE M., (1994), « Le corps laborieux : réflexion sur la place du corps humain dans le contrat de travail », *Dr. Ouv.*, p. 173

BUZZY S., (2006), *La santé au travail (1880-2006)*, La Découverte, 2006, 128 p.

BOQUILLON F., (2000), « Harcèlement professionnel, accident du travail et maladies professionnelles », *Dr. ouv.*, p. 520

CŒURET A., (1987), « La faute inexcusable et ses applications jurisprudentielles », *Gaz. Pal.*, 18-19 décembre

COURSIER P., (2002), « Risque professionnel et faute inexcusable en matière d'amiante : obligations de sécurité de résultat », *JCP E*, act. 68

DELGA J., RAJKUMAR A., (2005), « Le harcèlement moral au regard du Code du travail et de la jurisprudence contemporaine », *Dr. Ouv.*, p. 161

DUPEYROUX J.-J., (1964), « La notion d'accident du travail », *D.*, Chron. 23

FROUIN J.-Y., (2005), « Sur le contrôle par la Cour de cassation de la qualification juridique du harcèlement moral », *RJS*, p. 671

HÉAS F., (2005), « La pénibilité au travail : définition juridique », *Travail et Emploi* n° 104, p. 19

HIRIGOYEN M.-F., (2004), *Malaise dans le travail. Harcèlement moral : démêler le vrai du faux*, éd. La découverte, 2004, 289 p.

JAILLET, R., (1980), *La faute inexcusable en matière d'accident du travail et de maladie professionnelle*, éd. LGDJ, 420 p.

LARDY-PÉLISSIER B., (2006), « La prohibition légale du harcèlement », *RJS*, p. 191

LEROY P., (1994), « Le comité régional de reconnaissance des maladies professionnelles », *Dr. Ouv.*, p. 105

LEROUGE L., (2007), « Le renouvellement de la définition de l'accident du travail », *RDSS*, p. 696

LEROUGE L., (2005) *La reconnaissance d'un droit à la protection de la santé mentale au travail*, LGDJ, Coll. Bibliothèque de droit social, 427 p.

MAGGI-GERMAIN N., (2002), « Harcèlement moral et conditions de travail », *BS Lefebvre*. p. 466

MAGGI-GERMAIN N., (2004), « La nouvelle dimension de la santé au travail », *SSL*, n° 1165

MALABAT V., (2007), *Droit pénal spécial*, Dalloz, 621 p.

MALABAT V., (2003), « À la recherche du sens du droit pénal du harcèlement », *Dr. soc.*, p. 491

MILLET L., (2001), « La faute inexcusable de l'employeur en cas d'accident du travail », *RDPS*, p. 181

MILLET, (2001), « Qu'est-ce qu'un accident du travail ? », *RPDS*, p. 151

MONTEIRO F., (2003), « Le concept de harcèlement moral dans le code pénal et le code du travail », *RSC*, p. 277

RADÉ C., (2006), « Harcèlement et responsabilités au sein de l'entreprise : l'obscur éclaircissement », *Dr. soc.*, 826

SAINT-JOURS Y., (1989), « L'indemnisation complémentaire des victimes d'accidents du travail imputables à une faute inexcusable de l'employeur », *RDSS*, p. 503

SAINT-JOURS Y., (1985), « Variations sur la qualification de la faute inexcusable », *RDSS*, p. 573

SAINT-JOURS Y., (1970), « La faute intentionnelle et le droit de la sécurité sociale », *Dr. soc.*, p. 387

SAINT-JOURS Y., (1970), « Le suicide en droit de la sécurité sociale », *D.* 1970. Chron. 93

TOURREIL J.-M., (2006), « Harcèlement moral reconnu comme maladie professionnelle : indemnisation due par l'employeur pour la période antérieure », *JSL* n°201, 12 déc., p. 20

VACHET G., (2007), « Chronique sur un assassinat programmé : la jurisprudence sur la faute inexcusable », *SSL*, n°1289, p. 7

Les difficultés d'appréhension du droit espagnol

Ricardo ESCUDERO RODRÍGUEZ
José Eduardo LÓPEZ AHUMADA
Université d'Alcalá

Absence de texte légal spécifique et fort pragmatisme judiciaire – La première remarque est qu'en Espagne, ni la législation sur le contrat de travail, ni celle relative à la prévention des risques du travail, ni celle de la sécurité sociale ne règlementent expressément ou globalement les risques psychosociaux. En effet, il s'agit d'un phénomène beaucoup plus élaboré du point de vu doctrinal et jurisprudentiel que du point de vu législatif, dont la réponse est encore clairement insuffisante. Il existe ainsi un décalage entre la loi et la réalité, cette dernière étant beaucoup plus éloignée que la première. Or, au sein de ces développements, nous allons nous limiter à l'analyse des problèmes posés par la configuration des risques psychosociaux comme contingences professionnelles, c'est-à-dire entendus comme un type de risques couverts par l'action protectrice du système espagnol de sécurité sociale. Ceci nous obligera à accorder une importance particulière, aussi bien à la législation spécifique sur les contingences à caractère professionnel, qu'à la jurisprudence qui a récemment appliquée la protection pour contingences professionnelles à ce type de risque du travail.

Le droit espagnol de la sécurité sociale se caractérise par un retard plus important que la législation du travail en matière de risques psychosociaux. En droit du travail, il existe une certaine reconnaissance, même partielle et limitée, de certaines situations comprises dans le cadre des risques psychosociaux, comme le cas des différents types de harcèlement, par exemple. Ainsi, la Loi générale de sécurité sociale (LGSS) ne connaît pas encore cette problématique. Les profils diffus du phénomène de risques psychosociaux, leur hétérogénéité et l'absence relative de définition conceptuelle, ainsi que l'existence d'une législation sur la protection sociale fortement ancrée dans des notions juridiques classiques, font qu'un tel concept reste en dehors des paramètres légaux.

Or, malgré cette constatation, la norme légale contient des dispositions générales qui sont pleinement applicables à la problématique des risques psychosociaux et qui sont mises en œuvre pour compenser les conséquences négatives qu'ils provoquent à l'encontre des travailleurs. Ainsi, la sécurité sociale a pour objet de protéger et, dans la mesure du possible, de réparer les dommages produits lorsque la prévention a échoué. C'est précisément pour cela qu'est envisagée la nécessité d'aborder de nouveaux problèmes avec des catégories juridiques traditionnelles et des constructions très solides, mais qui restent génériques : fondamentalement, comme nous le verrons, celles relatives à l'accident du travail et aux maladies professionnelles.

De plus, le silence légal est encore plus criant lorsqu'on constate, ces dernières années, une augmentation évidente des actions judiciaires et, par conséquent, du nombre de jugements sur des litiges liés aux risques psychosociaux. Malgré tout et comme toujours, les cas existants dans la réalité sont beaucoup plus importants, même si un certain nombre d'entre eux ne fait pas l'objet de contentieux judiciaire puisqu'ils ne sont pas révélés par peur d'éventuelles représailles de l'entreprise ou du coût éventuel pour le droit à l'indemnité des travailleurs concernés.

Il est indéniable que la sécurité sociale couvre les situations dans lesquelles se sont produits des lésions à caractère physique ou psychique sur la santé des travailleurs, issues de ce que l'on appelle les risques psychosociaux qui empêchent de réaliser, temporairement ou de façon permanente, l'activité professionnelle, ou qui impliquent même dans certains cas des décès. Logiquement, une telle protection est accordée à condition de remplir les exigences spécifiques ouvrant droit aux prestations d'incapacité temporaire ou permanente ou, en fonction des cas, à celles pour décès en faveur des ayants droit. À titre d'illustration, si ces exigences sont respectées, les prestations en nature et en espèces correspondantes seront accordées pour un arrêt causé par une dépression en relation avec le travail, pour harcèlement moral au travail ou pour *burn out* (sorte d'épuisement professionnel).

Or, le véritable problème n'est pas tant d'inclure dans l'action de la sécurité sociale les effets nuisibles produits par les risques psychosociaux sur la santé ou sur l'intégrité des travailleurs, que le niveau de la protection qui leur est accordée si de tels risques sont considérés comme ayant un caractère professionnel. En effet, le grand débat doctrinal et judiciaire en la matière tourne autour de la qualification des risques psychosociaux soit comme contingences professionnelles, soit comme contingences de droit commun. En d'autres termes, leur étiologie concrète dépend du fait qu'ils gardent ou non un rapport de causalité directe avec l'activité professionnelle du travailleur. Par conséquent, l'affirmation d'un tel lien de causalité avec le travail est le véritable motif des réclamations présentées devant les tribunaux. Le but du contentieux est d'obtenir ou non une protection plus importante si la nature professionnelle de ces risques est confirmée. En somme, il s'agit d'une variable inégale qui conserve une relation étroite avec les principes traditionnels que connaît le système juridique espagnol depuis la loi sur les accidents du travail de 1900, contrairement à la recommandation faite en son temps par Lord Bedverige.

Ainsi, d'importantes conséquences découlent encore de la qualification comme risques professionnels : premièrement, le caractère automatique des prestations, bien que le travailleur ne soit pas inscrit à la sécurité sociale ; deuxièmement, la non exigence d'une période de cotisation préalable pour avoir droit aux prestations ; troisièmement, la base de réglementation pour déterminer le montant des prestations est plus élevée puisqu'elle tient compte de certains éléments comme, par exemple, la cotisation pour heures extraordinaires ; quatrièmement, les pourcentages applicables à cette base sont parfois plus élevés et, par conséquent, les montants plus importants ; cinquièmement, il peut éventuellement y avoir une majoration des prestations payées par l'employeur si ce dernier n'a pas respecté les mesures de prévention qu'il aurait dû adopter au préalable ; sixièmement, les sujets responsables du paiement des prestations peuvent être différents (soit l'institut national de sécurité sociale, soit les mutuelles d'accidents du travail et des maladies professionnelles, si les entreprises ont opté pour celles-ci pour assurer les risques professionnels) ; et enfin, septièmement, le financement des prestations provient des cotisations payées uniquement par les employeurs.

D'autre part, l'absence d'une définition légale entraîne une prépondérance judiciaire très forte en la matière, le juge étant, une fois de plus, moins le porte-parole de la loi qu'un véritable créateur du droit. Ceci a des avantages comme, par exemple, la possibilité d'apporter des réponses à des thématiques nouvelles face à des approches légales génériques et parfois sclérosées. Mais cela comporte également d'importants inconvénients, comme l'existence d'une certaine insécurité juridique lorsqu'il existe des critères contradictoires et parfois aléatoires dans les décisions de justice. Par ailleurs, alors qu'il manque encore une unification judiciaire de la doctrine par le Tribunal suprême, car bien qu'il y ait déjà de nombreux jugements des

Tribunaux supérieurs de justice des Communautés autonomes sur les risques psychosociaux, il n'y a toujours pas d'étude uniforme claire qui résoudrait les contradictions existant à ce sujet. Cette situation est directement liée aux strictes conditions de recours en cassation pour l'unification de la doctrine. Pour être admis par le Tribunal suprême, ces conditions requièrent que les sentences aient conduites à des décisions différentes, malgré le fait d'avoir des faits, fondements et prétentions essentiellement identiques[1].

Les tribunaux ont eu l'occasion de se prononcer sur les risques psychosociaux à propos des différentes manifestations de l'action protectrice de la sécurité sociale : l'incapacité provisoire, l'incapacité permanente dans ses différents degrés, le décès – soit fortuit soit provoqué par le travailleur lui-même – et la survie des membres de la famille. Toutefois, la qualification des risques psychosociaux en maladie professionnelle reste impossible (I). La problématique est différente s'agissant de la reconnaissance du caractère d'accident du travail (II)

I. L'impossible qualification des risques psychosociaux en maladie professionnelle

Qualifier de contingences professionnelles celles issues des risques psychosociaux suppose de déterminer préalablement s'ils peuvent trouver une place, conformément à la législation de sécurité sociale, à l'intérieur des catégories d'accident du travail ou de maladie professionnelle. Ainsi, de tels risques, qu'ils se manifestent par des situations de stress, de dépression ou de harcèlement, ne sont considérés dans le système espagnol comme des maladies professionnelles que s'ils font suite à un travail exécuté pour le compte d'autrui concernant des activités répertoriées dans une certaine liste. Celle-ci est assortie de la condition que ces risques soient provoqués par l'action des éléments et des substances indiqués dans cette même liste pour chaque maladie professionnelle selon l'article 116 de la Loi générale de sécurité sociale (LGSS). Cela signifie que la pathologie ne doit pas avoir seulement une relation de causalité avec l'activité professionnelle du travailleur, mais qu'il est également nécessaire qu'elle soit normativement qualifiée de maladie professionnelle.

---

[1] Décision du Tribunal Suprême du 11 octobre 2005 (RJ 2005, 10119), exemple de rejet parce qu'il n'existe pas de contradiction entre les cas de fait relatifs à des risques psychosociaux.

Il s'agit donc d'une option légale restrictive fondée sur une liste fermée de maladies professionnelles. Cela permet la qualification automatique de maladies expressément recensées et qui seraient causées par les éléments et substances répertoriés dans la norme réglementaire énonçant ce précepte légal, à savoir le Décret royal 1299/2006 du 10 novembre 2006. Celui-ci a actualisé, après trois décennies, la relation obsolète que contenait la norme précédente[2]. Ainsi, si de telles conditions existent, la loi fixe une présomption *juris et de jure* selon laquelle il s'agit de maladies professionnelles. Et au contraire, celles non énumérées dans la liste ou occasionnées par d'autres causes que celles établies de façon réglementaire ne peuvent en aucun cas bénéficier de la qualification de maladies professionnelles.

C'est ce qui se produit avec les risques psychosociaux qui ne peuvent être qualifiés de maladies professionnelles. Il serait certainement nécessaire d'adapter progressivement la législation de la sécurité sociale aux particularités des maladies psycho-professionnelles. Il s'agit d'intégrer les nouvelles manifestations de tels risques dans la liste des maladies professionnelles, à condition qu'elles aient pour origine les systèmes de travail et l'environnement professionnel, en lien avec certaines orientations communautaires[3]. Mais ce qui est sûr, aujourd'hui, c'est que dans le système juridique espagnol, leur considération en tant que telle n'est pas envisagée.

---

[2] Concrètement, une telle norme envisage six grands groupes de maladies professionnelles : celles causées par des agents chimiques, physiques, biologiques, par inhalation de substances et des agents non compris dans d'autres chapitres, par des agents cancérogènes et, enfin, les maladies professionnelles de la peau causées par des substances et des agents non compris dans certains des autres chapitres.

[3] Notamment, l'actualisation progressive des maladies professionnelles se base sur la législation communautaire qui considère comme prioritaire l'introduction de nouveaux risques professionnels, tels que les risques de nature psychosociale, dans les dispositions législatives, réglementaires et administratives de chaque état membre. V. la recommandation de la Commission européenne du 19 septembre 2003 (art. 1.7).

II. La problématique de la qualification en tant qu'accident du travail des risques psychosociaux

Par rapport au concept fermé et restrictif du système des maladies professionnelles, la législation espagnole comprend une définition élastique et relativement ouverte de l'accident du travail. Cela permet d'intégrer les risques psychosociaux parmi certains cas contenus de manière casuiste et minutieuse dans les dispositions de la Loi générale de sécurité sociale (LGSS). Ainsi, face à l'impossibilité de qualifier de tels risques de maladies professionnelles, leur centre de gravité se déplace pour aboutir éventuellement à une qualification comme accidents du travail. Cela d'autant plus que le concept, sans doute complexe, est défini selon une volonté clairement expansive et interprétée également de manière extensive par les tribunaux selon des critères nettement favorables au bénéficiaire. Malgré tout, la persévérance reste de mise, car le concept légal d'accident du travail est quelque peu irrégulier et présente des profils assez imprécis, notamment dans des situations comprises dans une notion aussi fuyante que celle des risques psychosociaux.

Cette complexité du concept d'accident du travail dans le droit espagnol implique que différentes voies soient possibles pour que les lésions issues d'un risque de nature psychosociale soient qualifiées d'accident du travail par l'article 115 de la LGSS. En effet, l'étude de la jurisprudence met en évidence, de façon générale, une acceptation progressive de la part des tribunaux du caractère professionnel de nombreux cas qui entrent pleinement dans la catégorie des risques psychosociaux. C'est ainsi qu'ont été résolus, mais pas de façon unanime, des cas de harcèlement au travail et surtout de stress causé par des tensions ou des problèmes provoquant des dommages ou même le décès du travailleur.

Malgré tout, le fondement juridique des jugements n'est pas unanime, loin de là. Les diverses possibilités qu'offre le labyrinthique article 115 de la Loi générale de sécurité sociale, définissant le concept d'accident du travail, sont à l'origine des différentes argumentations judiciaires. Il est ainsi utile de se référer aux différents points contenus dans l'argumentaire de ces décisions, mais aussi aux données de fait qui ont été à l'origine de nombreux arrêts afin d'opérer une analyse de cas systématisée. Enfin, le recours pour obtenir une protection au titre de l'accident du travail s'applique aussi bien à la manifestation qu'est le harcèlement moral qu'à d'autres risques psychosociaux. En ce sens, il a été reconnu que le stress au travail peut également être qualifié d'accident du travail[4]. Néanmoins, le lien de causalité avec le travail reste difficile à établir (A), mais il existe des voies juridiques concrètes de qualification des risques psychosociaux en accidents du travail (B).

A. Accident du travail et risques psychosociaux : la difficulté d'établir le lien de causalité

L'article 115.1 de la LGSS entend par accident du travail « toute lésion corporelle dont le travailleur souffre à l'occasion ou à la suite du travail qu'il exécute pour le compte d'autrui ». Les éléments consubstantiels à cette notion sont donc les suivants : en premier lieu, il doit exister une lésion corporelle qui, selon une jurisprudence constante, peut être physique ou psychique, c'est pourquoi ce second type de dommages doit être inclus, sans l'ombre d'un doute, dans la mention légale générique. L'étroite interrelation ou interdépendance entre le psychique et l'organique est incontestable, comme le montre l'acceptation et l'extension sans équivoque de ce que l'on appelle les « maladies psychosomatiques » dont la perception médicale et sociale se normalise progressivement.

En second lieu, une telle lésion doit être subie par quelqu'un qui aurait le statut de travailleur pour le compte d'autrui, même si, incidemment, il faut rappeler que la couverture de l'accident du travail s'est étendue en Espagne aux travailleurs indépendants ces dernières années. Et enfin, on exige un rapport causal ou un lien de causalité entre la lésion subie par le travailleur et le développement de son activité professionnelle, c'est-à-dire que le travail soit la cause déterminante de la lésion.

Par conséquent, il ne fait aucun doute que la condition la plus complexe et aléatoire des trois caractéristiques de l'accident du travail est celle relative à l'existence d'une relation de causalité, puisque dans les cas communs, on ne discute ni de l'existence de la lésion ni du travail pour le compte d'autrui. Ainsi, en matière de risques psychosociaux, l'établissement d'un rapport automatique entre la lésion et l'activité professionnelle ne peut être appliqué de façon mécanique et simpliste. Dans certains cas sûrement, un tel lien de

[4] Sentence du Tribunal supérieur de Justice (STSJ) du País Vasco, 2 novembre 1999 (AS 1999, 4212).

causalité peut être établi avec suffisamment de clarté. La raison de fond n'est autre que la difficulté d'identifier et de rendre objectives les causes réelles concrètes qui ont provoqué un dommage sur la santé ou sur l'intégrité du travailleur lorsque des variables à caractère psychologique sont présentes.

En effet, il peut y avoir des facteurs que les spécialistes appellent endogènes ou exogènes, qui peuvent influencer de façon déterminante une dépression, ainsi que l'apparition d'un niveau pathologique de stress ou du syndrome de *burn out*, qui seraient à l'origine d'une lésion subie par un travailleur. Il s'ensuit l'établissement d'une relation interdépendante entre les deux éléments qui peut être très complexe en fonction des cas et qui, à la longue, peut conditionner la qualification d'une telle lésion comme professionnelle ou commune. Il est donc clair que, dans les risques appelés psychologiques, il puisse y avoir d'un côté, des facteurs subjectifs pouvant favoriser l'apparition d'une lésion concrète, comme peuvent l'être la structure de la personnalité de chaque travailleur, sa propension génétique et ses antécédents familiaux, la surveillance préalable ou non de sa santé ou l'existence d'autres motifs de tension de type familial ou affectif. Et d'un autre côté, il existe une série de conditionnements externes, dans ce cas liés au travail, qui peuvent encourager, dans une plus ou moins grande mesure, la matérialisation d'un dommage. Il peut s'agir entre autres de ceux liés à un disfonctionnement de l'organisation du travail de l'entreprise, à un cadre de travail nocif, à une activité professionnelle spécifique ou à une existence de conflits au sein du milieu de travail.

La combinaison des divers facteurs fait que le vécu particulier ou la perception de manière concrète des problèmes professionnels de la part de chaque travailleur peut être très distinct en fonction des cas, et qu'il peut exister des réactions très diverses face à la même situation objective dérivant du travail. Dans cette même ligne de raisonnement, il est évident qu'il peut exister des facteurs qui interagissent entre eux de façon dynamique et qu'il est parfois extrêmement difficile de considérer un ou plusieurs d'entre eux comme motifs principaux ou déterminants de la lésion subie par le travailleur. Il existe souvent des éléments déclenchant, de nature pluricausale, qui supposent l'existence d'un ensemble de causes possibles qui, dans une plus ou moins grande mesure, sont à la base d'un dommage.

Ainsi, il est en tout point nécessaire d'analyser chacun de ces facteurs et leur importance face au déclenchement de la lésion sur la santé du travailleur. Le problème est de savoir, dans chaque cas, l'importance de tous les facteurs dans la production du dommage subi par le travailleur, la réponse étant difficile car elle variera en fonction de la psychologie concrète de chaque individu et des situations particulières. En définitive, il est nécessaire d'individualiser et d'analyser tous les éléments en jeu dans chaque cas. La casuistique est alors essentielle en la matière, puisque les circonstances, les nuances et les indices existant dans chaque cas seront ou non décisifs au moment de qualifier ou non l'existence d'un rapport de causalité entre la lésion et le travail et, par conséquent, l'existence ou non d'un accident d'étiologie du travail.

Il faudrait alors déterminer de façon détaillée si la situation de stress, de dépression ou de *burn out* est la cause exclusive, principale ou prévalente de la lésion d'un travailleur, en dehors du fait qu'il puisse y avoir d'autres circonstances propres à l'individu en question qui pourraient contribuer, dans une moindre mesure, à la production de ce résultat lésionnaire. En revanche, si le travail agit clairement comme une cause secondaire ou marginale des troubles, on n'est pas seulement face à un accident du travail, mais face à un accident ou à une maladie étiologique commune. Malgré tout, il est clair que le monde compliqué de la psychologie humaine est un terrain très incertain et pas encore suffisamment connu, y compris par la science médicale, en particulier lorsqu'il s'agit d'établir de strictes relations de causalité entre un individu et un dommage de nature psychologique. Et cela explique, en grande partie, le manque de critères unitaires dans l'application judiciaire aux cas de risques psychosociaux de la législation de la sécurité sociale.

Ainsi, dans certains cas, les décisions montrent elles-mêmes la forte controverse qui entoure la portée du concept d'accident du travail et, concrètement, de ce que l'on a appelé l'exigence causale entre lésion et travail lorsque peuvent exister des facteurs de différente nature et entité. Par exemple, le tribunal des affaires sociales du Pays basque a considéré que le grand trouble émotionnel dont souffrait un policier du Pays basque menacé par une organisation terroriste ne pouvait être qualifié d'accident du travail car il avait un profil psychologique sujet au développement d'une telle pathologie. Et c'est pourquoi ce tribunal a estimé que le travailleur manquait des ressources psychiques nécessaires pour la réalisation de son travail, les menaces n'étant pas la cause exclusive de sa lésion. Or, le Tribunal supérieur de justice du Pays Basque a révoqué cette décision estimant que le travail est l'élément déclenchant ou, au moins, participant à cette lésion, et que le lien direct et exclusif entre celle-ci et le travail semble clair ; la donnée selon laquelle le travailleur présente une personnalité psychologique précise qui le rend vulnérable aux problèmes comme ceux qu'il rencontre dans son activité n'exclut pas la qualification de sa lésion comme accident du travail[5].

Dans cette même ligne, la prédisposition qui suppose que le travailleur souffre d'une personnalité préalable avec des traits obsessivo-paranoïaques qui n'avaient jamais provoqué de signes connus d'instabilité, n'empêche pas de considérer la grave altération mentale du sujet comme accident du travail, puisqu'une telle lésion a été créée par une forte tension causée par un conflit professionnel[6]. Une autre décision aboutit à la même conclusion à propos d'un travailleur avec une personnalité perfectionniste et obsessionnelle qui le rendait plus vulnérable aux problèmes professionnels. Pour cette juridiction, la pathologie subie par la victime n'est pas un obstacle pour reconnaître l'accident du travail. Cela parce qu'un tel type de personnalité ne constitue pas, en lui-même, une maladie, même si celle-ci survient dans un certain cadre professionnel qui occasionne chez la victime un dommage déterminant de l'incapacité provisoire à travailler[7].

Cependant, dans d'autres cas, les tribunaux estiment que les caractéristiques de la personnalité du travailleur et son expérience particulière du travail déterminent sa tension émotionnelle, bien que l'environnement de travail soit parfois effectivement stressant. Par conséquent, ils estiment qu'il n'y avait pas de rapport de causalité entre le travail et le suicide du travailleur. Selon ce jugement, dans des conditions normales, il ne se produit pas une telle réaction face à une sanction du travail imposée par l'employeur, une telle décision étant plutôt le point culminant d'un état pathologique préalable qui conditionnait la réponse du travailleur à sa situation professionnelle[8].

En somme, il faut noter qu'à cause de la difficulté de délimiter une notion précise des risques psychosociaux en vue d'une protection sociale, toutes les pathologies psychiques ne seront pas considérées comme accident du travail, et ainsi toute lésion issue d'une dépression ou d'une situation de stress

---

[5] STSJ du País Vasco, 10 février 2004 (JUR 2004, 156422).
[6] STSJ Baleares, 11 novembre 2004.
[7] STSJ de Baleares, 2 novembre 1999.
[8] STSJ de Cataluña, 3 novembre 2000 (AS 2001, 208).

n'aura pas une telle qualification. Cela arrive, à titre d'exemple, avec la dépression endogène[9], sauf dans les cas où cette pathologie s'aggrave comme conséquence du travail[10]. En définitive, les maladies issues de l'anxiété et la dépression non liées causalement au travail pour le compte d'autrui[11] ne feront pas l'objet de protection comme contingence professionnelle. Ainsi, la relation de causalité peut être rompue s'il existe une distance temporelle considérable entre le début de l'incapacité provisoire et le moment où la lésion se déclare[12].

En outre, il existe de nombreux problèmes sous-jacents à la démonstration de la causalité entre la lésion et le travail ; et ce dans n'importe quelle procédure judiciaire dans laquelle la reconnaissance du caractère professionnel d'une certaine lésion est prétendue. D'une part, la détermination objective des dommages psychiques donne une importance décisive à l'expertise à travers concrètement les rapports médicaux et psychologiques. Au moment de démontrer le lien causal entre le dommage et l'activité professionnelle, la preuve testimoniale peut également être utile. Malgré tout, la réalisation de ce type des preuves en matière de risques psychosociaux est souvent difficile et peut même s'avérer diabolique pour le travailleur qui devra en supporter le poids s'il choisit d'intenter un procès. D'autre part, il ne faut pas oublier que de telles preuves peuvent impliquer

---

[9] Cela arrive lorsqu'il n'est pas suffisamment prouvé que les maladies psychosomatiques découlent directement du climat même ou de l'ambiance au travail. Cette situation vient alors briser la relation de causalité de l'art. 115.1 de la Loi générale de sécurité sociale STSJ du Pays basque du 30 avril 2002 (AS 2002, 2411)).

[10] Il s'agit, en définitive, de pathologies causées à l'occasion ou en conséquence du travail, l'art. 115.1 de la Loi générale de sécurité sociale (LGSS) étant applicable, de même que la présomption d'accident contenue dans l'art. 115.3 LGSS. Ce sont des cas de syndromes dépressifs dérivés d'un travail exercé dans une ambiance hostile et inconfortable. V. STSJ d'Andalousie-Grenade du 29 avril 2003 (AS 2003, 1354). Par exemple, l'accident du travail est apprécié lorsque les déséquilibres psychiques découlent d'un cas préalable de harcèlement moral, donnant lieu à des troubles mentaux et à du stress qui se manifestent par de l'anxiété et une dépression (STSJ du Pays basque du 25 mars 2003 (AS 2003, 344)).

[11] STSJ de Navarra, 23 décembre 2002 y STJPV, 30 avril 2002 (Ar. 2411), dans les cas supposés de harcèlement au travail. Pour sa part, la STSJ de Madrid du 20 mars 2003 (Ar. 3244) reconnaît que la dépression ne se produit pas suite à la façon dont un travail est exercé, mais après l'annonce d'un licenciement comme si celui-ci n'avait rien à voir avec le lien contractuel.

[12] STSJ de Navarra , 24 décembre 2002 (Ar. 2003/681), où il est déclaré qu'il y a eu un conflit entre l'employée et sa supérieure, alors que dix mois s'étaient écoulés entre ce conflit et la situation d'incapacité provisoire.

des conséquences désagréables pour les travailleurs demandeurs, qui pourraient avoir une incidence négative sur leur maladie psycho-physique et même l'empirer. En particulier, parce qu'ils devront apporter des données relatives à leur stricte intimité qui seront comparées avec celles de l'Institut National de Sécurité Sociale (INSS), ou le cas échéant, la mutuelle des accidents du travail et des maladies professionnelles. Le résultat de tout cela est que les travailleurs peuvent être vite dissuadés d'entamer des recours pour obtenir la reconnaissance professionnelle des lésions causées par les risques psychosociaux.

B. Les voies juridiques concrètes de qualification des risques psychosociaux en accidents du travail

Comme nous l'avons analysé, l'article 115.1 de la Loi générale de sécurité sociale (LGSS) prévoit une définition générale du concept d'accident du travail. Dans certains cas, les tribunaux ont estimé que les risques psychosociaux devaient être considérés comme une contingence à caractère professionnel sur la base de l'application directe de ce précepte légal. Il est arrivé par exemple que, considérant qu'on était face à un accident du travail, le travailleur – un ouvrier – meurt après que l'entreprise lui ait demandé de terminer un travail précis de construction, car sinon, celle-ci mettrait fin à son contrat de travail. Le tribunal a estimé que l'anxiété et le stress subis par le travailleur sont à l'origine de son décès, appliquant pour cela ce qui est stipulé dans ce précepte, sans qu'il soit nécessaire d'en venir à la présomption contenue dans le chapitre 3 de la LGSS auquel il est fait référence ci-après[13].

Cependant, l'article 115 de la Loi générale de sécurité sociale contient un ensemble de règles qui offrent un arsenal de mesures complémentaires pour qualifier comme accident du travail d'autres situations décrites légalement. Ainsi, en partant de la conception expansive de ce modèle, d'autres possibilités sont proposées pour que certaines lésions puissent être considérées comme d'étiologie professionnelle et non commune. Cette voie supplémentaire peut aussi être appliquée aux dommages sur la santé et l'intégrité dérivant des risques psychosociaux. Elle élargit les possibilités d'obtenir une telle qualification, à condition, bien sûr, que soient présentes les trois exigences consubstantielles analysées précédemment et, en

[13] Sentencia TSJ de Cataluña, 16 octobre 1998 (AS 1998, 4206).

particulier, le rapport de causalité avec le travail. Malgré tout, l'analyse des décisions montre qu'au-delà de certains cas qui peuvent s'inscrire clairement dans l'un ou l'autre des chapitres de l'art. 115 de la LGSS, il existe une ligne d'interprétation un peu irrégulière qui génère une certaine insécurité au moment de qualifier comme accidents du travail les différentes manifestations des risques psychosociaux.

a) L'une des voies les plus utilisées par la jurisprudence est la qualification comme accident du travail des maladies non considérées comme professionnelles, dans le sens strict qui a déjà été analysé précédemment, autrement dit « que le travailleur contracterait suite à la réalisation de son travail, à condition qu'il soit prouvé que la maladie a eu pour cause exclusive la réalisation de celui-ci » (art. 115.2 e) LGSS).

Il s'agit d'un cas dans lequel sont exigées des conditions plus importantes pour que de telles lésions soient définies comme accidents du travail puisqu'on exige un rapport strict de cause à effet qui prouverait que la maladie a eu pour cause « exclusive » l'exécution du travail. Il est certainement paradoxal qu'une maladie d'étiologie professionnelle soit qualifiée, de cette façon, d'accident du travail, ce qui semble rompre avec la dichotomie apparemment claire entre les deux concepts d'accident et de maladie et donner lieu à une insécurité juridique. Malgré tout, il convient de noter que la qualification de maladies dérivant des risques psychosociaux comme des accidents du travail trouve sa justification juridique dans la notion extensive d'accident du travail[14]. Celle-ci n'englobe pas seulement le traumatisme typique subit et spontané, mais également tout type de dommage ou lésion dérivant de processus prolongés qui pourraient affecter le travailleur physiquement ou mentalement[15]. En définitive, il s'agit d'une

[14] De cette façon, seraient comprises dans ce concept large d'accident du travail, non seulement les maladies « non répertoriées », en rapport avec le travail et subies par le travailleur de façon subite et violente, comme c'est le cas pour les angines de poitrine, les infarctus ou les hémorragies cérébrales, mais également les maladies non cataloguées de nature lente et progressive pour lesquelles il est extrêmement complexe de déterminer l'étiologie de la maladie ; V. décision du Tribunal Suprême du 23 novembre 1999 (RJ 1999, 2930).

[15] Ces processus d'exposition prolongée au facteur de risques sont appréciés dans les cas de syndromes dépressifs comme réaction à la conflictualité du travail, V. STSJ de Navarre du 23 décembre 2002 (AS 2003\679). De même, ces cas se produisent lorsque les maladies subies précédemment s'aggravent à cause du cadre de travail, par exemple, lorsque la maladie

construction « favorable à l'opérateur » qui protège le travailleur en se fondant sur le régime juridique de l'accident du travail et évite les limites manifestes de la liste réglementaire des maladies professionnelles. Ainsi, tant que ces pathologies psychosociales ne s'intègrent pas dans le tableau des maladies professionnelles, les tribunaux continueront à appliquer le régime de l'accident du travail[16].

Un tribunal a par conséquent qualifié d'accident de travail le trouble psychologique subi par une travailleuse qui était observée et filmée par une caméra car il existait un rapport direct entre l'affection et le travail[17]. La même décision a été prise concernant un cas où un faisceau d'indices mettait en évidence que c'était la forte tension produite par l'attribution de certaines fonctions refusées par une femme de ménage qui a exclusivement occasionné un arrêt pour dépression qui s'est poursuivit par la reconnaissance d'une « incapacité permanente absolue »[18].

Malgré l'existence d'autres facteurs possibles de troubles psychologiques liés à certains traits de la personnalité des travailleurs, les tribunaux appliquent également l'article 115.2 e) de la Loi générale de sécurité sociale. Ainsi en est-il du cas déjà commenté du policier menacé où il a été considéré que le travail est l'élément déclenchant de ses troubles, confirmant le lien direct et exclusif entre la lésion et le travail, ce qui va au-delà de la vulnérabilité psychologique[19]. La même position a été tenue concernant une grave altération mentale handicapante pour le travail, occasionnée par une forte tension causée par un incident du travail ; cela malgré le fait que le travailleur était déjà psychologiquement fragile et prédisposé à ce genre de troubles[20].

psychique provient d'une schizophrénie paranoïaque chronique. V. STSJ des Baléares du 15 janvier 1993 (AS 1993, 115).

[16] Elles sont considérées comme accidents du travail puisqu'il s'agit de maladies communes non répertoriées, contractées suite à la réalisation du travail. Cela permet d'appliquer de façon casuistique le modèle de l'accident du travail au moyen de la preuve selon laquelle la maladie découle du travail pour le compte d'autrui [art. 115.2 e) de la Loi générale de sécurité sociale]. V. STSJ de Catalogne 15 mai 2003 (AS 2003, 2497). STSJ de Galice du 24 janvier 2001. STSJ de Navarre du 23 mars 2004. STSJ de Navarre du 15 juin 2001. STSJ de Navarre du 18 mai 2001. STSJ de Navarre du 30 avril 2001.

[17] Sentence du TSJ Asturias, 19 mars 2004 (JUR 2004, 127848).

[18] Sentence du TSJ de Castilla y León, 20 décembre 2001 (AS 2002, 198).

[19] Sentence du TSJ País Vasco, 10 février 2004 (JUR 2004, 156422).

[20] Sentence du TSJ Baleares, 11 novembre 2004.

b) En vertu de l'article 115.1 f) de la Loi générale de sécurité sociale, une autre voie est ouverte pour qualifier des troubles liés à des risques psychosociaux en accident du travail. Cette disposition concerne en effet l'existence de maladies ou de troubles de la santé que connaît déjà le travailleur, mais dont les symptômes se sont aggravés à la suite de la lésion constitutive d'un accident. Par cette voie, les tribunaux ont estimé que l'aggravation d'une maladie cardiovasculaire antérieure motivée par le stress au travail et le surmenage pendant la journée de travail méritait une telle qualification. Le fait qu'il y ait des facteurs de risques préalables figurant dans l'historique clinique du travailleur (antécédents d'hypertension artérielle sévère mal contrôlée et d'accidents cardiovasculaires qui se sont déjà produits) ne fait pas obstacle à la qualification en accident du travail, puisque le travail agit comme facteur déclenchant d'une crise. Le lien de causalité exigé est ainsi démontré[21].

c) L'article 115.3 de la LGSS peut être également une aide utile. Cette disposition permet en effet de supposer « sauf preuve contraire, que les lésions dont souffre le travailleur pendant la durée et sur le lieu de travail constituent un accident du travail ». Il s'agit d'une présomption *juris tantum* qui a permis de considérer comme accident du travail certaines lésions qui se sont produite dans un tel laps de temps et dans un tel espace physique.

Dans ce cadre, lorsqu'un médecin ayant de grandes responsabilités de gestion dans un hôpital a été victime d'un infarctus qui a provoqué sa mort instantanée à moins de cent mètres de son lieu de travail, certains juges tendent à qualifier un tel décès comme d'étiologie du travail, malgré le fait que le travailleur ait eu une tension élevée et qu'il accompagnait à l'aéroport un représentant médical. Les juges estiment qu'il souffrait d'un stress professionnel intense causé par l'exercice de son travail[22]. Et, dans le même sens, on considère qu'il s'agit d'un accident du travail lorsqu'un médecin, sans pathologie psychique préalable, souffrait d'une dépression grave après un changement de poste et qu'il s'est suicidé sur son temps et lieu de travail, puisqu'il n'est pas prouvé qu'un autre facteur soit responsable d'un tel résultat[23]. De même, un tribunal a qualifié d'accident du travail l'infarctus d'un salarié qui travaillait la nuit dans une station essence. Il souffrait d'un

---

[21] Sentence du TSJ de Madrid, 1er décembre 2004 (AS 2005, 155).
[22] Sentence du TSJ de Baleares, 19 avril 1999 (AS 1999, 1528), qui comprend également une considération sur la possible existence d'un accident *in itinere*.
[23] Sentence du TSJ de Cataluña, 3 octobre 2002 (AS 2002, 3180).

grand stress professionnel dû au fait que, précédemment, sur ce même lieu de travail, il avait fait l'objet d'un vol à main armé. Le tribunal a conclu que l'impact produit par cet acte et la peur de réaliser son travail seul étaient à l'origine de la lésion, confirmant donc le lien causal entre les deux éléments[24]. On considère également comme accident du travail le stress professionnel sans cardiopathie organique issu d'une crise de nerfs survenue sur le temps et le lieu de travail[25]. Néanmoins, il existe d'autres décisions qui écartent la qualification comme contingence professionnelle, notamment concernant un cas de suicide d'un travailleur dépressif[26].

d) La voie de l'accident de trajet est également ouverte. Sur le fondement de l'article 115.2 a) de la Loi générale de sécurité sociale. Un accident peut être qualifié de trajet (« *in itinere* ») lorsque la victime « s'en allait ou revenait de son lieu de travail ». Dans ce sens, les tribunaux ont reconnu l'infarctus d'un travailleur en période d'essai quand il se rendait à son domicile. Il souffrait en effet d'un fort stress motivé par la réalisation d'activités à responsabilité dans le domaine de la gestion commerciale et de voyages en Amérique du sud. De plus, il est entendu que le rapport de causalité est clair si les premiers symptômes de la lésion du travailleur se produisent dans la sphère de travail et pendant la journée de travail, même si l'infarctus se produisait alors qu'il rentrait chez lui[27].

On arrive à la même conclusion dans le cas où un travailleur avec de hautes responsabilités dans l'entreprise meurt à son domicile et pendant un jour de repos suite à un infarctus du myocarde après être rentré d'un voyage de travail transocéanique. Pour le tribunal, le lien du décès avec le stress du travail subi par ce dernier était évident[28]. Il s'agit néanmoins d'un cas discutable, car la considération d'un tel accident comme *in itinere* est plus que contestable puisqu'un laps de temps assez long s'était écoulé – presqu'un jour entier – depuis le retour du travailleur chez lui. La question serait différente si la qualification en tant qu'accident du travail se fondait sur la notion générale établie par l'article 115.1 de la LGSS, car le lien de causalité entre la lésion et le travail peut être fixé de façon claire.

---

[24] Sentence du TSJ de Andalucía, 5 janvier 1998 (AS 1998, 5063).
[25] Sentence du TSJ de Cataluña, 16 octobre 1998 (AS 1998, 4206).
[26] Sentence du TSJ de Cataluña, 3 novembre 2000 (AS 2001, 208).
[27] Sentence du TSJ de Madrid, 20 novembre 2001.
[28] Sentence du País Vasco 11 de junio de 2002 (AS 2002, 224784).

e) Le fait que l'article 115.4 b) de la LGSS établisse que n'obtiendront pas le caractère d'accident du travail « ceux qui seraient dus à un préjudice ou à une imprudence téméraire du travailleur accidenté », pose un problème sur la qualification comme contingence professionnelle ou non dans les cas de suicide du travailleur. Par conséquent, les tribunaux ont entendu que l'intentionnalité du travailleur est déterminante du résultat produit, car c'est la victime qui s'est elle-même détruite. Il existe néanmoins une interprétation souple et constante de certains tribunaux qui accepte la reconnaissance en accident du travail s'il existe un lien de causalité clair avec le travail ou si l'étiologie du travail est à la base de sa décision[29]. Parfois, une telle conclusion est fondée sur la définition générale d'accident du travail contenue dans l'article 115.1 de la Loi générale de sécurité sociale[30].

[29] Sentence du TSJ de Cataluña de 30 de mayo de 2001 (AS 2001, 2602), dans un cas de suicide motivé par une grande dépression dont la cause était le travail.
[30] Sentence du TSJ de Castilla y León de 30 de septembre de 1997 (AS 1997, 2978).

BIBLIOGRAPHIE

AGUSTÍ JULIÁ J. (dir.), (2004), « Riesgos psicosociales y su incidencia en las relaciones laborales y de Seguridad Social » *in* Consejo General del Poder Judicial, *Cuadernos de Derecho Judicial*, nº XII, Madrid, p. 239-379

MARTÍNEZ BARROSO M.-R., (2000), « Sobre las enfermedades profesionales no listadas. A propósito de un supuesto de "síndrome de desgaste personal o de burn-out" », *Revista de Derecho Social*, n° 10

OLARTE ENCABO S., (2005), « Acoso moral y enfermedades psicolaborales: un riesgo laboral calificable de accidente de trabajo. Progreso y dificultades », *Temas Laborales*, n° 80

VALLEJO DACOSTA R., (2005), *Riesgos psico-sociales : prevención, reparación y tutela sancionadora*, Thomson-Aranzadi, Pamplona

Les potentialités d'évolution du droit italien

Gianni LOY
Université de Cagliari

Le préalable des principes constitutionnels en matière de sécurité sociale – Les mesures de prévoyance en matière de risques à caractère psychosocial, qui représentent un concept autonome et distinct par rapport à la réglementation générale, trouvent leur place au sein du système général de protection. Elles concernent, en définitive, les mesures publiques destinées à compenser le dommage causé par l'exposition aux risques attenants à l'exercice d'une activité professionnelle. Ces mesures s'harmonisent ainsi avec le système général de protection sociale qui, en Italie, comme en Espagne et en France d'ailleurs, est fondé sur des principes à valeur constitutionnel.

L'article 38 de la Constitution italienne énonce dans son premier alinéa que « tout citoyen incapable de travailler, et dépourvu des moyens nécessaires à son existence, a droit à leur maintien et à l'assistance sociale ». Le deuxième alinéa précise que « les travailleurs ont droit à ce que soient prévus et assurés les moyens adaptés aux exigences de leur vie en cas d'accident, de maladie, d'invalidité et vieillesse, de chômage involontaire ». En se fondant sur l'énonciation de la norme constitutionnelle, on peut d'abord remarquer que le législateur constitutionnel distingue les formes de prévoyance destinées à tous les citoyens de celles réservées aux travailleurs. Seulement pour ces derniers des mesures de prévoyance sont toutefois prévues. Elles sont destinées à faire face aux éventualités explicitement prévues par le système. Ensuite, comme cela se passe dans d'autres pays européens, le législateur constitutionnel ne définit pas le système qui doit être utilisé. Il laisse en effet au législateur ordinaire le choix des outils pour appliquer les principes qu'il a consacrés. Ces derniers ont traits au système de reconnaissance des accidents du travail et des maladies professionnelles (I), mais pas seulement. Le régime de prévoyance se fonde aussi sur les principes de « dommages biologique » et de « contraintes organisationnelles » (II). Enfin, les pathologies d'ordre psychosocial pourraient bénéficier d'une réforme du régime des maladies professionnelles (III).

I. La prise en charge des risques psychosociaux : entre accidents du travail et maladies professionnelles ; système « tabellaire » et « reconnaissance mixte »

Dès lors que le lien de causalité entre le travail et les troubles psychosociaux peut être démontré, il est théoriquement possible d'appliquer à ces derniers le régime de l'assurance professionnel (A). Toutefois, la rigidité du système dû notamment au système « tabellaire » laisse peu de place aux troubles psychosociaux, sauf en se fondant sur un système de reconnaissance mixte des maladies professionnelles. La Cour constitutionnelle italienne a ainsi rendu un important arrêt à ce sujet qu'il convient de préciser (B).

A. Accidents du travail et maladies professionnelles, système « tabellaire »

Pour ce qui concerne les risques psychosociaux, les régimes juridiques en droit de la sécurité sociale auxquels se rapporter correspondent aux accidents du travail et aux maladies professionnelles. Ces derniers entrent d'ailleurs dans un seul rapport de prévoyance.

Nonobstant la question des troubles psychologiques post-traumatiques et à la différence d'autres systèmes juridiques, la possibilité d'harmoniser les dommages résultant des risques psychosociaux dans le cadre des accidents du travail est exclu. Outre qu'il survienne à l'occasion du travail, l'accident résulte d'un événement violent causant une lésion et caractérisé par une intensité anormale (et/ou par une énergie anormale) concentrée dans le temps (et, donc, d'une rapidité particulière) (Pessi, 2006).

En revanche, la maladie professionnelle, tout en exigeant une causalité directe entre travail et événement, est due à des agents pouvant agir lentement dans le temps et produire leurs effets longtemps après l'exposition aux facteurs de risques inhérents à l'exercice d'une activité professionnelle. Inévitablement, cela rend moins évident le lien de causalité entre l'exposition au risque et l'événement préjudiciable par rapport à l'accident. Une plus grande attention est alors exigée lors de la vérification du lien de causalité.

Comme la plupart des pays européens, l'Italie a adopté un « système tabellaire » particulièrement rigide. La reconnaissance des maladies professionnelles est fondée sur une identification effectuée à partir d'une liste impérative de maladies dont le rapport de cause à effet avec l'exposition aux facteurs pathogènes au sein du milieu de travail est considéré comme certain. Aussi, lorsque le travailleur prouve qu'il a été exposé à une activité de travail particulière – considérée à risque pendant la période minimum figurant sur les tableaux pour chacune des maladies professionnelles – le lien de causalité est reconnu automatiquement. Le travailleur victime de la maladie se verra alors ouvrir un droit aux prestations de prévoyance adaptée.

B. Du système « tabellaire » au système « mixte » : l'arrêt de la Cour Constitutionnelle n° 179/1988

Ce système « tabellaire » très rigide concernant les maladies professionnelles a toutefois fait l'objet d'une transformation importante à la suite d'un arrêt de la Cour Constitutionnelle Italienne. En modifiant son orientation précédente, la Cour constitutionnelle a en effet reconnu le droit aux prestations de prévoyance, y compris pour les maladies ne figurant pas sur la liste, celles « *non inscrites aux tableaux* ». La condition est de démontrer un rapport de causalité directe entre l'exposition au risque professionnel et la pathologie déclarée[1].

Cette décision de la Cour Constitutionnelle a été influencée par les recommandations communautaires et a produit une transformation profonde du système italien de reconnaissance des maladies professionnelles. Cet arrêt a permis la création d'un « système mixte » qui fait cohabiter le système des *maladies inscrites aux tableaux* – censées être causée par le travail simplement en démontrant une exposition effective au risque pendant la période minimum figurant sur les tableaux – et les *maladies non inscrites aux tableaux* pour lesquelles il est possible de démontrer qu'elles ont été engendrées par l'exposition aux risques présents dans le milieu de travail.

Il est évident que, dans ce cas, la charge probatoire incombe au travailleur. En vertu de ce même principe, un travailleur ayant été exposé à un agent pathogène pendant une période plus courte que celle prévue par le système tabellaire (et qui, donc, n'aurait pas droit à une reconnaissance

[1] Cour Constitutionnelle, arrêt n° 179 du 18 février 1988.

automatique de la maladie professionnelle) a la faculté de démontrer le rapport causal et de voir ensuite reconnu son droit à la prestation de prévoyance en utilisant le mécanisme des maladies non inscrites aux tableaux.

La dernière évolution de la réglementation figurant dans le décret législatif du 23 février 2003 ne touche pas fondamentalement au mécanisme du « système mixte » de reconnaissance des maladies professionnelles[2]. Ce texte contient néanmoins de nouveaux éléments qui ont leur importance. Il prévoit en effet :

a) que dans la liste des maladies professionnelles visées à l'article 139 du Recueil des lois et règlements en la matière, soit aussi insérée une liste de maladies d'origine professionnelle probable ou possible, « qui doivent être maintenues sous contrôle aux fins de la révision des tableaux des maladies professionnelles » ;

b) que la liste des maladies professionnelles visées au Recueil des lois et règlements en la matière soit mise à jour périodiquement par Arrêté du Ministre du Travail sur la base de la proposition d'une Commission scientifique constituée à cet effet.

Cette Commission s'est réunie plusieurs fois. Ses travaux ont débouchés sur la rédaction d'une proposition qui a été ratifiée par un Arrêté du Ministre du travail en 2004[3]. Cette proposition suit les recommandations de la Commission Européenne de 2003[4]. À la suite de cet Arrêté, les maladies professionnelles s'articulent désormais autour de trois listes.

La première liste contient l'énoncé des maladies dont l'origine professionnelle est de *probabilité élevée*. La deuxième liste contient les maladies dont l'origine professionnelle est de *possibilité limitée* et, enfin, la troisième liste contient les maladies dont l'origine professionnelle n'est que

---

[2] Décret législatif du 23 février 2000, n° 38 : *Disposizioni in materia di assicurazione contro gli infortuni sul lavoro e le malattie professionali, a norma de l'articolo 55,* alinéa 1, della legge 17 mai 1999, n° 144.

[3] Ministère du travail et de la politique sociale, décret du 27 avril 2004 : énumère les maladies pour lesquelles une déclaration est obligatoire au sens de l'article 139 du décret du Président de la République n° 1124/1965 du 30 juin 1965 modifié.

[4] Recommandation communautaire n° 2003/670/CE.

« *possible* ». Cette dernière liste, notamment, comprend des pathologies dont l'origine professionnelle éventuelle ne saurait être exclue, mais dont « le degré de probabilité n'est pas définissable du fait d'évidences scientifiques sporadiques, et qui restent à préciser »[5]. En définitive, cette liste comprend une série de pathologies que l'on entend maintenir sous observation aux fins de leur éventuelle insertion dans les deux premières listes dont la révision est prévue périodiquement.

Le mécanisme de présomption *iuris et de iure,* pour les maladies dont l'étiologie est vérifiée, et la charge d'en prouver la causalité, pour les autres, ne sont pas modifiés. Dans ce contexte, le système italien prévoit une série de pathologies pouvant résulter des facteurs de risques attribuables à d'éventuels risques psychosociaux, tels que le *mobbing* et, le stress

Aussi, en principe au cas où une exposition aux risques, que nous avons définis « psychosociaux », causerait une atteinte à l'état de santé du travailleur, normalement à caractère psychique, ne se produirait aucune reconnaissance automatique de la maladie comme ayant une origine professionnelle. Le travailleur victime de ces risques pourrait néanmoins démontrer le rapport étiologique entre les conditions de travail et sa maladie.

II. Le principe du « dommage biologique » et la notion de « contraintes organisationnelles »

En matière de prise en charge des risques professionnels, le droit de la sécurité sociale italien se particularise en se fondant notamment sur le principe du « dommage biologique » (A). Toutefois, on retrouve davantage la notion des « risques psychosociaux » et de leurs troubles dans l'évolution de la politique de l'Institut National Italien d'Assurance contre les Accidents du Travail et les Maladies (INAIL) qui se fonde sur la notion de « contraintes organisationnelles » (B).

---

[5] Point 2 de la recommandation n° 2003/670/CE.

A. Les prestations de prévoyance fondées sur le « dommage biologique »

En cas d'atteinte à l'intégrité psychophysique de la personne, susceptible d'évaluation du point de vue médico-légal, la victime a aujourd'hui droit à une prestation économique appréciée suivant le critère du « dommage biologique ». Il s'agit d'une évolution récente du système de prévoyance italien qui, traditionnellement, appréciait l'importance du dommage, et donc le montant des sommes à verser à la victime, sur la base de sa capacité à produire un revenu. En d'autres termes, le montant de la prestation économique était fixé proportionnellement au montant du salaire de la personne dont la capacité de travail est diminuée. Le dommage biologique, en revanche, est établi sans tenir compte de la capacité de la personne à produire un revenu. Cette capacité est considérée comme égale pour tous.

Le nouveau critère de calcul introduit par la loi – cette modalité est encore provisoire[6] – ne s'applique qu'au cas où la réduction de la capacité de travail (incapacité) aurait un caractère définitif. Si l'incapacité de travail n'est que provisoire, le travailleur a droit à une indemnité, à partir du 4ème jour, égale à 60 % du salaire perçu au cours des 12 mois précédents. Dès lors que l'incapacité temporaire excède 90 jours, ce montant sera porté à 75 %.

En revanche, en cas de réduction définitive de la capacité de travail, trois régimes différents vont s'appliquer en fonction de l'importance du dommage subi par le travailleur. Pour une incapacité inférieure à 6 %, aucune indemnité n'est prévue, la perte de capacité étant considérée de faible importance. Pour le dommage dont l'importance varie entre 6 et 16 %, une indemnité est fixée sous la forme d'un capital qui doit être appréciée suivant le critère du dommage biologique et, donc, sans aucune référence à la rétribution de la personne. Enfin, concernant les dommages d'importance égale ou supérieure à 16 %, outre l'indemnité pour dommage biologique, est versée une rente calculée sur la base du degré d'infirmité subie et de la rétribution de la personne concernée.

---

[6] Décret législatif du 23 février, n° 38/2000. La loi du 24 décembre 2007, n° 247, art. 1, alinéa 23, a alloué 50 millions d'euros pour alimenter l'indemnité pour dommage biologique prévue à l'article 13 du décret législatif du 23 février 2000 pour la période 2000-2007. Une telle réévaluation se produira en tenant compte de la variation des prix à la consommation certifiée par l'Institut national de la statistique pour les familles d'ouvriers et d'employés.

B. La « contrainte organisationnelle » dans la politique de l'INAIL

En Italie, sur la base des tableaux de maladies professionnelles, une évolution intéressante s'est développée ces dernières années, notamment en raison de l'évolution de la politique de l'Institut National Italien d'Assurance contre les Accidents du Travail et les Maladies (INAIL). Cette évolution permet de protéger, au moins en partie, les évènements susceptibles de se répéter en matière d'exposition aux facteurs de risques psychosociaux dans les milieux de travail. Ce processus a débuté en 2003, lorsque l'INAIL a émis une circulaire interne prévoyant la reconnaissance d'une pathologie particulière dénommée « Contraintes organisationnelles »[7].

En produisant ce texte, l'INAIL reconnaît que quelques pathologies peuvent trouver leur origine dans le système même d'organisation de l'entreprise. Par conséquent, elle décrit une série de situations attribuables à des choix d'organisation inadéquats eu égard à la réalité des caractéristiques des salariés de l'entreprise.

Les situations décrites dans cette circulaire, qui ne constituent pas une liste impérative, mais qui ont une « valeur d'orientation pour d'éventuelles situations assimilables », sont les suivantes :

1. Marginalisation de l'activité de travail.
2. Mise au placard.
3. Non affectation à des tâches de travail, avec inactivité forcée.
4. Non fourniture d'outils de travail.
5. Mobilités répétées et injustifiées.
6. Affectation prolongée à des tâches déqualifiantes par rapport au profil professionnel.
7. Affectation prolongée à des tâches exorbitantes ou excessives, y compris par rapport à d'éventuelles conditions de handicaps psychophysiques.
8. Entrave systématique et structurelle à l'accès aux informations.
9. Inadaptation structurelle et systématique des informations inhérentes à l'activité de travail ordinaire.
10. Exclusion réitérée du travailleur de toutes initiatives de formation, de requalification et de mise à jour professionnelles.
11. Exercice exagéré et excessif des formes de contrôle des salariés.

---

[7] INAIL, Circulaire n° 71 du 17 décembre 2003.

Évidemment, les situations indiquées décrivent une série de conduites qui, associées et prolongées dans le temps, peuvent donner lieu au phénomène du *mobbing*. Selon les dispositions de cette circulaire, le travailleur peut déclarer être atteint d'une pathologie attribuable aux tableaux indiqués. S'il affirme, en produisant des éléments allant dans ce sens, que cette pathologie a son origine dans ses conditions de travail, l'INAIL est tenu de dispenser une enquête et une inspection visant à acquérir les raisons objectives susceptibles de démontrer les origines professionnelles de la pathologie.

Il s'agit de la pratique normale prévue pour toutes les autres maladies professionnelles. La particularité réside dans le fait que, lorsqu'une situation de « contrainte organisationnelle » est déclarée, l'enquête est toujours obligatoire, tandis que, dans les autres cas, elle est facultative. La circulaire indique, de manière particulièrement détaillée, la procédure à suivre, en suggérant aussi les tests psychologiques à pratiquer.

Elle précise, enfin, que la pathologie résultant des risques figurant dans la Circulaire est le « trouble d'adaptation chronique » qui produit une anxiété, une forme de dépression ou une réaction mixte, une altération de la conduite, des troubles émotionnels ou somatiques. Ces manifestations sont classées en fonction de deux typologies : le syndrome (ou trouble) résultant de désadaptation chronique ; le syndrome (ou trouble) post-traumatique résultant d'un stress chronique.

La deuxième de ces pathologies revêt une gravité particulière. Dans les classifications internationales[8], elle est assimilée aux cas qui sont définis comme « extrêmes/exceptionnellement menaçants ou catastrophiques ». En outre, le syndrome post-traumatique résultant d'un stress chronique peut parfois se manifester de manière aiguë. Dans ce cas, la circulaire précise que cette manifestation doit « trouver sa place naturelle dans le cadre de l'accident du travail ». Dans ce cas, la maladie professionnelle est fondamentalement assimilée à l'accident.

Même si le tableau de l'INAIL des infirmités relatives au dommage biologique ne prévoit pas les troubles psychologiques post-traumatiques résultant d'un stress chronique, le caractère innovant de cette circulaire

[8] ICD 10 e DSM-IV.

résulte du fait que ces troubles sont tout de même considérés comme recevables. De même, par analogie, les dispositions de la circulaire du 17 décembre 2003 permettent de recevoir les « troubles d'adaptation chronique ». Comme les troubles post-traumatiques, articulés autour des deux figures du « degré modéré » et du « dommage sévère », les troubles d'adaptation chroniques sont pris en charge bien qu'ils résultent d'un évènement lésionnaire différent des pathologies classiques, mais qui peuvent présenter des dommages à la sphère psychique[9]. Cette intervention à caractère administratif de l'INAIL a été de toute évidence édictée de manière à introduire un certain niveau de protection contre le *mobbing* qui, en Italie, ne fait l'objet ni de loi ni de prestation de prévoyance explicite, le seul remède étant les dommages et intérêts selon une jurisprudence désormais constante (Loy, 2005).

Toutefois, au lendemain de la parution de cette Circulaire, les principales organisations d'employeurs ont formé un recours auprès du Tribunal Administratif en arguant l'illégitimité de la mesure. Selon eux, l'INAIL aurait « subrepticement » garanti au syndrome résultant des « contraintes organisationnelle », c'est-à-dire au *mobbing*, les protections prévues pour les maladies professionnelles inscrites aux tableaux.

III. Pathologies psychosociales et réforme du système des maladies professionnelles

Le système tabellaire de reconnaissance des maladies professionnelles semble légèrement évoluer en Italie vers un peu plus de souplesse en raison d'une tentative d'instaurer une mise à jour périodique qui peut laisser un peu de place aux troubles résultants de la survenance de risques psychosociaux (A). Toutefois, cette réforme est confrontée à un certain nombre de recours auprès du Tribunal administratif (B).

A. Risques psychosociaux et mise à jour périodique des tableaux de maladies professionnelles

Dans le cadre de la procédure judiciaire, le Ministre du travail a décidé par arrêté, et pour la première fois, la mise à jour périodique des maladies

---

[9] Circulaire de l'INAIL *op. cit.*

professionnelles. Cet arrêté a adopté une nouvelle répartition des maladies professionnelles en distinguant celles qui ont une probabilité élevée d'être provoquées par les conditions de travail, celles qui ont une possibilité limitée d'être provoquées par les conditions de travail et celles pour lesquelles il n'y a qu'une simple possibilité qu'elles soient provoquées par les conditions de travail.

Or, la seconde liste comprend un groupe de pathologies, le numéro sept, dénommé « maladies psychiques et psychosomatiques résultant du disfonctionnements de l'organisation du travail ». Ce groupe est sous-titré « contrainte organisationnelle ». Ces pathologies sont décrites en des termes presque coïncidents avec les dispositions de la circulaire INAIL du 17 décembre 2003, c'est-à-dire les « troubles d'adaptation chronique » (avec anxiété, dépression, réactivité mixte, altération de la conduite et/ou de l'émotivité, troubles de forme somatique) et les « troubles post-traumatiques » résultant d'un stress chronique. Par ailleurs, avec les maladies professionnelles relatives aux maladies psychiques et psychosomatiques insérées dans la seconde liste, ce texte inclut celles que les médecins sont tenus de déclarer[10]. Cependant, aussitôt après la publication de cet Arrêté, les Associations d'employeurs ont formé un recours auprès du Tribunal administratif en arguant qu'il n'y aurait aucune évidence scientifique sérieuse justifiant l'inscription de ces pathologies sur la liste des maladies professionnelles.

B. Le tableau de référence actuel à la lumière des décisions du Tribunal administratif

Le Tribunal administratif régional du Latium a examiné les deux recours patronaux en 2005, en les rassemblant au sein d'une seule procédure. En ce qui concerne le recours contre la circulaire de l'INAIL n° 71/2003, le Tribunal a jugé cette action recevable et par là-même l'a annulée. En revanche, le recours formé contre l'arrêté du Ministre du travail de 2004 a été rejeté.

Concernant la décision relative à la circulaire de l'INAIL, le Tribunal administratif a considéré qu'elle étendait effectivement et de manière

---

[10] Au sens de l'article 139 du décret du Président de la République n° 1124/1965 du 30 juin 1965.

dissimulée la liste des maladies professionnelles inscrites au tableau. De ce fait, l'INAIL a dépassé le cadre sa propre compétence administrative. Cela serait démontré notamment par le fait que les procédures prévues pour la « contrainte organisationnelle », c'est-à-dire pour le *mobbing*, coïncident avec le régime de protection de droit commun réservé aux maladies inscrites aux tableaux. En fin de compte, pour le juge administratif, cela finirait par créer une sorte de présomption que le système juridique ne reconnaît pas aux maladies non inscrites au tableau.

Concernant l'Arrêté ministériel de 2004, le Tribunal a rejeté le recours des organisations patronales en considérant comme tout à fait acceptable que les maladies psychiques ou psychosomatiques résultant des contraintes organisationnelles puissent être considérées parmi celles ayant une probabilité d'origine professionnelle limitée. Par ailleurs, le jugement précise que « la circonstance que les maladies *de quibus* aient été indiquées parmi celles à faible probabilité, loin de s'avérer une intervention inopportune ou intempestive, dans la réalité elle met en œuvre, en l'espèce, le principe de précaution dans une affaire, telle que celle du *mobbing*, où l'absence de normes nationales définies, la complexité des vérifications factuelles et une réglementation probable par l'Union Européenne doivent induire à traiter les cas pathologiques surgissant avec une prudence extrême et avec le sérieux dû et la rigueur d'approche nécessaire »[11]. Le Tribunal a aussi rejeté la demande de censurer l'obligation de signaler les maladies psychiques et psychosomatiques d'origine professionnelle possible en considérant tout à fait légitime que les médecins puissent être tenus de signaler non seulement les maladies figurant sur les « tableaux », mais aussi celles qui, pour avoir une origine professionnelle probable ou possible, doivent opportunément être tenues sous contrôle justement aux fins de la révision périodique des tableaux prévue par la loi.

Toutefois, cette décision, malgré la similitude des contenus par rapport à la Circulaire n° 71 de 2003 de l'INAIL et à l'Arrêté ministériel de 2004, ne vise pas à faire revivre les effets de ladite Circulaire. La protection contre les maladies psychophysiques résultant de situations liées à l'organisation du travail est néanmoins confirmée. Dans le même temps, aux termes de l'article 10 alinéa 3 de l'Acte législatif 38/2000, est confirmée l'obligation

[11] Tribunal administratif régional de la Lazio, 4 juillet 2005, n° 5454.

de signaler les évènements nocifs pour la santé en lien avec les contraintes organisationnelles du travail.

De son côté, en présence de déclarations de dommages attribuables à cette catégorie d'évènements, l'INAIL dispose dans tous les cas d'un pouvoir d'inspection dans le milieu de travail aux fins de vérifier l'existence des facteurs incriminés. Selon l'Arrêté de 2004 – qui, par ailleurs, coïncident avec ceux de la circulaire de 2003 déclarée illicite – ces facteurs peuvent déterminer la survenue des deux pathologies admises, à savoir le trouble d'adaptation chronique et le trouble post-traumatique résultant d'un stress chronique. Étant donné que ces pathologies n'appartiennent pas à la catégorie des maladies professionnelles « inscrites aux tableaux », la reconnaissance de la cause résultant du travail ne sera pas automatique, mais elle devra être vérifiée par les techniciens de l'INAIL. En somme, dans ce cadre, il est évident que les risques psychosociaux commencent à trouver leur place dans le champ des maladies professionnelles. Pour le moment, ils trouvent leur place dans la catégorie des pathologies d'origine professionnelle dites « possibles ».

Dans la pratique, et de plus en plus fréquemment, l'INAIL reconnaît l'origine professionnelle des troubles psychosociaux. Elle actionne ainsi le droit à l'indemnité correspondante aux atteintes à la santé imputable à la catégorie des risques psychosociaux. De manière générale, cela se fait au regard d'une décision judiciaire reconnaissant l'existence du *mobbing* à la lumière de l'article 2087 du Code civil italien[12], mais parfois aussi en l'absence d'une décision de justice. Il est évident que, étant donné la tendance à faire entrer dans le *mobbing* toute manifestation que le travailleur ressent comme hostile, le nombre de rejet des actions en justice à ce sujet peut s'avérer élevé.

Quant à l'importance du préjudice, le pourcentage d'incapacité pour le moment reconnue en cas de présence des pathologies reconnues de trouble d'adaptation chronique et de trouble post-traumatique résultant de stress chronique varie entre 6 et 16 pour cent. Cela signifie qu'il s'agit de pathologies qui dépassent le seuil de l'importance légère et qui ouvre en conséquence un droit à l'indemnité due pour « dommage biologique » sous la forme de capital *una tantum* (en une seule fois). Ces pathologies ne sont

---

[12] *Cf.* G. Loy, « L'accueil théorique du droit italien » publié dans cet ouvrage.

pas considérées parmi celles ayant engendré un degré d'incapacité plus élevé qui ouvrirait le droit à l'allocation d'une rente. Toutefois, l'indemnité pour dommage biologique s'ajoute aux dommages et intérêts éventuellement reconnus en justice aux victimes de manœuvres de *mobbing*.

BIBLIOGRAPHIE

LOY G., (2005), *Il mobbing, profili giuslavoristici*, in « Il diritto del lavoro », parte I, p. 251

PESSI R., (2006), *Lezioni di diritto della previdenza sociale*, Cedam, Padova

L'imperméabilité actuelle des droits grecs et portugais

Costas PAPADIMITRIOU
Faculté de Droit
Université d'Athènes

Antonio MONTEIRO FERNANDES
ISCTE (Lisbonne)

La période contemporaine est marquée par l'intensification de l'activité professionnelle et par l'augmentation de la charge mentale au travail des salariés. Les nouveaux milieux de travail et les nouvelles organisations du travail ont favorisé l'apparition des risques psychosociaux et des troubles de la santé qui en découlent. Les avancées des sciences sociales et médicales ont en effet démontrées la réalité de ces nouvelles manifestations des affections liées au travail ainsi que les effets de la transformation du travail sur la santé des travailleurs. Néanmoins, les systèmes grecs et portugais de Sécurité sociale peinent à les prendre en charge, ou tout du moins ne leur reconnaît pas un caractère professionnel.

Le droit de Sécurité sociale grec ne réserve pas de traitement particulier aux altérations de l'état de santé des travailleurs liée aux risques psychosociaux. Ils sont néanmoins pris en charge par la branche maladie. Les maladies mentales et les pertes de capacité liées aux troubles psychologiques résultant de mauvaises conditions de travail peuvent ainsi être prises en compte dans le cadre du régime général des salariés (IKA) comme dans le cadre de nombreux régimes spéciaux relatifs à l'invalidité. Les risques psychosociaux ne constituent ainsi pas une catégorie particulière, ils n'entrent pas dans la catégorie des risques professionnels, et à ce titre ne sont pas couverts par le régime des accidents du travail et des maladies professionnelles (I).

En outre, en droit portugais, de même que pour le droit du travail, la notion des « risques psychosociaux » n'a pas de droit de citer dans le droit de la Sécurité sociale. C'est seulement dans le domaine de la protection contre certains risques sociaux (maladie et d'invalidité) qu'un espace théorique pour la prise en charge de ce type de risques peut être trouvé (II).

I. Les risques psychosociaux au travail et la branche ATMP grecque

Si le droit grec de la sécurité sociale n'est pas concerné par la question des risques psychosociaux au travail, en revanche les conséquences de la réalisation d'un risque qualifié de « psychosocial » seront prises en charge par l'assurance maladie comme pour n'importe quel autre risque lié à la santé. On peut néanmoins se demander si ces risques peuvent être considérés au titre de la branche accidents du travail et maladies professionnelles. L'intérêt de cette qualification et de faire bénéficier au salarié d'une prise en charge plus complète que celle offerte par la branche maladie. Des prestations en nature et en espèces plus élevées sont en effet prévues quand un risque professionnel est survenu et a altéré la santé d'un travailleur. Les conditions d'octroi des prestations sont par ailleurs beaucoup plus favorables pour l'assuré salarié. Pour cela, il faut s'interroger sur la pertinence de qualifier certains risques psychosociaux d'accident du travail (A) ou bien, plutôt, de maladie professionnelle (B).

A. Les risques psychosociaux et le régime des accidents du travail

La victime d'un accident de travail bénéficie d'un régime favorable. Les prestations en espèces et en nature sont accordées sans condition ni de durée ni d'appartenance au régime d'assurance professionnelle. Si l'invalidité est due à un accident de travail, une majoration du montant de la retraite est également prévue.

Le droit grec peine cependant à reconnaître le caractère d'accident du travail à des maladies mentales, où même à des troubles psychologiques. En effet, la législation grecque considère que l'accident de travail est constitué par un fait brutal lié aux particularités du travail provoquant une détérioration de l'état de santé de la victime. Or, le plus souvent les affections d'ordre mental ne se manifestent pas à la suite d'un événement soudain permettant d'en conclure l'existence imposée d'un lien entre l'affection et l'activité professionnelle. Elles connaissent plutôt une progression lente, ce qui rend d'autant plus difficile la qualification en accident du travail. En outre, si les lésions corporelles consécutives à l'accident sont souvent visibles extérieurement ou cliniquement, l'affection mentale manque en revanche de visibilité et réduit par là-même considérablement leur déclaration en accident du travail.

En théorie, des troubles mentaux pourraient toutefois être qualifiés d'accident de travail s'ils sont provoqués par des conditions de travail exceptionnelles et concrètes. De la même façon le suicide pourrait être considéré comme un accident de travail s'il est lié à des conditions particulières de travail ayant perturbé l'équilibre psychologique du salarié et dès lors que ce geste désespéré est dénué de tout élément intentionnel. Le droit grec est très méfiant vis-à-vis de la qualification du suicide en accident du travail car qu'il se soit réalisé sur le lieu de travail ne signifie pas qu'il soit causé par l'activité professionnelle. De même, un suicide réalisé en-dehors du lieu de travail peut avoir pour origine de sérieuses difficultés professionnelles. Le lien de causalité est ainsi difficile à prouver concernant le suicide en relation avec le travail.

La qualification du risque psychosocial en accident de travail est alors possible, mais elle ne l'est que dans des circonstances au caractère exceptionnel. S'ajoute à cela la preuve du lien entre le travail et l'accident qui doit être apportée par la victime ou ses ayants droit. En effet, ces derniers ne bénéficieront pas de la présomption d'imputabilité pourtant attachée au régime des accidents du travail quand ils se sont produits en temps et au lieu de travail. Le lien de causalité doit nécessairement être prouvé, notamment à l'aide d'un ou plusieurs certificats médicaux, sachant que ce lien est plus difficile à démontrer que pour une lésion corporelle. Devant ces difficultés inhérentes au régime juridique des accidents du travail, il convient d'envisager celui des maladies professionnelles qui pourrait se révéler plus adapté en droit grec.

B. Les risques psychosociaux et le régime des maladies professionnelles

Les salariés souffrant d'une maladie professionnelle bénéficient du même régime que les victimes d'accidents de travail en ce qu'il est plus favorable que l'assurance maladie. Le caractère progressif exigé en plus du lien avec le temps et le lieu de travail pour que l'affection soit qualifiée de maladie professionnelle pourrait mieux convenir aux troubles de la santé liés aux risques psychosociaux, notamment sous la forme de maladies touchant l'équilibre psychologique de la victime. Toutefois, pour qu'une maladie puisse être qualifiée de professionnelle, il est nécessaire qu'elle figure sur la liste officielle limitative des maladies professionnelles établie sous la forme de tableaux. Dès lors que la maladie dont est victime le salarié est répertoriée au sein de la liste des maladies professionnelles, elle sera automatiquement reconnue en tant que telle. Si la maladie ne figure pas sur la liste, elle ne pourra pas être qualifiée de professionnelle, même si un lien avec l'activité professionnelle est prouvé.

Ce système, dit tabellaire, est très rigide et n'a pas été renouvelé depuis plusieurs années. Aussi, la liste des maladies professionnelles ne tient pas compte de l'évolution de l'organisation de travail. Aucune maladie mentale ne figure au sein des tableaux. Les maladies qui pourraient s'apparenter à des troubles psychosociaux ne relèvent ainsi pas de cette liste. Le système grec de maladie professionnelle est très restreint et, en conséquence, nie l'existence des professions qui mènent les salariés à connaître des maladies ou des troubles psychosociaux tels que la dépression, le *burn out*, les angoisses et les anxiétés sévères. La qualification des troubles résultant des risques psychosociaux en maladie professionnelle est alors impossible en droit de la Sécurité sociale grec. Le salarié devra se retourner vers le régime de la branche maladie. Il arrive néanmoins que certains juges décident de qualifier certaines maladies d'origine professionnelle en accident du travail car cette voie est la plus simple pour faire bénéficier à la victime de la législation professionnelle et éviter ainsi le passage par l'assurance maladie qui est moins avantageuse.

Le système grec de Sécurité sociale est ainsi imperméable concernant la prise en charge des effets des risques psychosociaux au travail. Il ne prend pas en charge et ne reconnaît pas les risques psychosociaux comme un risque professionnel. La Grèce n'est cependant pas le seul des pays de l'Europe du Sud à éprouver des difficultés à s'en préoccuper. Le Portugal connaît aussi cette situation.

II. Le manque de considération du droit de la Sécurité sociale portugais

Les risques psychosociaux peuvent relever du droit de la Sécurité sociale dans la mesure où ils sont susceptibles d'engendrer des troubles pouvant être des causes de maladie ou d'incapacité permanente. La possibilité d'établir un lien de causalité entre les conséquences d'une telle affection et l'exécution d'un travail conditionne leur traitement juridique mais pas leur appartenance au domaine du droit de la Sécurité sociale. En effet, selon la Constitution portugaise, le système de Sécurité sociale a été créé pour protéger « les citoyens » notamment contre la maladie et l'invalidité, qu'elles soient causées ou non par l'exercice d'une activité professionnelle.

En outre, même s'ils constituent une altération de l'état de santé, il est important de souligner que les troubles psychosociaux ne permettent pas de fonder les caractéristiques différentielles d'une « maladie » par rapport à un simple affaiblissement de la santé du travailleur. Dès lors qu'ils n'empêchent pas l'exercice normal de l'activité du salarié, ils ne sont pas pris en charge par le système de Sécurité sociale et plus précisément par le régime des maladies professionnelles. Ce sont seulement les cas de « préjudice fonctionnel » qui mettent en marche le mécanisme de protection. Si le travailleur, bien qu'atteint par des troubles psychosociaux, continue de se présenter au travail et de l'exécuter dans des conditions d'apparente normalité, le système de Sécurité sociale ne s'en soucie point. C'est d'ailleurs peut-être là l'explication d'un certain nombre de suicides inattendus liés au travail.

De ce point de vue, un trouble psychosocial devient une « maladie » seulement au moment où l'exécution normal du travail est perturbée et quand il est possible de reconnaître une diminution de la capacité de travail et de gain du salarié. La particularité du système portugais des accidents de travail et des maladies professionnelles est que chacun de ces risques est garanti par un système différent. La réparation des accidents du travail s'organise en effet autour de la responsabilité patronale – exclue seulement en cas d'intentionnalité du salarié – et la loi transfert cette responsabilité aux compagnies d'assurance privées. En revanche, la réparation des maladies professionnelles est supportée directement par une Caisse qui appartient au système de sécurité sociale. Cette caisse est le « Centre National de Protection contre les Risques Professionnels » à qui incombe l'évaluation, la gradation et la réparation des maladies professionnelles du strict point de vue de la diminution ou de la perte de gain et de travail. Les deux régimes ont cependant en commun l'exclusion des cas où l'accident ou la maladie sont provoqués de façon intentionnelle par l'employeur. En d'autres termes, quand l'employeur a commis intentionnellement une faute liée aux accidents du travail et aux maladies professionnelles, la réparation du dommage causé aux victimes sera supportée par son patrimoine personnel. L'employeur devra indemniser la victime au-delà de la « capacité de travail et de gain » en couvrant la totalité des préjudices patrimoniaux et non patrimoniaux subis par le travailleur et sa famille en vertu du droit commun de la responsabilité civile. En conséquence, comme les risques psychosociaux peuvent être à l'origine d'un accident de travail ou d'une maladie professionnelle, cela implique la possibilité d'appliquer différents systèmes de réparation, selon la façon dont les troubles se manifestent en pratique.

En outre, l'objet de la réparation sera aussi différent. Concernant les cas d'accidents du travail, ce sera l'incapacité ou le « préjudice fonctionnel » causés par les lésions – surtout physiques, mais aussi éventuellement mentales – consécutives à l'accident qui seront le fondement de la réparation. En revanche, s'il s'agit d'une maladie professionnelle, ce sera uniquement le « préjudice fonctionnel » immédiatement déterminé par la perturbation de l'équilibre psychologique subie par le salarié victime qui servira de fondement de la prise en charge par la législation professionnelle.

Enfin, l'évaluation des effets de la réalisation des risques d'accident ou de maladie liés au travail est inséparable du « Tableau National des Incapacités pour Accident de Travail ou Maladie Professionnelle ». La tradition portugaise est celle de la typicité rigide des maladies professionnelles. Dans une première phase – correspondant aux années 1930 – le législateur a adopté une loi qui transposait *in extenso* le « Tableau » de Lucien Mayet utilisé en France. En 1960, un nouveau Tableau, assez rigide, a été adopté par le législateur. Enfin, depuis 1993, le système portugais d'accidents du travail et de maladies professionnelles dispose d'un « Tableau d'Incapacités » qui n'est plus une liste rigide de maladies. La préoccupation de conférer un caractère plutôt indicatif à ce Tableau et de permettre des jugements par « analogie » ou « similitude » de symptômes expressément manifestées sur la personne du travailleur qui en est victime.

En somme, ce tableau comprend des critères relatifs aux pathologies recensées qui sont directement liées aux risques psychosociaux inhérents au travail. En effet, la description des symptômes et des manifestations extérieures au niveau du comportement possède une amplitude qui permet d'encadrer une énorme diversité de situations. Il est pourtant vrai que les incapacités non dérivées d'un dommage physique sont envisagées avec une grande réserve et leur degré (qui s'exprime par des pourcentages) est en règle générale assez réduit. Ce tableau révèle aussi les difficultés auxquelles est confronté le système de Sécurité sociale face aux troubles résultant des risques psychosociaux. Les affections psychosociales sont en effet diverses, souvent invisibles et inhérentes à la subjectivité et à la sensibilité de la personne concernée. En conséquence, le système portugais de Sécurité sociale ne connaît pas encore réellement de cas de reconnaissance du caractère professionnel en faveur de troubles qualifiables de « psychosociaux ».

TABLE DES MATIÈRES

Chapitre I : Le préalable de l'approche pluridisciplinaire

Chapitre II : La reconnaissance progressive des droits du travail

Chapitre III : Les approches inégales des droits de la sécurité sociale

L'HARMATTAN, ITALIA
Via Degli Artisti 15 ; 10124 Torino

L'HARMATTAN HONGRIE
Könyvesbolt ; Kossuth L. u. 14-16
1053 Budapest

L'HARMATTAN BURKINA FASO
Rue 15.167 Route du Pô Patte d'oie
12 BP 226
Ouagadougou 12
(00226) 76 59 79 86

ESPACE L'HARMATTAN KINSHASA
Faculté des Sciences Sociales,
Politiques et Administratives
BP243, KIN XI ; Université de Kinshasa

L'HARMATTAN GUINEE
Almamya Rue KA 028
En face du restaurant le cèdre
OKB agency BP 3470 Conakry
(00224) 60 20 85 08
harmattanguinee@yahoo.fr

L'HARMATTAN COTE D'IVOIRE
M. Etien N'dah Ahmon
Résidence Karl / cité des arts
Abidjan-Cocody 03 BP 1588 Abidjan 03
(00225) 05 77 87 31

L'HARMATTAN MAURITANIE
Espace El Kettab du livre francophone
N° 472 avenue Palais des Congrès
BP 316 Nouakchott
(00222) 63 25 980

L'HARMATTAN CAMEROUN
BP 11486
(00237) 458 67 00
(00237) 976 61 66
harmattancam@yahoo.fr

629754 - Novembre 2015
Achevé d'imprimer par